Parleremo Languages
Presents

Basic Vocabulary Activities Book
Norwegian - Volume 1

Compiled by Erik Zidowecki

For more language learning materials visit
https://www.scriveremo.com

ISBN: 978-1523272969

Published by Scriveremo Publishing, a division of Parleremo Languages.

Welcome to this Vocabulary Activities book!

This book contains word searches, word scrambles, and quizzes
in 12 categories of words:

Airport	**Clothing**	**Hotel**
Animals	**Family**	**Parts of the Body**
Around the House	**Food**	**Restaurant**
Birds	**Fruit**	**Vegetables**

This book is divided into four main sections:

Word lists. These are the words for the different categories, listed in alphabetical order with parts of speech and the closest English translations. Parts of speech are given in []. The words are presented so you know what words are being used for the quizzes.

Searches. For each category, there are 12 puzzles. Words are listed with English translations. Find all the word in the grid of letters. Words may be in any direction vertically, horizontally and diagonally.

Scrambles. For each category, there are 6 puzzles, and each puzzle has 10 word scrambles. You must rearrange the letters of each scramble to get the correct word. There is a place under each scramble to write your answer. Spaces and hyphens are in their proper places already. Hints and solutions are availbe at the end of the scrambles section.

Quizzes. For each category, there are 6 quizzes, and each quiz has 24 questions. You must choose the best match for the word given. Solutions are available at the end of the quizzes section.

Note: In some cases , the common word for something may be used instead of the formal word, so as to help provide you with a more natural vocabulary.

We hope you learn some new vocabulary and have fun doing it!

Airport

ankomst *[m]* - arrival
avgang *[m]* - departure
bagasje *[m]* - luggage
billett *[m]* - ticket
billettinspektør *[m]* - ticket agent
brett *[n]* - tray
destinasjon *[m]* - destination
direkte *[adj]* - direct
do *[n]* - toilet
enkeltbillett *[m]* - single ticket
fly *[n]* - airplane
flygning *[m]* - flight
flyplass *[m]* - airport
flyvertinne *[f]* - air hostess
forbindelse *[m]* - connection
første klasse *[m]* - first class
gate *[m]* - gate
hangar *[m]* - hangar
helikopter *[n]* - helicopter
hjul *[n]* - wheel
høyde *[m]* - altitude
informasjon *[m]* - information
innenlands *[adj]* - domestic
innsjekking *[m]* - check-in
internasjonal *[adj]* - international
kabin *[m]* - cabin
koffert *[m]* - suitcase
kopilot *[m]* - copilot
lande *[v]* - land
landgang *[m]* - gangway
mannskap *[n]* - crew
metalldetektor *[m]* - metal detector
nødsituasjon *[m]* - emergency
offiser *[m]* - officer
oksygen *[n]* - oxygen

ombordstigning *[v]* - to board
ombordstigningskort *[n]* - boarding pass
pass *[n]* - passport
passasjer *[m]* - passenger
pilot *[m]* - pilot
redningsvest *[m]* - life preserver
reisebyrå *[n]* - travel agency
rullebane *[m]* - runway
ryggsekk *[m]* - rucksack
røykfritt *[adj]* - non-smoking
røyking *[adj]* - smoking
røyking forbudt *[phr]* - no smoking
sent *[adv]* - late
sete *[n]* - seat
sette seg ned *[v]* - to sit down
sikkerhet *[m]* - security
ta av *[v]* - take off
tax-free *[adj]* - duty-free
tidlig *[adv]* - early
tur-retur billett *[m]* - round trip ticket
turbulens *[m]* - turbulence
utgang *[m]* - exit
vekt *[f]* - weight
vindu *[n]* - window
vinge *[m]* - wing
å avbryte *[v]* - to cancel
å bære *[v]* - to carry
å deklarere *[v]* - to declare
å fly *[v]* - to fly
å lande *[v]* - to land
å lette *[v]* - to take off
å reservere *[v]* - to book
å skjekke inn bagasje *[v]* - to check bags
økonomiklasse *[m]* - economy class
øretelefoner *[mp]* - headphones

Animals

alligator *[m]* - alligator
apekatt *[m]* - monkey
bavian *[m]* - baboon
beltedyr *[n]* - armadillo
bever *[m]* - beaver
bjørn *[m]* - bear
bøffel *[m]* - buffalo
dyr *[n]* - animal
ekorn *[n]* - squirrel
elefant *[m]* - elephant
esel *[n]* - donkey
flodhest *[m]* - hippopotamus
frosk *[m]* - frog
gaselle *[m]* - gazelle
gaupe *[m]* - lynx
geit *[m]* - goat
gepard *[m]* - cheetah
gorilla *[m]* - gorilla
grevling *[m]* - badger
gris *[m]* - pig
hest *[m]* - horse
hjort *[m]* - deer
hund *[m]* - dog
hyene *[m]* - hyena
jaguar *[m]* - jaguar
jordekorn *[n]* - chipmunk
jordpinnsvin *[n]* - porcupine
jordsvin *[n]* - aardvark
kamel *[m]* - camel
kanin *[m]* - rabbit
katt *[m]* - cat

kenguru *[m]* - kangaroo
koala *[m]* - koala
krokodille *[m]* - crocodile
ku *[f]* - cow
lam *[n]* - lamb
lama *[m]* - llama
landskilpadde *[m]* - tortoise
leopard *[m]* - leopard
liten hund *[m]* - little dog
løve *[m]* - lion
maursluker *[m]* - anteater
muldyr *[n]* - mule
mus *[m]* - mouse
nesehorn *[n]* - rhinoceros
okse *[m]* - bull
ozelot *[m]* - ocelot
padde *[m]* - toad
panda *[m]* - panda
panter *[m]* - panther
puma *[m]* - cougar
rev *[m]* - fox
rotte *[m]* - rat
rødgaupe *[m]* - bobcat
sau *[m]* - sheep
sebra *[m]* - zebra
sjiraff *[m]* - giraffe
slange *[m]* - snake
tiger *[m]* - tiger
ulv *[m]* - wolf
valp *[m]* - pup
wallaby *[m]* - wallaby

Around the House

askebeger *[n]* - ashtray

badekar *[n]* - bath (tub)

bilde *[n]* - image

bokhylle *[m]* - bookcase

boks *[m]* - box

bolle *[m]* - bowl

bord *[n]* - table

bryter *[m]* - switch

brødrister *[m]* - toaster

drikkeglass *[n]* - drinking glass

dusj *[m]* - shower

dusjforheng *[n]* - shower curtain

dør *[f]* - door

etasje *[m]* - floor

fat *[n]* - dish

flaske *[m]* - bottle

fryser *[m]* - freezer

gaffel *[m]* - fork

garderobeskap *[n]* - wardrobe

gardin *[m]* - curtain

glass *[n]* - glass

hus *[n]* - house

hylle *[m]* - shelf

håndveske *[f]* - handbag

kaffekanne *[m]* - coffee pot

kasserolle *[m]* - pot

kjøkken *[n]* - kitchen

kjøkkenvask *[m]* - kitchen sink

kjøleskap *[n]* - refrigerator

klokke *[f]* - clock

kniv *[m]* - knife

komfyr *[m]* - stove

kommode *[m]* - dresser

kopp *[m]* - cup

kost *[m]* - broom

kran *[m]* - tap

køye *[f]* - cot

laken *[n]* - sheet

lampe *[f]* - lamp

lommebok *[f]* - wallet

lommelykt *[m]* - torch

maleri *[n]* - painting

mikser *[m]* - mixer

miksmaster *[m]* - blender

møbler *[np]* - furniture

nøkkel *[m]* - key

oppvaskmaskin *[m]* - dishwasher

pute *[m]* - pillow

radio *[m]* - radio

seng *[m]* - bed

serviett *[m]* - napkin

Skap *[n]* - cabinet

skje *[f]* - spoon

skuff *[m]* - drawer

sofa *[m]* - couch

sovepose *[m]* - sleeping bag

spann *[n]* - pail

speil *[n]* - mirror

stekepanne *[m]* - frying pan

stol *[m]* - chair

støvsuger *[m]* - hoover

såpe *[m]* - soap

søppelbøtte *[m]* - rubbish can

søppelsekk *[m]* - rubbish bag

tak *[n]* - ceiling

tallerken *[m]* - plate

telefon *[m]* - telephone

teppe *[n]* - carpet

trapp *[f]* - staircase

TV *[m]* - television

tørketrommel *[m]* - drier

vann *[n]* - water

vannkjele *[m]* - kettle

vase *[m]* - vase

vaskemaskin *[m]* - washing machine

vegg *[m]* - wall

Vekkerklokke *[f]* - alarm clock

veske *[f]* - bag

Birds

and *[f]* - duck
due *[m]* - dove
fasan *[m]* - pheasant
flamingo *[m]* - flamingo
fugl *[m]* - bird
gribb *[m]* - vulture
gås *[f]* - goose
hane *[m]* - rooster
hauk *[m]* - hawk
hegre *[m]* - heron
høne *[f]* - hen
kalkun *[m]* - turkey

kråke *[f]* - crow
måke *[m]* - seagull
nattergal *[m]* - nightingale
papegøye *[m]* - parrot
pelikan *[m]* - pelican
spurv *[m]* - sparrow
stork *[m]* - stork
struts *[m]* - ostrich
svane *[m]* - swan
ugle *[m]* - owl
ørn *[m]* - eagle

Clothing

anorakk *[m]* - anorak
badedrakt *[m]* - bathing suit
belte *[n]* - belt
BH *[m]* - bra
bikini *[m]* - bikini
bluse *[m]* - blouse
bukse *[m]* - trousers
bukseseler *[mp]* - braces/suspenders
cardigan *[m]* - cardigan
collegegenser *[m]* - sweatshirt
dongeribukse *[m]* - jeans
dress *[m]* - suit
fjellstøvler *[mp]* - hiking boots
frakk *[m]* - coat
frakk *[m]* - overcoat
genser *[m]* - jumper
glidelås *[m]* - zip
hanske *[m]* - glove
hansker *[mp]* - gloves
hofteholder *[m]* - corset
jakke *[m]* - jacket
joggesko *[mp]* - running shoes
jumpsuit *[m]* - jumpsuit
kjole *[m]* - dress

klær *[np]* - clothes
lommetørkle *[n]* - handkerchief
lue *[m]* - cap
paraply *[m]* - umbrella
pyjamas *[m]* - pyjamas
regnjakke *[m]* - mackintosh
sandaler *[mp]* - sandals
skjerf *[n]* - scarf
skjorte *[m]* - shirt
skjørt *[n]* - skirt
slips *[n]* - necktie
slåbrok *[m]* - dressing gown
sløyfe *[m]* - bow tie
snekkerbukse *[m]* - overalls
sokker *[mp]* - socks
strømpebukse *[m]* - tights
strømper *[mp]* - stockings
størrelse *[m]* - size
t-skjorte *[m]* - T-shirt
truse *[m]* - knickers
tøfler *[mp]* - slippers
underbukse *[m]* - briefs
vest *[m]* - waistcoat

Family

barnebarn *[n]* - grandchild

bestefar *[m]* - grandfather

bestemor *[f]* - grandmother

bror *[m]* - brother

brud *[f]* - bride

datter *[f]* - daughter

familie *[m]* - family

far *[m]* - father

fetter *[m]* - cousin

forelder *[m]* - parent

foreldre *[mp]* - parents

kone *[f]* - wife

mamma *[m]* - mum

mann *[m]* - husband

mor *[f]* - mother

nevø *[n]* - nephew

niese *[f]* - niece

onkel *[m]* - uncle

pappa *[m]* - dad

slektning *[m]* - relative

slektninger *[mp]* - relatives

stebror *[m]* - stepbrother

stedatter *[f]* - stepdaughter

stefar *[m]* - stepfather

stemor *[f]* - stepmother

stesønn *[m]* - stepson

stesøster *[f]* - stepsister

sønn *[m]* - son

søster *[f]* - sister

tante *[m]* - aunt

Food

bakverk *[n]* - pastry

brød *[n]* - bread

eddik *[m]* - vinegar

egg *[n]* - egg

grønnsakssuppe *[f]* - vegetable soup

iskrem *[m]* - ice-cream

kake *[m]* - cake

kjeks *[m]* - biscuit

mat *[m]* - food

melk *[f]* - milk

olivenolje *[m]* - olive oil

ost *[m]* - cheese

rundstykke *[n]* - roll

salat *[m]* - salad

salt *[n]* - salt

sennep *[m]* - mustard

sjokoladeplate *[m]* - chocolate bar

smør *[n]* - butter

sukker *[n]* - sugar

yoghurt *[m]* - yoghurt

Fruit

ananas *[m]* - pineapple
appelsin *[m]* - orange
aprikos *[m]* - apricot
banan *[m]* - banana
bjørnebær *[n]* - blackberry
blåbær *[n]* - blueberry
bringebær *[m]* - raspberry
daddel *[m]* - date
drue *[m]* - grape
eple *[n]* - apple
fersken *[m]* - peach
fiken *[m]* - fig
frukt *[m]* - fruit
grapefrukt *[m]* - grapefruit
hasselnøtt *[m]* - hazelnut
jordbær *[m]* - strawberry

kastanje *[m]* - chestnut
kirsebær *[n]* - cherry
kokosnøtt *[m]* - coconut
lime *[m]* - lime
mandarin *[m]* - tangerine
mandel *[m]* - almond
melon *[m]* - melon
peanøtt *[m]* - peanut
plomme *[m]* - plum
pære *[m]* - pear
rabarbra *[m]* - rhubarb
rosiner *[m]* - raisin
sitron *[m]* - lemon
sviske *[m]* - prune
valnøtt *[m]* - walnut
vannmelon *[m]* - watermelon

Hotel

balkong *[n]* - balcony
beskjed *[m]* - message
bestilling *[m]* - booking
direktør *[m]* - manager
drosje *[m]* - taxi
dørvakt *[m]* - doorman
frokost *[m]* - breakfast
første etasje *[m]* - ground floor
gang *[m]* - entrance
garasje *[m]* - garage
heis *[m]* - lift
hotell *[n]* - hotel
internett *[n]* - internet
is *[m]* - ice
klage *[m]* - complaint
kvittering *[m]* - receipt
lobby *[m]* - lobby

luftkondisjonering *[m]* - air conditioning
pikkoloen *[m]* - bellboy
pris *[m]* - price
regning *[m]* - bill
rekreasjon *[m]* - recreation
resepsjonen *[m]* - reception desk
resepsjonist *[f]* - receptionist
rom *[n]* - room
spisestue *[m]* - dining room
stue *[m]* - living room
stuepike *[m]* - maid
suite *[m]* - suite
svømmebasseng *[n]* - swimming pool
utsikt *[m]* - view
utsjekking *[m]* - check-out
å betale *[v]* - to pay

Parts of the Body

albue *[m]* - elbow

ankel *[m]* - ankle

ansikt *[n]* - face

arm *[m]* - arm

bart *[m]* - moustache

ben *[m]* - bone

blindtarm *[m]* - appendix

blod *[n]* - blood

blære *[m]* - bladder

bryst *[n]* - breast

brystkasse *[m]* - thorax

finger *[m]* - finger

fot *[m]* - foot

fregner *[mp]* - freckles

føtter *[mp]* - feet

hake *[m]* - chin

hals *[m]* - throat

hjerne *[m]* - brain

hjerte *[n]* - heart

hode *[n]* - head

hofte *[m]* - hip

hud *[m]* - skin

hånd *[m]* - hand

håndledd *[n]* - wrist

hår *[m]* - hair

iris *[m]* - iris

kinn *[n]* - cheek

kjertel *[m]* - gland

kjeve *[m]* - jaw

kne *[n]* - knee

knoke *[m]* - knuckle

knyttneve *[m]* - fist

kroppen *[m]* - body

kroppsdeler *[mp]* - parts of the body

ledd *[m]* - joint

legg *[m]* - calf

leppe *[f]* - lip

lever *[m]* - liver

lunge *[m]* - lung

lår *[n]* - thigh

mage *[m]* - belly

mandler *[mp]* - tonsils

midje *[m]* - waist

munn *[m]* - mouth

muskel *[m]* - muscle

nakke *[m]* - neck

negl *[m]* - fingernail

nerve *[m]* - nerve

nese *[m]* - nose

nyre *[m]* - kidney

panne *[m]* - forehead

pulsåre *[m]* - artery

ribbein *[m]* - rib

rygg *[m]* - back

ryggrad *[m]* - backbone

sene *[m]* - tendon

skjegg *[n]* - beard

skulder *[m]* - shoulder

tann *[m]* - tooth

tenner *[mp]* - teeth

tommel *[m]* - thumb

tunge *[m]* - tongue

tå *[m]* - toe

vene *[m]* - vein

øre *[n]* - ear

øye *[n]* - eye

øyelokk *[n]* - eyelid

øyenbryn *[n]* - eyebrow

øyevipp *[m]* - eyelash

Restaurant

bestille *[v]* - to order

billig *[adj]* - cheap

bordsetting *[m]* - setting

dessert *[m]* - dessert

drikke *[v]* - to drink

drikkevare *[m]* - beverage

duk *[n]* - tablecloth

ete *[v]* - to eat

hovedrett *[m]* - main course

lunsj *[m]* - lunch

meny *[m]* - menu

middag *[m]* - dinner

måltid *[n]* - meal

reservere *[v]* - to reserve

restaurant *[m]* - restaurant

salat gaffel *[m]* - salad fork

salatbolle *[m]* - salad bowl

servitør *[m]* - waiter

servitøren *[f]* - waitress

sulten *[adj]* - hungry

tørst *[adj]* - thirsty

vinkart *[m]* - wine list

Vegetables

agurk *[m]* - cucumber

artisjokk *[m]* - artichoke

asparges *[m]* - asparagus

aubergin *[m]* - aubergine

blomkål *[m]* - cauliflower

brokkoli *[m]* - broccoli

bønner *[mp]* - beans

erter *[mp]* - peas

fenikkel *[m]* - fennel

gresskar *[n]* - pumpkin

grønnsak *[m]* - vegetable

gulrot *[m]* - carrot

hvitløk *[m]* - garlic

kikerter *[mp]* - chick-peas

korn *[n]* - corn

kål *[m]* - cabbage

løk *[m]* - onion

pepper *[n]* - pepper

persille *[m]* - parsley

potet *[m]* - potato

reddik *[m]* - radish

rødbete *[m]* - beet

selleri *[m]* - celery

sopp *[m]* - mushroom

spinat *[m]* - spinach

squash *[m]* - zucchini

sylteagurk *[mp]* - gherkins

tomat *[m]* - tomato

Welcome to the Word Search section!

Find all the Norwegian words in the puzzles.

Words may be in any direction vertically, horizontally and diagonally.

Parts of speech are given in [].

Norwegian - Word Search - #1 - Airport

x	i	p	u	t	a	v	g	a	n	g	g	s
b	t	e	å	r	a	d	i	x	i	f	n	s
y	e	r	r	k	r	a	a	æ	y	l	a	a
m	h	e	v	i	ø	i	v	å	e	y	g	p
r	r	v	k	r	y	d	h	m	t	p	d	å
a	e	r	ø	j	k	x	ø	k	k	l	n	h
g	k	e	n	d	f	y	f	r	e	a	a	e
n	k	s	p	f	r	t	u	n	r	s	l	t
a	i	e	f	e	i	t	v	d	i	s	n	s
h	s	r	r	y	t	d	d	f	d	e	x	v
g	s	å	å	a	t	e	f	n	s	e	j	a
d	x	f	l	y	g	n	i	n	g	f	x	ø
i	n	t	e	r	n	a	s	j	o	n	a	l

Norwegian	English
flygning [m]	flight
røykfritt [adj]	non-smoking
landgang [m]	gangway
sikkerhet [m]	security
å reservere [v]	to book
ta av [v]	take off
direkte [adj]	nonstop
pass [n]	passport
hangar [m]	hangar
avgang [m]	departure
internasjonal [adj]	international
flyplass [m]	airport
sent [adv]	late

Find all the Norwegian words in the puzzle.

Norwegian - Word Search - #2 - Airport

i	y	t	p	i	l	o	t	e	d	t	d	x
n	f	r	ø	h	i	p	l	e	e	t	n	n
t	t	e	g	å	m	v	u	r	n	i	m	o
e	y	f	h	b	f	e	t	f	g	r	x	j
r	å	f	k	æ	h	s	g	x	e	f	n	s
n	d	o	k	r	r	u	a	a	s	k	æ	a
a	r	k	e	e	æ	t	n	t	e	y	o	m
s	m	ø	s	a	b	e	g	ø	t	ø	n	r
j	s	y	g	e	h	t	p	e	t	r	t	o
o	k	l	g	å	o	e	a	d	e	t	å	f
n	k	a	y	s	x	s	s	y	s	v	j	n
a	n	h	r	e	x	t	s	ø	h	n	k	i
l	å	a	g	æ	l	l	å	h	g	x	v	t

Norwegian	English
tax-free [adj]	duty-free
ryggsekk [m]	rucksack
røykfritt [adj]	non-smoking
sette seg ned [v]	to sit down
å bære [v]	to carry
utgang [m]	exit
koffert [m]	suitcase
sete [n]	seat
pass [n]	passport
informasjon [m]	information
høyde [m]	altitude
pilot [m]	pilot
internasjonal [adj]	international

Find all the Norwegian words in the puzzle.

Norwegian - Word Search - #3 - Airport

k	b	t	g	s	ø	i	r	e	o	i	f	x
n	r	t	n	i	m	i	e	s	s	n	å	p
ø	e	e	a	k	e	n	n	s	a	t	r	n
d	t	l	g	k	n	n	o	a	æ	e	e	o
s	t	l	t	e	n	e	f	l	k	r	s	j
i	u	i	u	r	i	n	e	k	s	n	e	s
t	d	b	d	h	t	l	l	e	m	a	r	a
u	f	t	k	e	r	a	e	t	f	s	v	n
a	l	l	s	t	e	n	t	s	p	j	e	i
s	y	e	v	r	v	d	e	r	u	o	r	t
j	r	k	x	f	y	s	r	ø	r	n	e	s
o	t	n	y	t	l	i	ø	f	j	a	d	e
n	b	e	t	x	f	a	v	b	o	l	j	d

Norwegian	English
å reservere [v]	to book
fly [n]	airplane
enkeltbillett [m]	single ticket
flyvertinne [n]	stewardess
første klasse [m]	first class
internasjonal [adj]	international
brett [n]	tray
øretelefoner [mp]	headphones
destinasjon [m]	destination
utgang [m]	exit
innenlands [adj]	domestic
nødsituasjon [m]	emergency
sikkerhet [m]	security

Find all the Norwegian words in the puzzle.

Norwegian - Word Search - #4 - Airport

b	r	e	t	t	e	v	ø	r	d	l	e	f
b	e	t	t	e	l	å	ø	ø	f	r	t	f
n	e	d	n	a	l	r	o	p	t	j	a	ø
f	d	r	d	y	o	d	l	r	å	å	g	r
e	f	o	r	b	i	n	d	e	l	s	e	s
d	k	æ	k	j	å	e	u	x	v	a	a	t
j	t	e	b	g	n	i	n	g	y	l	f	e
o	r	e	j	s	a	s	s	a	p	p	p	k
å	h	m	u	n	å	b	æ	r	e	g	m	l
k	o	p	i	l	o	t	l	r	u	x	k	a
r	j	ø	u	u	å	j	ø	y	o	l	å	s
i	n	n	s	j	e	k	k	i	n	g	æ	s
æ	g	e	p	a	k	s	n	n	a	m	å	e

Norwegian	English
kopilot [m]	copilot
innsjekking [m]	check-in
gate [m]	gate
mannskap [n]	crew
forbindelse [m]	connection
å lette [v]	to take off
do [n]	toilet
å bære [v]	to carry
lande [v]	land
første klasse [m]	first class
passasjer [m]	passenger
flygning [m]	flight
brett [n]	tray
ta av [v]	take off

Find all the Norwegian words in the puzzle.

11

Norwegian - Word Search - #5 - Airport

f	e	f	l	n	g	t	g	a	t	e	x	h
u	a	e	m	l	u	d	n	i	v	d	k	e
t	o	t	a	k	x	v	i	n	g	e	e	l
g	r	t	n	r	o	b	å	v	j	v	n	i
a	j	e	n	a	v	f	s	d	h	b	n	k
n	l	l	s	h	l	s	f	s	n	u	i	o
g	t	å	k	e	a	ø	u	e	o	k	t	p
i	e	d	a	p	p	g	m	l	r	y	r	t
n	ø	y	p	f	e	e	å	h	r	t	e	e
b	t	x	o	j	u	k	s	u	p	n	v	r
v	g	n	i	n	g	y	l	f	h	å	y	j
e	r	e	v	r	e	s	e	r	å	m	l	v
g	i	l	d	i	t	å	r	s	j	s	f	i

Norwegian	English
å reservere [v]	to book
koffert [m]	suitcase
vinge [m]	wing
vindu [n]	window
mannskap [n]	crew
flyvertinne [f]	air hostess
flygning [m]	flight
å lette [v]	to take off
utgang [m]	exit
gate [m]	gate
pass [n]	passport
helikopter [n]	helicopter
tidlig [adv]	early

Find all the Norwegian words in the puzzle.

Norwegian - Word Search - #6 - Airport

f	l	å	t	f	l	p	a	s	s	t	e	r
e	a	t	t	e	l	l	i	b	h	r	s	t
t	n	p	t	h	v	ø	p	u	i	e	s	u
n	o	l	t	f	y	k	a	h	g	f	a	r
t	j	h	i	å	h	l	s	a	ø	f	l	b
s	s	o	r	r	x	k	s	n	v	o	k	u
e	a	a	f	y	o	h	a	k	h	k	e	l
n	n	j	k	b	æ	ø	s	o	j	j	t	e
t	r	d	y	e	p	y	j	m	v	e	s	n
å	e	r	ø	s	a	d	e	s	ø	f	r	s
ø	t	l	r	i	u	e	r	t	l	e	ø	p
j	n	e	l	e	o	u	b	y	t	j	f	m
k	i	g	y	r	å	t	b	r	å	m	t	y

Norwegian	English
ankomst [m]	arrival
billett [m]	ticket
fly [v]	flying
internasjonal [adj]	international
reisebyrå [n]	travel agency
røykfritt [adj]	non-smoking
første klasse [m]	first class
høyde [m]	altitude
passasjer [m]	passenger
turbulens [m]	turbulence
koffert [m]	suitcase
sent [adv]	late
pass [n]	passport

Find all the Norwegian words in the puzzle.

Norwegian - Word Search - #7 - Airport

g	s	e	ø	b	p	n	l	t	s	r	s	k
b	f	n	d	j	f	æ	d	v	s	e	å	o
u	x	k	e	v	l	t	g	e	a	n	o	r
v	m	e	å	j	y	a	b	k	l	o	n	n
f	g	l	å	g	v	x	e	t	p	f	e	i
l	o	t	v	m	e	f	g	t	y	e	g	b
y	t	b	a	a	r	r	i	a	l	l	y	a
g	p	i	å	n	t	e	l	a	f	e	s	k
n	b	l	b	n	i	e	d	v	i	t	k	e
i	h	l	æ	s	n	æ	i	y	æ	e	o	f
n	a	e	r	k	n	e	t	n	g	r	f	b
g	l	t	e	a	e	æ	f	f	o	ø	d	n
k	s	t	ø	p	e	v	l	ø	p	i	r	y

Norwegian	English
oksygen [n]	oxygen
mannskap [n]	crew
øretelefoner [mp]	headphones
enkeltbillett [m]	single ticket
kabin [m]	cabin
tax-free [adj]	duty-free
tidlig [adv]	early
vekt [f]	weight
å bære [v]	to carry
ta av [v]	take off
flygning [m]	flight
flyplass [m]	airport
flyvertinne [f]	air hostess

Find all the Norwegian words in the puzzle.

Norwegian - Word Search - #8 - Airport

x	a	e	e	u	b	k	u	d	n	i	v	d
k	x	d	r	y	e	e	n	l	y	t	l	å
v	v	a	i	e	j	b	i	u	f	a	f	r
f	a	e	f	r	r	d	å	e	l	x	y	e
f	y	a	n	b	e	a	u	o	y	f	b	s
f	d	r	t	a	t	k	l	u	r	r	d	e
b	p	a	s	s	b	o	t	k	a	e	u	r
å	æ	a	v	ø	n	e	å	e	e	e	a	v
v	s	å	m	y	v	æ	l	d	s	d	i	e
b	i	l	l	e	t	t	t	l	h	m	å	r
l	æ	x	j	k	a	b	i	n	u	g	m	e
x	t	å	a	v	b	r	y	t	e	r	e	o
t	t	e	l	l	i	b	t	l	e	k	n	e

Norwegian	English
rullebane [m]	runway
fly [n]	airplane
å deklarere [v]	to declare
ta av [v]	take off
vindu [n]	window
enkeltbillett [m]	single ticket
billett [m]	ticket
direkte [adj]	nonstop
kabin [m]	cabin
å avbryte [v]	to cancel
pass [n]	passport
å reservere [v]	to book
tax-free [adj]	duty-free

Find all the Norwegian words in the puzzle.

Norwegian - Word Search - #9 - Airport

å	d	e	k	l	a	r	e	r	e	å	h	i
g	n	i	n	g	y	l	f	n	a	v	s	n
r	f	o	b	k	k	e	s	g	g	y	r	f
m	e	p	d	t	g	n	a	g	v	a	u	o
k	ø	s	o	x	a	s	p	å	y	e	m	r
k	j	l	i	a	n	y	a	i	b	j	y	m
x	i	t	r	f	m	æ	s	å	t	y	l	a
p	å	æ	n	j	f	h	s	n	t	v	f	s
t	a	k	v	r	å	o	a	e	e	e	æ	j
f	g	æ	i	v	s	r	s	y	l	k	s	o
o	a	g	n	v	j	å	j	l	l	t	f	n
g	e	l	d	n	d	u	e	f	i	t	a	æ
h	v	l	u	a	ø	b	r	å	b	å	d	o

Norwegian	English
passasjer [m]	passenger
pilot [m]	pilot
offiser [m]	officer
å deklarere [v]	to declare
billett [m]	ticket
ryggsekk [m]	rucksack
avgang [m]	departure
informasjon [m]	information
fly [v]	flying
vekt [f]	weight
flygning [m]	flight
å fly [v]	to fly
vindu [n]	window

Find all the Norwegian words in the puzzle.

Norwegian - Word Search - #10 - Airport

d	k	s	e	n	t	e	j	s	b	s	g	n
e	t	e	s	x	r	n	g	s	t	g	r	m
i	v	f	e	i	a	k	k	a	r	t	å	g
n	y	s	t	v	v	e	g	l	e	l	k	n
f	x	k	t	m	i	l	a	p	t	t	o	a
o	i	j	e	i	i	t	t	y	p	b	f	g
r	f	s	s	g	y	b	e	l	o	i	f	d
m	m	t	e	v	u	i	ø	f	k	l	e	n
a	d	y	g	d	o	l	p	ø	i	l	r	a
s	j	p	n	n	l	l	i	t	l	e	t	l
j	d	i	e	t	d	e	l	j	e	t	k	s
o	v	h	d	d	o	t	o	x	h	t	k	g
n	a	e	v	l	d	t	t	e	n	s	r	u

Norwegian	English
flyplass [m]	airport
billett [m]	ticket
sette seg ned [v]	to sit down
vindu [n]	window
sent [adv]	late
pilot [m]	pilot
enkeltbillett [m]	single ticket
koffert [m]	suitcase
landgang [m]	gangway
sete [n]	seat
helikopter [n]	helicopter
informasjon [m]	information
gate [m]	gate

Find all the Norwegian words in the puzzle.

Norwegian - Word Search - #11 - Airport

x	r	y	g	g	s	e	k	k	m	s	k	å
t	e	h	r	e	k	k	i	s	t	o	å	d
j	a	a	n	g	e	v	d	i	g	i	l	e
å	æ	n	u	b	a	t	d	n	n	e	y	k
r	d	g	t	f	v	l	t	n	o	u	b	l
y	m	a	g	o	i	o	s	e	e	r	r	a
b	v	r	a	g	o	j	u	r	l	n	ø	r
e	v	j	n	h	e	k	æ	l	k	å	y	e
s	ø	e	g	k	i	b	s	n	r	b	k	r
i	æ	j	k	u	å	g	d	y	a	ø	i	e
e	å	i	r	t	r	m	y	l	g	i	n	h
r	n	g	u	r	e	r	d	x	o	e	g	æ
g	å	f	l	y	v	e	r	t	i	n	n	e

Norwegian	English
å deklarere [v]	to declare
innsjekking [m]	check-in
utgang [m]	exit
oksygen [n]	oxygen
reisebyrå [n]	travel agency
røyking [adj]	smoking
flyvertinne [n]	stewardess
hangar [m]	hangar
ryggsekk [m]	rucksack
å lette [v]	to take off
å bære [v]	to carry
tidlig [adv]	early
vekt [f]	weight
sikkerhet [m]	security

Find all the Norwegian words in the puzzle.

Norwegian - Word Search - #12 - Airport

f	v	e	n	n	i	t	r	e	v	y	l	f
b	l	n	r	d	t	ø	g	p	b	ø	t	æ
d	r	d	a	o	u	y	u	e	e	k	e	f
i	ø	f	e	å	r	æ	y	æ	e	k	h	f
r	y	l	i	a	b	k	å	v	m	u	æ	u
e	k	y	r	v	u	e	l	a	g	r	ø	y
k	f	g	r	b	l	å	a	v	p	ø	a	s
t	r	n	e	r	e	v	n	g	l	y	b	t
e	i	i	x	y	n	r	d	a	a	k	e	s
g	t	n	i	t	s	m	e	n	x	i	d	b
n	t	g	d	e	a	v	a	g	g	n	y	t
o	k	s	y	g	e	n	r	v	e	g	ø	l
v	r	e	j	s	a	s	s	a	p	k	h	d

Norwegian	English
turbulens [m]	turbulence
vekt [f]	weight
avgang [m]	departure
passasjer [m]	passenger
røykfritt [adj]	non-smoking
flyvertinne [f]	air hostess
direkte [adj]	nonstop
å lande [v]	to land
oksygen [n]	oxygen
flygning [m]	flight
røyking [adj]	smoking
høyde [m]	altitude
å avbryte [v]	to cancel

Find all the Norwegian words in the puzzle.

Norwegian - Word Search - #13 - Animals

l	u	f	v	z	b	t	w	n	i	u	m	z
a	j	z	j	o	r	d	s	v	i	n	r	j
n	o	e	n	b	a	t	y	s	w	r	p	a
d	r	s	r	r	e	v	e	b	f	e	k	r
s	d	e	y	l	b	j	ø	r	n	k	s	o
k	e	l	d	a	v	n	t	g	t	u	z	t
i	k	h	e	m	b	y	t	p	e	l	r	t
l	o	g	t	a	o	r	a	u	v	s	s	e
p	r	k	l	d	v	d	k	u	ø	r	w	t
a	n	w	e	i	d	r	n	z	a	u	l	y
d	ø	ø	b	e	o	n	g	m	l	a	e	z
d	l	i	t	e	n	h	u	n	d	m	e	p
e	a	ø	l	s	d	g	e	h	y	l	ø	d

Norwegian	English
maursluker [m]	anteater
beltedyr [n]	armadillo
bever [m]	beaver
bjørn [m]	bear
liten hund [m]	little dog
landskilpadde [m]	tortoise
padde [m]	toad
hund [m]	dog
katt [m]	cat
jordekorn [n]	chipmunk
rotte [m]	rat
esel [n]	donkey
jordsvin [n]	aardvark
lama [m]	llama

Find all the Norwegian words in the puzzle.

Norwegian - Word Search - #14 - Animals

u	i	e	e	d	n	g	o	r	i	l	l	a
p	z	w	n	k	e	n	g	u	r	u	ø	l
u	r	o	t	a	g	i	l	l	a	k	e	u
m	ø	j	o	r	d	s	v	i	n	u	j	p
a	y	d	f	k	o	a	l	a	w	a	l	h
k	u	y	y	g	a	h	r	n	h	s	m	e
z	g	f	a	n	j	a	s	w	i	i	t	t
t	a	a	b	i	a	p	l	a	v	t	t	z
o	u	y	h	n	d	b	p	t	o	ø	o	v
l	p	n	l	a	h	ø	g	r	v	l	u	g
e	e	a	f	k	a	p	z	y	w	p	n	l
z	ø	w	l	n	e	p	j	f	n	b	n	i
o	w	n	g	n	i	l	v	e	r	g	w	i

Norwegian	English
kanin [m]	rabbit
grevling [m]	badger
sau [m]	sheep
gaupe [m]	lynx
jordsvin [n]	aardvark
ulv [m]	wolf
kenguru [m]	kangaroo
koala [m]	koala
valp [m]	pup
rotte [m]	rat
alligator [m]	alligator
gorilla [m]	gorilla
ozelot [m]	ocelot
puma [m]	cougar

Find all the Norwegian words in the puzzle.

Norwegian - Word Search - #15 - Animals

s	u	m	l	j	u	n	b	y	u	v	m	n
p	l	h	o	r	n	a	e	k	e	t	ø	f
k	a	t	t	z	e	g	v	s	s	z	l	g
b	l	ø	e	f	ø	j	e	t	a	o	k	o
k	e	o	v	ø	s	b	r	g	d	w	d	r
u	s	o	b	t	g	z	a	h	o	v	z	i
a	e	h	o	e	w	s	e	b	h	j	a	l
r	m	l	d	o	e	s	l	g	r	i	s	l
b	z	y	l	l	t	t	r	o	j	h	z	a
e	j	p	l	d	n	u	h	n	e	t	i	l
s	u	e	n	i	v	s	d	r	o	j	v	g
p	j	i	r	y	a	n	o	n	m	l	p	a
v	e	r	f	f	a	r	i	j	s	v	j	f

Norwegian	English
gaselle [m]	gazelle
esel [n]	donkey
gris [m]	pig
bever [m]	beaver
gorilla [m]	gorilla
sjiraff [m]	giraffe
hjort [m]	deer
sebra [m]	zebra
katt [m]	cat
jordsvin [n]	aardvark
rev [m]	fox
liten hund [m]	little dog
mus [m]	mouse
flodhest [m]	hippopotamus

Find all the Norwegian words in the puzzle.

Norwegian - Word Search - #16 - Animals

n	i	v	s	n	n	i	p	d	r	o	j	h
e	d	d	a	p	l	i	k	s	d	n	a	l
t	s	e	h	d	o	l	f	d	l	r	p	n
t	r	o	j	h	k	f	t	w	d	k	u	u
b	a	m	u	p	y	g	f	t	p	r	i	z
p	w	s	a	o	g	k	ø	a	a	v	l	n
a	f	n	m	v	j	o	i	i	r	k	a	n
l	r	m	l	e	h	d	r	d	ø	i	u	t
a	p	e	v	r	h	y	h	i	p	t	j	ø
o	a	w	t	v	y	e	e	w	l	j	h	s
k	d	e	s	n	s	i	l	n	w	l	a	a
z	d	d	n	t	a	u	d	b	e	m	a	i
b	e	d	ø	i	i	p	k	m	d	d	v	m

Norwegian	English
katt [m]	cat
landskilpadde [m]	tortoise
gorilla [m]	gorilla
rev [m]	fox
hyene [m]	hyena
hjort [m]	deer
puma [m]	cougar
panter [m]	panther
jordpinnsvin [n]	porcupine
hest [m]	horse
flodhest [m]	hippopotamus
koala [m]	koala
sjiraff [m]	giraffe
padde [m]	toad

Find all the Norwegian words in the puzzle.

Norwegian - Word Search - #17 - Animals

d	u	m	j	p	g	z	ø	ø	b	m	ø	l
o	n	v	i	h	e	s	t	s	k	f	w	a
r	u	u	s	p	u	w	i	k	g	t	a	n
a	k	g	h	e	a	r	n	r	a	r	p	d
u	r	v	s	n	g	n	e	e	a	o	e	s
g	y	z	t	i	e	v	t	i	w	j	k	k
a	d	r	z	l	l	t	g	e	f	h	a	i
j	h	i	a	i	e	g	i	u	r	e	t	l
u	a	s	n	o	k	s	e	l	b	ø	t	p
o	j	g	n	a	i	v	a	b	z	p	y	a
m	k	l	v	i	g	h	a	y	j	e	s	d
m	n	a	j	w	e	d	d	a	p	s	a	d
ø	d	k	m	i	o	r	g	u	o	e	t	e

Norwegian	English
okse [m]	bull
padde [m]	toad
bavian [m]	baboon
landskilpadde [m]	tortoise
hjort [m]	deer
jaguar [m]	jaguar
gris [m]	pig
sau [m]	sheep
liten hund [m]	little dog
apekatt [m]	monkey
hest [m]	horse
dyr [n]	animal
panter [m]	panther
grevling [m]	badger

Find all the Norwegian words in the puzzle.

Norwegian - Word Search - #18 - Animals

i	j	n	n	e	s	e	h	o	r	n	r	a
e	l	l	i	d	o	k	o	r	k	y	k	g
ø	s	e	l	n	e	e	ø	ø	d	r	a	l
j	o	r	d	s	v	i	n	e	m	s	r	i
i	z	g	b	a	r	l	t	a	e	y	b	t
i	u	w	r	l	j	l	f	l	d	b	o	e
l	f	w	o	o	e	r	l	l	f	k	p	n
r	t	a	y	b	o	e	u	g	s	t	j	h
o	y	k	a	s	t	m	m	e	s	l	a	u
z	t	d	k	s	k	h	n	v	e	r	g	n
b	z	h	k	t	a	h	ø	ø	y	w	u	d
o	s	t	i	e	g	u	m	l	v	u	v	f
p	s	p	v	l	e	f	f	ø	b	k	n	b

Norwegian	English
jordsvin [n]	aardvark
liten hund [m]	little dog
sau [m]	sheep
okse [m]	bull
beltedyr [n]	armadillo
bøffel [m]	buffalo
frosk [m]	frog
dyr [n]	animal
muldyr [n]	mule
løve [m]	lion
krokodille [m]	crocodile
nesehorn [n]	rhinoceros
gaselle [m]	gazelle
geit [m]	goat

Find all the Norwegian words in the puzzle.

Norwegian - Word Search - #19 - Animals

d	n	u	h	n	e	t	i	l	p	w	j	n
g	d	i	j	v	p	n	j	e	b	r	a	m
z	e	v	ø	l	ø	m	d	v	r	s	g	i
y	d	t	i	g	e	r	r	m	k	t	u	o
n	r	o	k	e	j	d	a	b	f	s	a	h
n	l	w	f	k	f	n	p	e	u	m	r	e
v	f	n	l	e	r	m	o	m	g	a	p	w
d	a	r	t	n	a	f	e	l	e	u	d	l
g	h	ø	s	g	a	g	l	b	a	h	r	l
s	j	j	y	u	f	o	p	g	t	u	a	b
g	o	b	l	r	m	z	d	w	l	n	p	j
w	r	h	o	u	u	ø	f	w	r	d	e	o
a	t	y	v	s	r	ø	i	z	f	g	g	e

Norwegian	English
rødgaupe [m]	bobcat
ekorn [n]	squirrel
tiger [m]	tiger
kenguru [m]	kangaroo
liten hund [m]	little dog
leopard [m]	leopard
mus [m]	mouse
elefant [m]	elephant
løve [m]	lion
hund [m]	dog
gepard [m]	cheetah
bjørn [m]	bear
hjort [m]	deer
jaguar [m]	jaguar

Find all the Norwegian words in the puzzle.

Norwegian - Word Search - #20 - Animals

z	p	b	p	v	e	k	d	n	m	k	a	d
e	z	b	s	a	u	s	i	t	ø	l	a	n
d	f	t	g	t	b	r	k	l	a	r	m	e
m	m	t	n	n	j	e	e	o	l	e	n	s
l	w	a	i	p	o	v	k	t	f	g	r	e
ø	y	k	l	m	r	ø	h	v	t	i	ø	h
m	k	i	v	u	d	l	m	e	r	t	j	o
t	f	j	e	l	e	a	y	n	z	y	b	r
b	s	ø	r	d	k	g	u	y	z	g	f	n
a	a	k	g	y	o	y	p	l	m	i	m	l
f	b	u	ø	r	r	s	o	z	e	l	o	t
f	s	s	ø	v	n	y	j	u	d	z	z	e
e	r	a	l	l	i	r	o	g	o	y	a	e

Norwegian	English
bjørn [m]	bear
tiger [m]	tiger
løve [m]	lion
okse [m]	bull
muldyr [n]	mule
koala [m]	koala
jordekorn [n]	chipmunk
sau [m]	sheep
ozelot [m]	ocelot
grevling [m]	badger
nesehorn [n]	rhinoceros
gorilla [m]	gorilla
ku [f]	cow
katt [m]	cat

Find all the Norwegian words in the puzzle.

Norwegian - Word Search - #21 - Animals

n	b	g	n	i	l	v	e	r	g	e	i	j
z	r	e	k	k	p	n	e	g	w	e	z	v
m	v	n	v	k	i	m	l	n	a	v	l	r
a	l	o	o	e	s	k	e	s	s	u	z	h
u	e	z	a	w	r	n	f	b	p	w	p	k
r	f	e	y	l	y	b	a	l	l	a	w	n
s	f	l	ø	m	l	g	n	w	u	k	w	r
l	ø	o	z	a	a	i	t	f	e	y	l	k
u	b	t	p	m	k	n	g	b	g	p	j	b
k	r	w	u	t	o	r	v	a	o	k	s	e
e	f	s	o	l	t	ø	t	t	t	k	s	n
r	u	z	s	r	z	j	t	v	o	o	j	l
p	l	a	v	d	i	b	y	s	i	l	r	a

Norwegian	English
valp [m]	pup
bjørn [m]	bear
elefant [m]	elephant
bever [m]	beaver
maursluker [m]	anteater
mus [m]	mouse
okse [m]	bull
grevling [m]	badger
wallaby [m]	wallaby
ku [f]	cow
alligator [m]	alligator
ulv [m]	wolf
bøffel [m]	buffalo
ozelot [m]	ocelot

Find all the Norwegian words in the puzzle.

Norwegian - Word Search - #22 - Animals

k	t	b	k	s	a	n	n	l	t	e	w	o
e	n	g	y	y	s	i	l	y	n	l	k	y
n	f	w	v	a	n	l	t	s	v	e	v	g
g	f	z	p	a	o	k	z	m	b	f	k	a
u	a	e	k	j	s	s	v	r	i	a	z	s
r	r	y	b	a	l	l	a	w	m	n	z	e
u	i	o	p	y	z	l	t	e	z	t	ø	l
h	j	o	r	t	a	g	l	j	w	f	j	l
w	s	ø	d	m	e	a	s	y	o	t	h	e
n	i	h	s	r	a	u	g	a	j	h	u	z
j	i	y	v	i	s	s	w	s	v	s	u	s
h	b	b	b	h	r	r	p	a	a	ø	z	m
d	f	d	v	g	h	g	a	u	p	e	p	i

Norwegian	English
sau [m]	sheep
hjort [m]	deer
kanin [m]	rabbit
elefant [m]	elephant
gris [m]	pig
lam [n]	lamb
kamel [m]	camel
jaguar [m]	jaguar
wallaby [m]	wallaby
kenguru [m]	kangaroo
gaselle [m]	gazelle
sjiraff [m]	giraffe
gaupe [m]	lynx

Find all the Norwegian words in the puzzle.

Norwegian - Word Search - #23 - Animals

t	k	l	j	g	v	m	k	o	a	l	a	z
n	m	o	a	o	m	a	g	z	j	a	s	j
a	z	o	g	g	ø	l	d	k	e	r	j	d
f	g	a	u	p	e	k	ø	k	d	y	i	b
e	t	v	a	k	s	k	d	r	e	d	r	j
l	i	k	r	b	a	o	ø	o	u	e	a	ø
e	d	k	v	t	r	l	d	k	o	t	f	f
o	h	y	t	n	y	f	ø	o	w	l	f	e
n	e	s	e	h	o	r	n	d	j	e	k	b
a	r	b	e	s	e	n	j	i	z	b	t	t
p	m	t	b	m	i	s	t	l	o	s	z	p
b	z	ø	a	h	s	r	t	l	v	e	n	a
l	e	s	e	o	w	e	g	e	d	m	w	t

Norwegian	English
hest [m]	horse
krokodille [m]	crocodile
nesehorn [n]	rhinoceros
gaupe [m]	lynx
koala [m]	koala
katt [m]	cat
elefant [m]	elephant
beltedyr [n]	armadillo
jaguar [m]	jaguar
sebra [m]	zebra
esel [n]	donkey
lam [n]	lamb
sjiraff [m]	giraffe
gris [m]	pig

Find all the Norwegian words in the puzzle.

Norwegian - Word Search - #24 - Animals

l	z	d	b	ø	m	k	a	n	i	n	g	d
y	y	t	e	g	n	a	l	s	j	m	t	n
w	t	o	s	e	b	r	a	g	t	u	s	u
j	o	r	d	s	v	i	n	r	ø	t	v	h
h	k	r	o	k	o	d	i	l	l	e	u	n
a	ø	i	f	ø	e	u	e	n	r	s	t	e
j	z	s	b	s	n	n	l	h	z	i	h	t
l	e	s	e	ø	e	u	j	v	g	y	s	i
b	p	r	n	k	y	v	a	e	v	f	z	l
o	e	y	i	u	h	e	r	p	w	f	a	v
k	n	v	r	e	k	u	l	s	r	u	a	m
s	d	w	e	h	k	u	d	o	b	i	i	j
e	z	a	j	r	l	s	n	u	z	t	v	g

Norwegian	English
hyene [m]	hyena
liten hund [m]	little dog
krokodille [m]	crocodile
tiger [m]	tiger
maursluker [m]	anteater
rev [m]	fox
jordsvin [n]	aardvark
okse [m]	bull
sebra [m]	zebra
bever [m]	beaver
esel [n]	donkey
kanin [m]	rabbit
slange [m]	snake
ulv [m]	wolf

Find all the Norwegian words in the puzzle.

Norwegian - Word Search - #25 - Around the House

a	p	ø	v	t	f	h	n	d	r	o	b	n
v	v	ø	v	l	a	t	t	i	o	j	r	ø
h	e	m	k	g	t	t	s	o	k	g	l	e
s	o	s	å	g	g	k	h	d	v	g	p	t
p	m	p	k	u	b	ø	s	e	t	b	p	t
f	p	l	t	e	g	y	ø	i	h	v	n	ø
d	o	p	g	b	g	e	g	k	g	b	t	b
y	v	f	o	t	e	p	p	e	m	v	o	l
a	f	o	s	k	t	p	l	a	m	p	e	e
j	k	j	ø	k	k	e	n	v	a	s	k	p
l	ø	h	h	f	f	u	k	s	v	h	d	p
n	d	f	j	i	j	k	å	d	v	r	o	ø
v	s	ø	p	p	e	l	s	e	k	k	y	s

Norwegian	English
TV [m]	television
kopp [m]	cup
sofa [m]	couch
søppelbøtte [m]	rubbish can
teppe [n]	carpet
veske [f]	purse
kost [m]	broom
skuff [m]	drawer
kjøkkenvask [m]	kitchen sink
fat [n]	dish
lampe [f]	lamp
bord [n]	table
søppelsekk [m]	rubbish bag
køye [f]	cot

Find all the Norwegian words in the puzzle.

Norwegian - Word Search - #26 - Around the House

f	t	r	a	p	p	h	u	b	d	m	p	j
v	s	y	t	å	v	e	s	k	e	y	m	e
t	u	s	l	v	g	f	r	y	s	e	r	y
t	g	l	ø	j	b	i	r	y	f	m	o	k
e	k	r	e	t	s	i	r	d	ø	r	b	f
i	j	j	l	k	e	s	p	a	n	n	m	d
v	ø	l	p	e	k	v	ø	m	å	l	b	a
r	l	p	p	o	k	ø	g	p	t	a	s	g
e	e	å	n	f	r	d	n	b	d	u	o	a
s	s	i	d	j	y	e	b	e	k	g	f	r
v	k	t	b	k	v	h	k	n	b	f	a	d
y	a	f	å	n	b	a	s	ø	v	u	h	i
y	p	d	o	t	r	t	p	r	r	u	g	n

Norwegian	English
badekar [n]	bath (tub)
fryser [m]	freezer
nøkkel [m]	key
trapp [f]	staircase
kjøleskap [n]	refrigerator
spann [n]	pail
veske [f]	bag
gardin [m]	curtain
sofa [m]	couch
komfyr [m]	stove
kopp [m]	cup
brødrister [m]	toaster
serviett [m]	napkin

Find all the Norwegian words in the puzzle.

Norwegian - Word Search - #27 - Around the House

ø	n	i	u	d	i	i	s	d	s	e	e	n
f	ø	d	r	h	m	p	o	e	l	n	d	b
t	k	e	u	f	m	f	r	o	k	n	o	a
m	k	s	r	e	e	v	p	å	a	a	m	d
s	e	h	s	u	i	e	s	s	s	p	m	e
k	l	u	s	e	i	k	g	s	s	e	o	k
a	s	s	t	p	ø	s	a	u	e	k	k	a
p	s	t	n	b	å	e	r	r	r	e	o	r
t	ø	t	g	y	y	v	d	y	o	t	ø	k
v	p	j	o	t	d	j	i	t	l	s	e	l
t	i	k	h	l	u	r	n	f	l	a	l	k
o	ø	i	v	j	i	a	m	h	e	l	i	j
e	u	j	o	t	k	y	l	e	m	m	o	l

Norwegian	English
gardin [m]	curtain
do [n]	toilet
hus [n]	house
TV [m]	television
serviett [m]	napkin
kasserolle [m]	pot
lommelykt [m]	torch
veske [f]	purse
kommode [m]	dresser
stol [m]	chair
badekar [n]	bath (tub)
stekepanne [m]	frying pan
nøkkel [m]	key
Skap [n]	cabinet

Find all the Norwegian words in the puzzle.

Norwegian - Word Search - #28 - Around the House

o	i	h	u	l	j	k	o	m	m	o	d	e
ø	s	i	n	å	g	k	l	u	l	å	o	l
f	ø	p	y	e	p	j	h	t	v	d	t	e
f	p	i	s	n	u	ø	p	ø	r	n	u	k
g	p	r	r	n	t	k	l	o	d	o	d	k
m	e	e	y	a	e	k	b	r	u	r	h	ø
d	l	l	e	p	e	e	u	å	s	f	u	n
n	s	a	t	e	k	n	t	k	t	d	s	u
å	e	m	a	k	s	ø	å	o	e	j	k	s
o	k	o	s	e	a	h	l	m	t	p	s	n
ø	k	s	j	t	l	l	o	f	m	i	y	f
f	e	s	e	s	f	a	e	y	t	t	d	p
s	ø	b	o	l	l	e	v	r	m	h	a	p

Norwegian	English
kjøkken [n]	kitchen
maleri [n]	painting
kommode [m]	dresser
skje [f]	spoon
flaske [m]	bottle
etasje [m]	floor
stekepanne [m]	frying pan
bolle [m]	bowl
komfyr [m]	stove
nøkkel [m]	key
bord [n]	table
søppelsekk [m]	rubbish bag
pute [m]	pillow

Find all the Norwegian words in the puzzle.

Norwegian - Word Search - #29 - Around the House

b	k	ø	j	g	v	h	k	v	i	n	d	u
k	e	y	t	a	l	l	e	r	k	e	n	y
n	f	n	a	o	l	o	m	m	e	b	o	k
i	r	i	u	p	e	e	k	s	a	l	f	n
v	d	r	p	v	m	i	u	p	f	s	e	e
e	p	m	a	l	l	a	k	e	n	b	l	k
u	k	s	t	e	k	e	p	a	n	n	e	k
j	å	t	h	a	r	b	o	r	d	g	j	ø
f	e	s	o	p	e	v	o	s	a	k	k	j
d	j	j	p	u	v	s	m	å	b	b	n	k
e	m	d	f	e	d	g	f	d	m	h	n	e
i	e	l	l	y	h	k	o	b	j	v	a	å
v	i	h	m	a	l	e	r	i	r	d	v	ø

Norwegian	English
stekepanne [m]	frying pan
maleri [n]	painting
lommebok [f]	wallet
bord [n]	table
vindu [n]	window
vannkjele [m]	kettle
kniv [m]	knife
tallerken [m]	plate
laken [n]	sheet
sovepose [m]	sleeping bag
kjøkken [n]	kitchen
lampe [f]	lamp
bokhylle [m]	bookcase
flaske [m]	bottle

Find all the Norwegian words in the puzzle.

Norwegian - Word Search - #30 - Around the House

l	e	l	l	o	r	e	s	s	a	k	ø	m
u	d	m	a	s	k	e	b	e	g	e	r	p
r	e	l	b	ø	m	j	y	å	f	u	g	r
a	b	u	y	e	d	l	i	b	v	d	k	i
o	i	f	g	k	f	r	v	j	j	t	ø	i
n	n	e	k	r	e	l	l	a	t	u	y	k
a	b	r	y	t	e	r	y	n	r	m	e	m
s	i	l	k	v	y	e	g	r	a	k	i	e
v	j	r	i	t	p	r	v	l	k	k	å	a
f	l	y	y	p	ø	k	e	k	o	y	m	t
e	h	i	e	d	y	r	f	s	k	t	k	s
i	v	t	s	k	i	n	t	o	m	a	y	v
l	v	u	e	l	l	y	h	k	o	b	t	t

Norwegian	English
bokhylle [m]	bookcase
tallerken [m]	plate
bilde [n]	picture
dør [f]	door
møbler [np]	furniture
køye [f]	cot
tak [n]	ceiling
teppe [n]	carpet
maleri [n]	painting
bryter [m]	switch
kost [m]	broom
kasserolle [m]	pot
askebeger [n]	ashtray

Find all the Norwegian words in the puzzle.

Norwegian - Word Search - #31 - Around the House

b	k	j	r	h	j	å	ø	m	g	s	s	h
ø	u	k	t	v	k	v	y	v	f	e	r	l
s	a	p	o	e	t	d	l	h	a	d	y	s
j	o	l	b	g	e	m	j	u	g	o	v	j
m	g	f	o	g	p	f	m	o	v	m	b	a
n	i	p	a	ø	p	k	g	i	y	m	h	t
h	f	a	i	s	e	a	n	a	b	o	a	f
p	t	k	l	u	y	k	g	k	k	k	i	s
a	y	s	r	h	l	a	k	e	n	k	f	e
b	a	d	e	k	a	r	g	g	f	o	e	v
o	e	d	r	å	e	j	s	u	d	u	å	y
k	k	e	s	l	e	p	p	ø	s	u	s	f
y	t	u	s	o	v	e	p	o	s	e	k	g

Norwegian	English
sofa [m]	couch
vegg [m]	wall
Skap [n]	cabinet
laken [n]	sheet
hus [n]	house
kniv [m]	knife
sovepose [m]	sleeping bag
badekar [n]	bath (tub)
tak [n]	ceiling
søppelsekk [m]	rubbish bag
kommode [m]	dresser
dusj [m]	shower
teppe [n]	blanket

Find all the Norwegian words in the puzzle.

Norwegian - Word Search - #32 - Around the House

y	v	a	s	k	e	m	a	s	k	i	n	r
u	ø	e	k	s	e	v	g	n	f	e	m	e
u	t	m	i	e	ø	j	m	n	k	y	l	t
b	å	d	v	i	n	d	u	a	f	l	f	s
j	f	f	e	e	s	ø	s	p	k	a	h	i
i	f	r	t	r	t	v	å	s	j	v	t	r
e	m	a	y	d	o	y	p	j	d	k	å	d
t	j	f	n	f	i	k	e	e	å	o	i	ø
n	p	k	d	v	m	f	k	l	p	m	r	r
k	y	k	s	l	u	o	u	l	f	m	n	b
j	t	b	m	s	g	p	k	y	t	o	å	u
r	v	a	s	e	s	d	v	h	g	d	y	y
r	n	y	e	u	m	n	h	k	h	e	t	a

Norwegian	English
komfyr [m]	stove
hylle [m]	shelf
skje [f]	spoon
fat [n]	dish
kommode [m]	dresser
såpe [m]	soap
vase [m]	vase
do [n]	toilet
veske [f]	purse
vaskemaskin [m]	washing machine
spann [n]	pail
brødrister [m]	toaster
vindu [n]	window

Find all the Norwegian words in the puzzle.

Norwegian - Word Search - #33 - Around the House

d	u	s	j	f	o	r	h	e	n	g	y	t
k	j	ø	s	o	d	h	n	h	f	e	a	j
p	v	r	r	e	t	y	r	b	t	l	u	e
k	a	n	i	d	r	a	g	t	l	k	s	k
g	s	a	d	k	l	u	ø	e	y	a	t	s
t	e	å	r	r	u	b	r	o	å	s	e	e
f	a	a	a	å	l	k	v	g	g	s	k	v
h	n	d	k	e	e	s	y	b	t	e	e	d
s	i	j	p	n	b	y	g	a	u	r	p	n
o	j	p	y	o	n	k	f	j	ø	o	a	å
n	ø	s	h	i	b	a	s	n	f	l	n	h
s	ø	e	k	k	j	t	f	k	g	l	n	i
i	v	u	f	h	d	y	s	u	o	e	e	l

Norwegian	English
bryter [m]	switch
tallerken [m]	plate
søppelbøtte [m]	rubbish can
tak [n]	roof
fat [n]	dish
stekepanne [m]	frying pan
do [n]	toilet
vase [m]	vase
kasserolle [m]	pot
gardin [m]	curtain
kran [m]	tap
radio [m]	radio
håndveske [f]	handbag
dusjforheng [n]	shower curtain

Find all the Norwegian words in the puzzle.

Norwegian - Word Search - #34 - Around the House

o	v	y	a	y	g	e	l	l	o	b	o	g
v	d	r	o	b	t	l	b	r	å	i	a	ø
m	e	h	u	å	ø	a	a	j	p	r	o	å
s	r	k	v	a	t	m	f	s	d	n	s	r
h	e	e	k	j	j	i	n	i	s	h	t	e
f	l	r	g	e	h	y	n	o	b	r	e	t
y	l	f	v	u	r	o	s	k	å	o	k	s
u	y	f	l	i	s	k	k	u	n	u	e	i
u	h	k	v	m	e	v	l	y	t	b	p	r
h	k	å	å	p	d	t	ø	o	ø	y	a	d
p	o	b	u	å	l	o	t	t	k	u	n	ø
u	b	t	j	y	i	n	f	ø	s	k	n	r
t	e	f	d	o	b	å	o	ø	r	f	e	b

Norwegian	English
pute [m]	pillow
Vekkerklokke [f]	alarm clock
brødrister [m]	toaster
bord [n]	table
bilde [n]	image
glass [n]	glass
stekepanne [m]	frying pan
støvsuger [m]	hoover
serviett [m]	napkin
gardin [m]	curtain
bokhylle [m]	bookcase
fat [n]	dish
bolle [m]	bowl

Find all the Norwegian words in the puzzle.

Norwegian - Word Search - #35 - Around the House

n	p	m	m	d	t	d	l	n	p	å	f	y
n	a	f	ø	y	u	y	t	e	s	o	n	r
a	k	e	l	l	o	r	e	s	s	a	k	b
p	s	s	ø	p	p	e	l	b	ø	t	t	e
s	e	a	y	j	j	e	å	t	r	a	p	p
ø	l	f	å	m	d	a	j	k	å	r	j	f
a	ø	ø	b	o	p	a	i	å	p	p	o	k
k	j	k	m	o	å	p	t	p	h	d	j	o
k	k	m	o	s	k	e	v	v	a	j	r	b
k	o	p	e	m	y	s	m	ø	b	l	e	r
k	p	n	i	f	g	o	o	n	p	g	u	i
r	g	ø	d	ø	n	r	d	s	t	f	u	o
k	i	b	ø	s	t	ø	v	s	u	g	e	r

Norwegian	English
støvsuger [m]	hoover
kasserolle [m]	pot
TV [m]	television
møbler [np]	furniture
søppelbøtte [m]	rubbish can
seng [m]	bed
spann [n]	pail
kopp [m]	cup
kjøleskap [n]	refrigerator
do [n]	toilet
boks [m]	box
kommode [m]	dresser
trapp [f]	staircase

Find all the Norwegian words in the puzzle.

Norwegian - Word Search - #36 - Around the House

l	f	p	b	b	o	k	s	u	o	n	b	e
v	h	k	n	g	b	b	f	n	ø	d	y	y
t	i	r	n	n	a	v	r	p	o	m	a	p
i	t	a	k	h	l	t	r	a	p	p	d	m
å	o	n	ø	h	e	o	e	b	e	ø	t	m
o	m	s	b	l	m	y	k	f	r	h	g	r
o	y	y	l	s	t	l	l	m	t	v	d	b
s	g	o	e	t	y	a	g	a	e	n	l	f
u	b	l	r	k	s	i	g	l	l	e	u	l
j	h	l	d	k	k	d	e	e	e	l	ø	u
ø	å	y	e	n	a	o	v	r	f	e	j	s
h	h	h	s	å	v	b	l	i	o	h	v	u
e	d	o	m	m	o	k	h	k	n	u	u	u

Norwegian	English
telefon [m]	telephone
maleri [n]	painting
dør [f]	door
bolle [m]	bowl
kommode [m]	dresser
klokke [f]	clock
vegg [m]	wall
kran [m]	tap
trapp [f]	staircase
do [n]	toilet
flaske [m]	bottle
tak [n]	roof
boks [m]	tin
vann [n]	water

Find all the Norwegian words in the puzzle.

Norwegian - Word Search - #37 - Birds

b	p	ø	v	n	f	f	f	å	e	s	a	d
b	e	k	m	b	e	a	r	y	n	i	s	m
b	u	g	y	r	s	k	ø	a	y	t	u	a
i	e	å	g	a	e	g	t	u	r	s	s	k
r	u	e	n	i	e	t	ø	u	m	y	p	m
g	h	y	n	p	e	e	t	n	o	k	u	d
ø	k	r	a	r	t	s	g	p	m	r	r	t
h	ø	p	g	i	e	å	n	b	p	o	v	n
u	y	a	n	k	s	m	u	v	g	t	d	å
i	l	u	å	o	g	e	k	m	m	s	n	y
g	y	m	s	r	u	d	l	y	l	b	a	e
s	o	n	y	d	ø	n	a	v	v	r	n	y
o	o	p	f	a	o	p	k	u	o	r	v	m

Norwegian	English
stork [m]	stork
fasan [m]	pheasant
hegre [m]	heron
kalkun [m]	turkey
nattergal [m]	nightingale
and [f]	duck
måke [m]	seagull
spurv [m]	sparrow
gribb [m]	vulture
papegøye [m]	parrot
due [m]	dove
struts [m]	ostrich
gås [f]	goose
ørn [m]	eagle

Find all the Norwegian words in the puzzle.

Norwegian - Word Search - #38 - Birds

a	k	t	n	t	s	l	l	å	g	b	e	o
b	i	t	å	e	i	y	v	å	d	b	m	ø
f	f	k	s	y	p	h	h	b	o	m	m	m
g	u	n	e	n	a	v	s	b	b	m	u	o
m	g	u	y	n	p	b	l	i	y	t	s	g
g	l	k	e	n	i	v	a	r	f	a	e	n
å	g	l	r	d	p	h	h	g	k	y	b	i
u	b	a	s	d	ø	e	s	r	ø	s	g	m
o	b	k	f	n	g	t	å	g	d	o	m	a
u	f	f	e	r	r	k	e	e	å	d	å	l
ø	ø	g	e	u	e	p	u	m	g	s	a	f
t	f	b	t	r	a	d	f	e	h	o	l	å
e	l	s	t	p	p	o	y	f	a	s	a	n

Norwegian	English
svane [m]	swan
hegre [m]	heron
gribb [m]	vulture
flamingo [m]	flamingo
struts [m]	ostrich
kråke [f]	crow
høne [f]	hen
kalkun [m]	turkey
gås [f]	goose
due [m]	dove
fasan [m]	pheasant
papegøye [m]	parrot
fugl [m]	bird
hane [m]	rooster

Find all the Norwegian words in the puzzle.

28

Norwegian - Word Search - #39 - Birds

m	d	r	s	t	u	r	t	s	u	f	l	r
t	a	y	e	m	s	r	s	k	o	d	f	v
v	l	g	a	l	d	ø	l	a	t	f	u	m
f	g	ø	i	n	g	ø	r	n	l	å	g	g
r	ø	å	o	o	e	u	s	v	y	g	l	e
e	v	v	t	h	n	n	t	r	d	å	p	n
u	t	f	å	m	ø	å	o	f	i	s	a	i
d	u	i	u	l	h	y	r	a	m	r	p	a
d	n	u	k	l	a	k	k	y	g	h	e	l
o	p	g	r	i	b	b	b	a	k	a	g	d
a	g	ø	k	n	a	s	a	f	h	r	ø	i
a	f	i	e	n	a	v	s	y	p	b	y	u
å	e	d	k	r	å	k	e	ø	m	y	e	t

Norwegian	English
ugle [m]	owl
papegøye [m]	parrot
høne [f]	hen
due [m]	pigeon
kalkun [m]	turkey
ørn [m]	eagle
fugl [m]	bird
svane [m]	swan
gås [f]	goose
kråke [f]	crow
fasan [m]	pheasant
struts [m]	ostrich
gribb [m]	vulture
stork [m]	stork

Find all the Norwegian words in the puzzle.

Norwegian - Word Search - #40 - Birds

v	b	å	a	s	p	h	u	å	g	r	y	r
u	v	u	d	l	v	l	ø	t	n	f	s	v
g	m	o	g	e	y	a	g	n	ø	d	a	a
s	ø	e	e	i	o	i	n	u	e	e	n	
n	n	r	l	i	g	a	v	e	f	k	t	d
f	a	d	g	n	n	p	ø	l	m	å	e	k
g	k	y	u	a	i	a	e	l	y	r	y	h
å	r	å	k	k	m	p	e	n	v	k	m	n
s	d	e	n	i	a	e	r	u	a	y	i	g
d	o	b	r	l	l	g	g	n	o	h	o	o
o	s	d	ø	e	f	ø	e	e	g	h	h	l
t	å	f	h	p	l	y	h	u	o	k	t	r
d	m	a	u	h	ø	e	h	d	h	t	h	e

Norwegian	English
flamingo [m]	flamingo
hegre [m]	heron
hane [m]	rooster
and [f]	duck
ørn [m]	eagle
papegøye [m]	parrot
fugl [m]	bird
due [m]	pigeon
ugle [m]	owl
svane [m]	swan
gås [f]	goose
pelikan [m]	pelican
høne [f]	hen
kråke [f]	crow

Find all the Norwegian words in the puzzle.

Norwegian - Word Search - #41 - Birds

d	u	s	n	h	k	o	i	r	y	f	ø	r
e	n	b	e	f	l	a	m	i	n	g	o	h
n	y	h	ø	n	e	p	ø	u	f	v	m	s
a	d	i	o	s	e	b	b	s	s	b	h	i
h	n	b	k	r	p	k	a	l	k	u	n	i
e	y	ø	g	e	p	a	p	f	d	i	t	h
s	n	e	g	p	m	i	g	h	o	a	o	å
v	h	y	n	a	å	v	b	ø	ø	b	a	f
a	b	n	f	u	g	l	e	n	e	h	t	a
n	s	t	o	r	k	o	e	k	å	r	k	t
e	d	ø	y	n	e	i	t	å	å	d	a	e
u	u	n	k	ø	r	ø	l	h	g	å	s	s
f	a	s	a	n	n	ø	n	e	a	å	b	r

Norwegian	English
kalkun [m]	turkey
hegre [m]	heron
fugl [m]	bird
kråke [f]	crow
and [f]	duck
svane [m]	swan
hane [m]	rooster
flamingo [m]	flamingo
høne [f]	hen
ørn [m]	eagle
papegøye [m]	parrot
stork [m]	stork
fasan [m]	pheasant
gås [f]	goose

Find all the Norwegian words in the puzzle.

Norwegian - Word Search - #42 - Birds

i	m	n	t	i	å	e	y	p	v	r	o	å
l	a	a	å	f	i	r	n	b	g	t	å	i
i	f	k	a	l	k	u	n	ø	d	k	s	g
d	t	b	ø	t	n	r	ø	u	h	t	m	o
a	n	e	a	e	l	a	u	m	r	ø	f	i
b	t	a	n	y	l	t	s	u	m	i	l	å
y	b	l	h	a	g	g	t	a	r	l	a	u
ø	g	i	e	m	h	s	u	d	f	r	m	e
y	a	p	r	n	s	b	p	b	ø	t	i	d
i	m	y	d	g	a	s	m	k	f	g	n	f
p	ø	d	v	e	s	v	a	d	u	g	g	a
r	r	s	u	å	m	k	s	h	g	y	o	h
m	å	d	g	e	o	v	o	u	l	v	ø	m

Norwegian	English
høne [f]	hen
due [m]	dove
struts [m]	ostrich
svane [m]	swan
flamingo [m]	flamingo
gribb [m]	vulture
ørn [m]	eagle
gås [f]	goose
hane [m]	rooster
kalkun [m]	turkey
fasan [m]	pheasant
fugl [m]	bird
and [f]	duck
ugle [m]	owl

Find all the Norwegian words in the puzzle.

Norwegian - Word Search - #43 - Birds

k	r	t	ø	m	å	t	n	n	k	e	g	s
u	a	r	r	y	f	a	l	y	k	n	a	g
e	h	l	n	å	k	e	ø	r	r	d	k	v
y	p	p	k	i	ø	u	s	k	o	v	u	n
l	u	u	l	u	f	d	k	a	t	v	d	a
i	r	e	e	s	n	u	g	s	s	i	l	t
n	p	t	v	ø	a	v	v	l	r	s	m	t
l	s	h	v	h	r	o	b	e	f	f	å	e
d	h	l	d	u	t	f	u	n	b	a	a	r
n	i	k	p	f	l	m	g	a	d	s	h	g
a	ø	s	u	a	ø	a	l	h	m	a	g	a
o	f	g	å	b	p	k	e	s	t	n	å	l
l	l	h	p	å	v	h	v	b	e	g	s	d

Norwegian	English
due [m]	pigeon
pelikan [m]	pelican
hauk [m]	hawk
ugle [m]	owl
gås [f]	goose
ørn [m]	eagle
hane [m]	rooster
kalkun [m]	turkey
fasan [m]	pheasant
fugl [m]	bird
stork [m]	stork
nattergal [m]	nightingale
and [f]	duck
spurv [m]	sparrow

Find all the Norwegian words in the puzzle.

Norwegian - Word Search - #44 - Birds

t	t	s	m	o	a	m	s	t	g	o	b	n
k	a	å	v	u	y	n	v	t	p	s	k	n
a	u	e	n	a	o	p	d	f	o	r	v	l
o	t	b	n	a	n	i	a	f	å	r	a	e
t	v	b	l	ø	s	e	d	k	g	g	k	f
e	a	i	å	p	h	a	e	p	r	o	f	u
n	y	r	h	a	d	o	f	e	s	n	l	g
n	e	g	m	s	t	f	t	p	p	å	a	l
h	u	l	v	å	g	t	n	n	u	e	m	n
o	d	g	m	g	a	t	d	ø	r	n	i	p
t	s	k	y	n	å	l	r	n	v	u	n	g
h	e	k	d	i	ø	n	b	n	r	ø	g	n
ø	r	ø	f	i	a	i	d	e	g	g	o	y

Norwegian	English
due [m]	dove
and [f]	duck
spurv [m]	sparrow
kråke [f]	crow
gås [f]	goose
gribb [m]	vulture
fugl [m]	bird
flamingo [m]	flamingo
fasan [m]	pheasant
nattergal [m]	nightingale
svane [m]	swan
ørn [m]	eagle
stork [m]	stork
høne [f]	hen

Find all the Norwegian words in the puzzle.

Norwegian - Word Search - #45 - Birds

p	y	e	s	t	o	r	k	p	i	s	l	r
a	p	v	l	v	h	t	g	h	i	u	e	l
p	t	y	r	m	l	h	a	n	e	g	o	p
e	d	o	n	u	u	m	r	e	å	o	h	s
g	r	k	b	g	p	p	å	s	å	r	e	h
ø	i	ø	i	h	r	s	v	h	h	v	g	a
y	k	b	n	a	k	i	l	e	p	e	r	å
e	r	p	k	s	m	o	b	s	m	l	e	f
o	å	f	d	u	e	v	t	b	å	s	u	l
h	k	a	u	k	a	r	a	e	k	i	d	v
n	e	s	p	ø	u	h	h	u	e	r	ø	y
ø	a	a	å	t	b	h	y	a	o	v	p	p
o	p	n	s	l	a	å	u	m	p	v	h	f

Norwegian	English
gribb [m]	vulture
måke [m]	seagull
spurv [m]	sparrow
hegre [m]	heron
stork [m]	stork
papegøye [m]	parrot
fasan [m]	pheasant
struts [m]	ostrich
gås [f]	goose
hauk [m]	hawk
kråke [f]	crow
hane [m]	rooster
due [m]	dove
pelikan [m]	pelican

Find all the Norwegian words in the puzzle.

Norwegian - Word Search - #46 - Birds

b	e	r	l	g	u	f	p	s	b	m	h	s
f	y	a	f	l	u	o	i	u	b	h	u	b
l	ø	k	a	l	k	u	n	n	i	o	f	v
a	g	e	t	å	l	k	l	a	r	h	i	f
m	e	k	k	r	o	t	s	k	g	a	o	f
i	p	e	k	å	m	k	b	i	a	u	l	d
n	a	g	a	b	o	m	l	l	p	k	m	p
g	p	k	g	s	o	ø	r	e	g	h	t	l
o	y	v	ø	i	a	p	a	p	m	h	d	b
ø	u	e	u	b	e	u	d	g	a	a	n	d
å	p	o	g	g	u	p	g	n	n	v	b	å
f	l	r	a	e	l	s	e	å	h	r	v	v
i	i	k	b	ø	b	e	a	u	f	å	p	b

Norwegian	English
ugle [m]	owl
pelikan [m]	pelican
stork [m]	stork
måke [m]	seagull
kalkun [m]	turkey
papegøye [m]	parrot
hauk [m]	hawk
gribb [m]	vulture
hane [m]	rooster
due [m]	pigeon
and [f]	duck
flamingo [m]	flamingo
fugl [m]	bird

Find all the Norwegian words in the puzzle.

Norwegian - Word Search - #47 - Birds

s	r	r	u	i	å	v	b	h	k	k	r	r
p	f	s	v	a	n	e	s	e	k	b	å	p
p	e	l	i	k	a	n	u	g	l	t	n	n
o	g	n	i	m	a	l	f	r	m	b	u	a
r	y	i	s	n	n	s	r	e	a	y	f	t
h	d	h	t	r	y	g	å	y	l	ø	ø	t
h	r	n	r	e	e	n	a	h	y	u	e	e
h	e	s	u	r	ø	k	r	å	k	e	l	r
f	i	p	t	k	n	m	t	i	g	n	g	g
i	v	u	s	f	r	o	s	r	å	k	u	a
å	y	r	y	d	h	o	i	s	a	u	v	l
g	g	v	o	e	n	b	t	y	ø	r	n	y
u	d	h	f	p	b	a	u	s	e	l	o	n

Norwegian	English
stork [m]	stork
hegre [m]	heron
struts [m]	ostrich
kråke [f]	crow
ugle [m]	owl
hane [m]	rooster
gribb [m]	vulture
pelikan [m]	pelican
ørn [m]	eagle
nattergal [m]	nightingale
spurv [m]	sparrow
svane [m]	swan
flamingo [m]	flamingo
and [f]	duck

Find all the Norwegian words in the puzzle.

Norwegian - Word Search - #48 - Birds

n	l	h	b	p	f	p	s	i	f	f	p	k
e	a	b	n	s	m	m	a	o	s	l	e	n
y	g	k	g	s	k	k	u	k	e	a	k	b
y	r	i	n	t	e	y	a	i	n	m	a	f
e	e	y	a	u	l	e	p	r	a	i	l	ø
i	t	i	k	r	i	k	u	a	v	n	k	y
d	t	ø	i	t	h	d	u	e	s	g	u	b
a	a	b	l	s	e	n	ø	h	f	o	n	d
a	n	s	e	s	h	g	y	v	v	b	p	n
å	o	d	p	e	i	a	b	d	b	n	f	o
s	p	u	r	v	v	u	i	v	u	h	i
n	b	e	k	å	m	u	r	k	g	l	a	g
r	f	g	å	s	r	g	y	l	y	h	m	y

Norwegian	English
gribb [m]	vulture
hauk [m]	hawk
høne [f]	hen
due [m]	dove
spurv [m]	sparrow
pelikan [m]	pelican
flamingo [m]	flamingo
fugl [m]	bird
nattergal [m]	nightingale
struts [m]	ostrich
gås [f]	goose
måke [m]	seagull
svane [m]	swan
kalkun [m]	turkey

Find all the Norwegian words in the puzzle.

Norwegian - Word Search - #49 - Clothing

k	c	h	m	h	h	b	u	s	h	g	a	o
e	æ	r	b	æ	t	g	f	r	e	j	k	s
s	ø	l	l	l	h	a	n	s	k	e	r	ø
l	r	h	o	f	t	e	h	o	l	d	e	r
e	e	s	k	u	b	r	e	k	k	e	n	s
r	p	g	k	s	y	g	m	ø	a	e	t	u
r	m	o	k	k	b	r	e	l	ø	s	k	j
ø	ø	o	a	j	v	æ	l	i	o	u	s	i
t	r	o	r	ø	t	l	o	s	æ	l	d	å
s	t	m	o	r	d	k	j	b	m	b	s	d
e	s	c	n	t	j	a	k	k	e	p	g	a
å	j	i	a	e	v	b	m	g	d	e	b	i
d	f	j	e	l	l	s	t	ø	v	l	e	r

Norwegian	English
anorakk [m]	anorak
skjerf [n]	scarf
fjellstøvler [mp]	hiking boots
jakke [m]	jacket
bluse [m]	blouse
hansker [mp]	gloves
strømper [mp]	stockings
BH [m]	bra
størrelse [m]	size
snekkerbukse [m]	overalls
hofteholder [m]	corset
klær [np]	clothes
skjørt [n]	skirt
kjole [m]	dress

Find all the Norwegian words in the puzzle.

Norwegian - Word Search - #50 - Clothing

g	r	u	h	a	n	s	k	e	r	j	f	y
u	k	h	a	n	s	k	e	g	n	y	f	n
s	e	l	o	j	k	o	e	c	i	b	j	ø
u	g	ø	g	i	g	y	n	p	o	s	e	s
e	t	i	g	l	i	d	e	l	å	s	l	k
k	s	r	l	å	j	u	u	e	t	r	l	j
d	t	k	ø	j	l	a	v	s	k	e	s	o
e	r	k	u	j	g	c	e	o	n	k	t	r
k	ø	l	c	b	k	v	m	j	m	k	ø	t
k	m	æ	s	k	f	s	e	e	o	o	v	e
a	p	r	c	e	ø	ø	p	y	s	s	l	i
j	e	u	r	e	l	a	d	n	a	s	e	ø
v	r	y	d	e	o	k	y	n	i	y	r	ø

Norwegian	English
bukse [m]	trousers
fjellstøvler [mp]	hiking boots
glidelås [m]	zip
hanske [m]	glove
sandaler [mp]	sandals
strømper [mp]	stockings
skjorte [m]	shirt
klær [np]	clothes
hansker [mp]	gloves
sokker [mp]	socks
jakke [m]	jacket
vest [m]	waistcoat
kjole [m]	dress
skjørt [n]	skirt

Find all the Norwegian words in the puzzle.

Norwegian - Word Search - #51 - Clothing

h	o	a	å	t	i	u	s	p	m	u	j	e
u	n	d	e	r	b	u	k	s	e	y	k	s
y	r	k	k	a	r	o	n	a	a	ø	æ	k
b	m	i	u	o	e	p	n	d	d	a	e	u
i	s	æ	g	a	e	l	p	å	f	y	t	b
k	p	l	r	t	s	y	o	b	s	o	r	r
i	å	l	i	r	u	j	o	j	i	y	o	e
n	n	p	i	ø	l	t	b	m	k	l	j	k
i	s	j	c	j	b	l	l	b	b	p	k	k
h	a	n	s	k	e	r	o	t	u	a	s	e
e	e	h	m	s	r	s	r	t	k	r	b	n
b	u	æ	g	e	n	s	e	r	s	a	å	s
å	h	d	j	p	ø	r	c	g	e	p	o	i

Norwegian	English
bukse [m]	trousers
bluse [m]	blouse
underbukse [m]	briefs
paraply [m]	umbrella
hansker [mp]	gloves
kjole [m]	dress
skjorte [m]	shirt
anorakk [m]	anorak
bikini [m]	bikini
genser [m]	jumper
snekkerbukse [m]	overalls
jumpsuit [m]	jumpsuit
skjørt [n]	skirt

Find all the Norwegian words in the puzzle.

Norwegian - Word Search - #52 - Clothing

c	o	l	l	e	g	e	g	e	n	s	e	r
v	m	o	h	a	n	s	k	e	r	h	n	d
v	æ	c	a	r	d	i	g	a	n	u	æ	f
b	p	l	s	t	ø	r	r	e	l	s	e	f
h	o	f	t	e	h	o	l	d	e	r	j	o
s	o	f	i	æ	l	p	j	r	a	u	f	t
k	f	s	l	å	b	r	o	k	m	p	s	ø
j	r	r	v	ø	å	g	v	p	i	ø	l	f
o	t	r	u	s	e	l	s	ø	l	æ	ø	l
r	l	e	r	p	j	u	u	æ	s	å	y	e
t	m	j	u	v	i	p	p	e	ø	u	f	r
e	v	i	r	t	t	r	ø	j	k	s	e	h
æ	d	o	n	g	e	r	i	b	u	k	s	e

Norwegian	English
jumpsuit [m]	jumpsuit
hansker [mp]	gloves
truse [m]	knickers
skjørt [n]	skirt
collegegenser [m]	sweatshirt
cardigan [m]	cardigan
hofteholder [m]	corset
dongeribukse [m]	jeans
lue [m]	hat
skjorte [m]	shirt
slåbrok [m]	dressing gown
størrelse [m]	size
tøfler [mp]	slippers
sløyfe [m]	bow tie

Find all the Norwegian words in the puzzle.

Norwegian - Word Search - #53 - Clothing

h	m	p	ø	l	v	i	u	h	y	j	d	k
s	j	s	ø	f	v	j	n	n	n	o	k	e
t	k	ø	m	n	m	l	d	b	m	a	k	s
ø	f	e	a	h	o	i	e	c	r	d	æ	k
r	b	m	s	i	æ	b	r	f	e	f	l	u
r	r	s	p	l	i	f	b	m	s	b	o	b
e	y	o	i	g	n	m	u	å	k	j	k	e
l	ø	k	l	o	i	s	k	i	u	p	s	p
s	e	k	s	æ	k	a	s	s	b	k	e	m
e	u	e	e	m	i	æ	e	e	ø	c	g	ø
k	l	r	b	a	b	i	g	u	r	a	g	r
r	e	p	m	ø	r	t	s	d	a	d	o	t
l	p	e	t	s	e	v	k	f	c	æ	j	s

Norwegian	English
lue [m]	cap
bikini [m]	bikini
bukse [m]	trousers
underbukse [m]	briefs
dress [m]	suit
slips [n]	necktie
vest [m]	waistcoat
strømpebukse [m]	tights
frakk [m]	coat
strømper [mp]	stockings
størrelse [m]	size
sokker [mp]	socks
joggesko [mp]	running shoes

Find all the Norwegian words in the puzzle.

Norwegian - Word Search - #54 - Clothing

g	t	ø	f	l	e	r	c	f	i	u	k	g
l	t	f	a	j	o	g	g	e	s	k	o	l
i	s	t	ø	r	r	e	l	s	e	v	b	i
d	e	l	k	r	ø	t	e	m	m	o	l	s
e	g	u	e	s	b	u	k	s	e	g	s	t
l	t	p	t	l	t	n	å	f	n	t	k	r
å	n	æ	y	k	j	r	d	s	l	b	j	ø
s	e	e	e	l	g	j	ø	o	v	h	e	j
u	s	a	m	a	j	y	p	m	j	h	r	k
e	å	v	t	t	d	g	e	m	p	a	f	s
e	h	j	t	p	æ	u	h	j	r	e	h	c
p	i	i	y	m	l	h	ø	y	v	å	r	o
j	v	s	k	j	o	r	t	e	m	p	c	m

Norwegian	English
lue [m]	cap
bukse [m]	trousers
skjorte [m]	shirt
pyjamas [m]	pyjamas
strømper [mp]	stockings
skjørt [n]	skirt
joggesko [mp]	running shoes
størrelse [m]	size
tøfler [mp]	slippers
BH [m]	bra
lommetørkle [n]	handkerchief
glidelås [m]	zip
skjerf [n]	scarf

Find all the Norwegian words in the puzzle.

Norwegian - Word Search - #55 - Clothing

s	æ	t	i	b	j	b	o	t	y	j	t	e
u	m	a	n	p	f	u	b	r	m	o	d	s
æ	r	j	i	g	s	k	v	u	p	g	c	k
n	e	p	k	n	m	s	æ	s	g	g	b	u
g	s	æ	i	a	n	e	æ	e	å	e	y	b
l	n	t	b	a	n	å	j	c	i	s	l	e
d	e	l	m	ø	a	k	m	e	y	k	p	p
m	g	g	s	i	g	p	d	t	e	o	a	m
n	l	g	s	l	i	p	s	r	s	p	r	ø
d	å	m	s	t	d	m	d	o	u	i	a	r
e	l	g	e	s	r	a	g	j	l	t	p	t
e	r	o	r	e	a	j	g	k	b	s	o	s
y	c	å	d	v	c	m	y	s	n	u	l	u

Norwegian	English
skjorte [m]	shirt
bukse [m]	trousers
bluse [m]	blouse
strømpebukse [m]	tights
joggesko [mp]	running shoes
genser [m]	jumper
vest [m]	waistcoat
bikini [m]	bikini
truse [m]	knickers
dress [m]	suit
slips [n]	necktie
paraply [m]	umbrella
cardigan [m]	cardigan

Find all the Norwegian words in the puzzle.

Norwegian - Word Search - #56 - Clothing

e	e	t	g	r	e	p	m	ø	r	t	s	s
l	s	i	r	c	r	m	ø	i	i	i	a	t
o	k	u	e	y	å	c	n	s	a	n	v	r
m	u	s	d	f	e	i	l	f	o	b	e	ø
m	b	p	l	i	y	i	v	r	å	u	j	m
e	r	m	o	l	p	ø	a	e	o	t	l	p
t	e	u	h	s	m	k	l	e	o	y	a	e
ø	d	j	e	r	k	j	æ	s	ø	b	t	b
r	n	f	t	i	b	d	r	e	c	s	h	u
k	u	t	f	b	e	l	t	e	s	p	h	k
l	s	u	o	h	e	j	r	s	y	u	i	s
e	m	u	h	æ	u	u	c	l	å	b	r	e
e	a	t	ø	f	l	e	r	v	l	f	c	t

Norwegian	English
underbukse [m]	briefs
anorakk [m]	anorak
jumpsuit [m]	jumpsuit
truse [m]	knickers
sløyfe [m]	bow tie
lue [m]	cap
hofteholder [m]	corset
slips [n]	necktie
strømpebukse [m]	tights
BH [m]	bra
tøfler [mp]	slippers
lommetørkle [n]	handkerchief
strømper [mp]	stockings
belte [n]	belt

Find all the Norwegian words in the puzzle.

Norwegian - Word Search - #57 - Clothing

r	e	s	n	e	g	e	g	e	l	l	o	c
i	r	f	a	o	ø	ø	n	d	s	t	n	a
g	f	e	æ	s	f	r	a	k	k	j	v	r
t	e	e	l	a	s	k	h	o	j	o	l	n
u	s	n	o	e	n	e	r	j	e	g	i	j
o	b	ø	s	d	s	b	r	o	r	g	b	æ
y	a	m	h	e	å	e	r	d	f	e	u	e
t	i	n	i	l	r	j	s	l	r	s	k	å
t	ø	æ	s	y	y	k	h	k	l	k	s	r
a	d	f	j	b	k	l	æ	r	u	o	e	o
r	v	e	l	l	v	y	k	e	u	b	k	å
e	p	å	p	e	r	c	i	n	i	k	i	b
r	l	o	n	æ	r	e	l	a	d	n	a	s

Norwegian	English
genser [m]	jumper
collegegenser [m]	sweatshirt
klær [np]	clothes
frakk [m]	coat
bukseseler [mp]	braces/suspenders
bukse [m]	trousers
skjerf [n]	scarf
joggesko [mp]	running shoes
dress [m]	suit
bikini [m]	bikini
slåbrok [m]	dressing gown
tøfler [mp]	slippers
sandaler [mp]	sandals

Find all the Norwegian words in the puzzle.

Norwegian - Word Search - #58 - Clothing

c	o	l	l	e	g	e	g	e	n	s	e	r
å	u	p	o	b	i	n	i	k	i	b	t	e
r	p	å	m	t	e	j	v	g	n	r	c	l
s	l	y	y	l	p	a	r	a	p	s	g	f
t	s	k	j	o	r	t	e	b	u	v	e	ø
u	f	j	u	m	p	s	u	i	t	k	n	t
m	y	s	p	y	j	a	m	a	s	k	s	l
l	l	o	ø	n	k	æ	l	u	e	a	e	r
e	k	k	v	d	å	i	t	e	u	r	r	i
g	y	k	r	i	o	j	r	b	m	f	i	u
s	d	e	e	s	k	u	b	r	e	d	n	u
k	s	r	y	v	l	f	p	p	m	å	o	l
s	e	l	o	j	k	å	t	y	k	s	j	v

Norwegian	English
sokker [mp]	socks
jumpsuit [m]	jumpsuit
underbukse [m]	briefs
tøfler [mp]	slippers
pyjamas [m]	pyjamas
t-skjorte [m]	T-shirt
collegegenser [m]	sweatshirt
frakk [m]	overcoat
genser [m]	jumper
paraply [m]	umbrella
kjole [m]	dress
bikini [m]	bikini
dress [m]	suit
lue [m]	hat

Find all the Norwegian words in the puzzle.

Norwegian - Word Search - #59 - Clothing

m	a	r	e	v	e	s	t	b	c	å	e	c
r	f	i	l	ø	n	g	s	t	k	o	k	o
y	r	n	k	k	t	h	n	t	g	g	p	l
g	a	i	r	k	s	l	i	p	s	k	t	l
s	k	k	ø	a	h	a	n	s	k	e	r	e
t	k	i	t	r	ø	å	j	h	s	i	l	g
ø	i	b	e	o	c	b	o	k	e	m	æ	e
f	a	c	m	n	c	æ	h	y	s	b	h	g
l	c	e	m	a	y	b	k	a	u	k	e	e
e	o	b	o	n	æ	s	l	n	l	i	k	n
r	s	å	l	e	d	i	l	g	b	h	k	s
d	g	e	t	t	f	ø	æ	l	æ	n	a	e
c	å	d	t	i	u	s	p	m	u	j	j	r

Norwegian	English
tøfler [mp]	slippers
lommetørkle [n]	handkerchief
frakk [m]	overcoat
anorakk [m]	anorak
jumpsuit [m]	jumpsuit
collegegenser [m]	sweatshirt
bluse [m]	blouse
slips [n]	necktie
hansker [mp]	gloves
jakke [m]	jacket
bikini [m]	bikini
glidelås [m]	zip
vest [m]	waistcoat

Find all the Norwegian words in the puzzle.

Norwegian - Word Search - #60 - Clothing

æ	j	r	j	a	p	r	æ	e	s	u	l	b
s	h	e	u	y	t	e	g	s	p	i	l	s
k	æ	l	n	n	i	s	r	u	b	m	m	c
ø	y	v	d	h	u	n	v	b	p	å	u	a
r	h	ø	e	a	s	e	i	d	d	r	r	r
e	æ	t	r	n	p	g	o	å	v	m	e	d
l	m	s	b	s	m	e	y	f	j	e	l	i
f	å	l	u	k	u	g	l	r	a	s	a	g
ø	k	l	k	e	j	e	p	a	n	k	d	a
t	g	e	s	r	f	l	a	k	s	u	n	n
n	a	j	e	i	m	l	r	k	d	b	a	f
g	v	f	o	ø	p	o	a	c	m	n	s	h
c	y	m	ø	t	d	c	p	e	f	k	æ	k

Norwegian	English
collegegenser [m]	sweatshirt
cardigan [m]	cardigan
jumpsuit [m]	jumpsuit
bukse [m]	trousers
sandaler [mp]	sandals
paraply [m]	umbrella
bluse [m]	blouse
hansker [mp]	gloves
frakk [m]	coat
fjellstøvler [mp]	hiking boots
tøfler [mp]	slippers
slips [n]	necktie
underbukse [m]	briefs

Find all the Norwegian words in the puzzle.

39

Norwegian - Word Search - #61 - Family

p	m	p	f	a	m	i	l	i	e	b	d	b
g	i	o	r	d	a	t	t	e	r	t	s	k
a	r	e	t	t	a	d	e	t	s	t	e	f
ø	o	l	f	p	m	g	f	n	e	f	g	f
u	v	v	o	f	l	a	f	l	r	l	e	s
k	b	e	a	r	d	l	m	f	u	a	v	t
s	e	n	n	e	s	d	n	m	n	t	f	e
k	s	g	i	g	v	o	u	m	a	l	n	m
e	t	u	r	e	d	r	u	s	e	ø	r	o
e	e	d	f	o	s	n	n	ø	v	g	n	r
u	f	s	a	e	m	e	i	n	d	s	v	t
u	a	r	b	i	k	d	d	n	e	n	o	k
f	r	e	d	l	e	r	o	f	r	e	s	e

Norwegian	English
datter [f]	daughter
sønn [m]	son
nevø [n]	nephew
mamma [m]	mum
far [m]	father
niese [f]	niece
familie [m]	family
forelder [m]	parent
stedatter [f]	stepdaughter
bestefar [m]	grandfather
stemor [f]	stepmother
mor [f]	mother
kone [f]	wife

Find all the Norwegian words in the puzzle.

Norwegian - Word Search - #62 - Family

b	k	u	a	l	l	p	s	r	s	v	a	g
n	r	e	g	n	i	n	t	k	e	l	s	m
n	m	k	s	t	e	m	o	r	b	b	s	b
g	a	p	f	o	r	e	l	d	r	e	t	o
f	n	g	v	l	ø	s	n	e	v	ø	s	p
d	n	m	v	r	g	e	t	n	a	t	ø	a
b	i	u	f	r	k	e	m	o	k	e	s	p
o	e	r	e	o	s	n	i	e	s	e	t	p
a	b	t	t	m	i	o	e	g	r	b	e	a
m	p	e	t	d	i	r	t	p	o	r	r	g
m	r	u	e	u	i	e	o	k	m	o	ø	ø
a	u	u	r	r	ø	s	ø	r	p	r	v	m
m	k	u	u	b	p	f	b	g	u	a	a	o

Norwegian	English
stemor [f]	stepmother
niese [f]	niece
mor [f]	mother
tante [m]	aunt
fetter [m]	cousin
foreldre [mp]	parents
slektninger [mp]	relatives
pappa [m]	dad
brud [f]	bride
mamma [m]	mum
bror [m]	brother
søster [f]	sister
mann [m]	husband
nevø [n]	nephew

Find all the Norwegian words in the puzzle.

Norwegian - Word Search - #63 - Family

r	f	e	t	t	e	r	t	ø	f	b	s	p
b	p	o	a	g	n	i	n	t	k	e	l	s
b	r	g	v	r	t	a	n	t	e	e	f	s
d	ø	a	r	u	v	l	b	m	n	v	t	t
i	n	a	e	e	k	r	a	f	e	t	s	e
f	m	a	d	f	r	o	r	b	e	t	s	d
a	a	i	l	f	ø	t	k	a	o	v	m	a
m	n	r	e	p	p	t	p	i	u	m	k	t
m	n	k	r	d	e	p	b	n	p	p	o	t
a	l	o	o	l	a	b	r	u	d	o	u	e
m	u	u	f	p	r	e	t	t	a	d	v	r
d	a	u	g	t	m	ø	d	i	o	v	m	l
l	l	f	a	m	i	l	i	e	d	g	i	n

Norwegian	English
stefar [m]	stepfather
stebror [m]	stepbrother
forelder [m]	parent
tante [m]	aunt
stedatter [f]	stepdaughter
datter [f]	daughter
pappa [m]	dad
far [m]	father
mann [m]	husband
slektning [m]	relative
fetter [m]	cousin
familie [m]	family
mamma [m]	mum
brud [f]	bride

Find all the Norwegian words in the puzzle.

Norwegian - Word Search - #64 - Family

o	l	b	a	b	m	d	n	p	u	t	a	b
r	e	g	n	i	n	t	k	e	l	s	a	s
u	ø	g	n	i	n	t	k	e	l	s	e	g
o	s	t	e	f	a	r	a	v	f	t	s	m
i	t	r	k	d	a	t	t	e	r	t	e	b
o	r	m	n	ø	b	u	d	d	e	a	i	s
b	o	n	s	v	r	l	v	d	e	m	n	s
k	m	n	k	e	o	d	a	u	e	m	v	u
v	e	ø	k	n	r	t	u	r	l	a	t	l
f	t	s	s	b	t	m	s	b	s	m	b	e
u	s	k	s	e	d	l	p	a	p	b	ø	k
g	e	m	r	o	m	e	t	s	g	k	g	n
p	b	k	i	p	n	e	p	u	ø	u	l	o

Norwegian	English
bror [m]	brother
brud [f]	bride
bestemor [f]	grandmother
slektninger [mp]	relatives
mamma [m]	mum
stemor [f]	stepmother
datter [f]	daughter
sønn [m]	son
nevø [n]	nephew
onkel [m]	uncle
niese [f]	niece
stefar [m]	stepfather
slektning [m]	relative
stedatter [f]	stepdaughter

Find all the Norwegian words in the puzzle.

41

Norwegian - Word Search - #65 - Family

s	t	e	s	ø	s	t	e	r	t	m	e	l
v	m	a	n	n	d	ø	i	t	e	n	ø	i
t	ø	s	l	e	k	t	n	i	n	g	r	a
n	ø	o	d	u	r	b	ø	n	k	e	g	r
r	e	t	t	a	d	e	t	s	g	n	a	s
o	f	s	k	o	e	i	t	n	s	f	ø	v
l	k	o	ø	i	b	u	i	d	e	s	ø	d
p	d	v	r	v	e	n	m	t	t	a	ø	a
e	e	ø	u	e	t	f	s	e	i	n	n	i
n	g	k	n	k	l	e	r	o	m	e	t	s
r	b	n	e	k	b	d	r	n	r	f	a	k
e	k	l	n	f	r	b	r	f	i	n	p	g
d	s	s	t	e	f	a	r	e	d	v	p	k

Norwegian	English
bestefar [m]	grandfather
sønn [m]	son
stedatter [f]	stepdaughter
slektning [m]	relative
foreldre [mp]	parents
nevø [n]	nephew
søster [f]	sister
mann [m]	husband
stesøster [f]	stepsister
stefar [m]	stepfather
stemor [f]	stepmother
slektninger [mp]	relatives
brud [f]	bride

Find all the Norwegian words in the puzzle.

Norwegian - Word Search - #66 - Family

r	u	f	v	p	p	e	o	m	v	g	t	i
e	a	k	n	d	t	b	s	k	n	b	n	ø
t	s	t	e	b	r	o	r	i	f	e	v	v
s	p	a	o	o	t	u	n	v	o	s	m	s
ø	r	n	r	m	i	t	d	p	r	t	g	t
s	e	n	a	r	k	s	s	b	e	e	d	e
i	s	n	r	e	t	n	i	f	l	m	e	s
a	n	a	l	e	d	i	e	ø	d	o	a	ø
e	o	s	m	a	a	t	a	ø	r	r	a	s
n	s	o	u	m	t	n	d	o	e	d	m	t
u	r	e	s	e	i	n	u	r	s	g	m	e
s	i	n	r	l	v	ø	p	u	d	i	a	r
u	p	r	i	d	t	s	a	g	k	i	m	l

Norwegian	English
bror [m]	brother
slektning [m]	relative
stemor [f]	stepmother
niese [f]	niece
bestemor [f]	grandmother
mamma [m]	mum
fetter [m]	cousin
søster [f]	sister
stesøster [f]	stepsister
mann [m]	husband
sønn [m]	son
stebror [m]	stepbrother
foreldre [mp]	parents

Find all the Norwegian words in the puzzle.

Norwegian - Word Search - #67 - Family

t	v	b	k	m	a	l	a	ø	e	o	a	m
r	r	e	v	o	s	n	ø	f	n	p	l	e
o	e	t	s	l	p	t	e	k	p	s	r	i
r	t	t	ø	b	i	f	e	a	r	r	l	g
b	s	d	f	e	e	l	p	f	l	p	u	t
e	ø	l	l	s	k	s	k	a	a	ø	ø	l
t	s	v	ø	k	v	u	t	m	o	r	t	f
s	e	a	i	m	a	r	r	e	t	t	e	f
s	t	u	a	m	o	g	o	f	m	l	b	f
k	s	n	m	r	a	e	i	p	u	o	m	u
v	n	a	b	e	p	t	k	t	d	g	r	t
a	m	r	e	g	n	i	n	t	k	e	l	s
k	b	r	u	d	s	ø	n	n	k	l	l	u

Norwegian	English
onkel [m]	uncle
fetter [m]	cousin
mamma [m]	mum
stefar [m]	stepfather
mann [m]	husband
sønn [m]	son
mor [f]	mother
bror [m]	brother
brud [f]	bride
bestemor [f]	grandmother
stebror [m]	stepbrother
slektninger [mp]	relatives
pappa [m]	dad
stesøster [f]	stepsister

Find all the Norwegian words in the puzzle.

Norwegian - Word Search - #68 - Family

m	d	e	r	d	l	e	r	o	f	v	e	g
n	a	a	g	f	e	m	e	t	ø	b	e	f
n	m	e	r	f	g	u	r	a	f	e	t	s
ø	m	b	o	o	a	m	g	e	t	u	d	ø
s	a	e	m	r	b	t	n	f	t	ø	ø	p
e	m	s	p	e	r	ø	i	s	e	t	n	t
i	l	t	s	l	u	s	n	t	d	n	e	o
v	e	e	t	d	d	u	t	s	a	v	o	f
v	i	f	e	e	i	m	k	s	t	k	u	k
i	a	a	b	r	a	k	e	a	t	s	r	r
l	a	r	r	s	t	o	l	f	e	g	o	n
i	m	s	o	a	t	l	s	a	r	b	o	r
e	o	b	r	d	k	a	e	r	t	ø	v	v

Norwegian	English
stefar [m]	stepfather
slektning [m]	relative
far [m]	father
sønn [m]	son
datter [f]	daughter
stebror [m]	stepbrother
brud [f]	bride
foreldre [mp]	parents
mor [f]	mother
forelder [m]	parent
bestefar [m]	grandfather
mamma [m]	mum
kone [f]	wife
fetter [m]	cousin

Find all the Norwegian words in the puzzle.

Norwegian - Word Search - #69 - Family

o	m	r	e	g	n	i	n	t	k	e	l	s
l	p	a	s	t	e	s	ø	s	t	e	r	b
r	d	p	ø	e	a	u	d	g	l	i	g	a
f	r	p	v	s	t	e	d	a	t	t	e	r
l	e	a	e	i	l	i	m	a	f	m	s	n
n	d	p	d	r	o	r	b	e	t	s	u	e
u	l	ø	v	e	n	o	p	l	e	u	m	b
n	e	r	r	e	t	s	ø	s	v	l	o	a
o	r	d	f	o	r	e	l	d	r	e	r	r
u	o	a	u	g	d	t	k	v	a	s	o	n
i	f	s	t	r	m	g	e	r	ø	o	n	o
o	s	u	d	ø	b	i	o	s	m	v	e	k
k	r	k	o	n	e	p	a	k	o	n	d	o

Norwegian	English
stedatter [f]	stepdaughter
pappa [m]	dad
slektninger [mp]	relatives
barnebarn [n]	grandchild
brud [f]	bride
foreldre [mp]	parents
mor [f]	mother
kone [f]	wife
forelder [m]	parent
stesøster [f]	stepsister
stebror [m]	stepbrother
nevø [n]	nephew
søster [f]	sister
familie [m]	family

Find all the Norwegian words in the puzzle.

Norwegian - Word Search - #70 - Family

d	p	r	f	b	r	u	d	b	t	f	ø	e
e	r	r	o	r	b	m	a	n	n	ø	d	e
p	r	s	e	r	d	l	e	r	o	f	u	a
g	u	e	l	d	b	k	n	u	r	o	t	ø
f	b	e	t	e	t	ø	v	e	a	a	ø	o
o	i	e	u	t	k	r	t	t	f	v	f	s
r	t	d	s	r	a	t	e	r	e	r	o	ø
e	s	e	g	t	a	d	n	n	u	e	v	n
l	t	v	d	d	e	a	e	i	a	g	t	n
d	e	ø	ø	v	i	f	l	t	n	p	a	u
e	f	i	l	f	n	l	a	m	s	g	d	g
r	a	t	g	b	k	g	o	r	d	p	d	g
u	r	o	r	e	t	s	ø	s	e	t	s	o

Norwegian	English
slektning [m]	relative
brud [f]	bride
nevø [n]	nephew
datter [f]	daughter
bror [m]	brother
forelder [m]	parent
bestefar [m]	grandfather
sønn [m]	son
foreldre [mp]	parents
stesøster [f]	stepsister
stefar [m]	stepfather
stedatter [f]	stepdaughter
mann [m]	husband
far [m]	father

Find all the Norwegian words in the puzzle.

Norwegian - Word Search - #71 - Family

o	m	b	a	r	n	e	b	a	r	n	k	g
o	o	v	r	e	p	g	ø	a	p	k	r	e
p	f	n	u	d	r	s	s	g	m	b	l	s
i	d	o	k	s	n	d	k	ø	e	m	n	v
s	o	u	r	e	t	t	l	s	v	i	a	a
t	p	e	b	e	l	e	t	e	e	k	o	m
e	a	e	t	k	l	e	b	s	r	f	v	p
m	b	p	k	g	m	d	e	r	s	o	m	v
o	l	m	p	o	l	ø	e	m	o	f	f	m
r	k	m	r	a	e	e	k	r	o	r	m	o
i	u	l	l	v	p	r	o	t	f	d	a	r
s	i	t	l	a	a	o	n	n	g	b	n	g
d	r	a	f	e	t	s	e	b	l	e	n	ø

Norwegian	English
kone [f]	wife
niese [f]	niece
forelder [m]	parent
stebror [m]	stepbrother
mamma [m]	mum
bestemor [f]	grandmother
onkel [m]	uncle
stemor [f]	stepmother
barnebarn [n]	grandchild
mor [f]	mother
foreldre [mp]	parents
bestefar [m]	grandfather
mann [m]	husband
pappa [m]	dad

Find all the Norwegian words in the puzzle.

Norwegian - Word Search - #72 - Family

m	i	g	l	n	u	r	a	f	e	t	s	d
s	s	u	m	n	l	a	k	ø	l	v	v	v
f	t	i	i	e	f	b	s	r	e	s	ø	e
s	r	e	m	p	u	o	e	ø	a	r	o	r
i	s	a	s	u	s	t	r	t	s	n	ø	g
e	n	r	u	ø	t	l	i	e	u	t	e	i
n	o	o	o	a	n	l	p	f	l	r	e	v
e	l	b	d	r	f	n	ø	a	u	d	a	r
v	i	ø	e	u	b	t	m	m	p	l	e	f
g	ø	l	l	r	d	u	r	b	f	p	k	r
f	o	r	e	l	d	r	e	u	k	a	a	g
p	s	t	e	d	a	t	t	e	r	o	a	e
f	o	l	g	r	e	t	s	ø	s	e	t	s

Norwegian	English
bror [m]	brother
far [m]	father
pappa [m]	dad
datter [f]	daughter
forelder [m]	parent
stesøster [f]	stepsister
søster [f]	sister
brud [f]	bride
stefar [m]	stepfather
mann [m]	husband
niese [f]	niece
foreldre [mp]	parents
stedatter [f]	stepdaughter
stesønn [m]	stepson

Find all the Norwegian words in the puzzle.

Norwegian - Word Search - #73 - Food

k	i	d	d	e	g	v	s	g	u	p	y	t
y	s	j	ø	o	y	o	m	k	r	s	m	ø
b	g	e	o	k	s	m	ø	n	j	g	p	r
ø	p	u	i	t	u	i	r	d	e	e	y	r
s	n	g	g	t	l	a	s	t	ø	e	k	s
h	a	m	e	l	k	i	ø	e	n	r	e	s
s	k	l	n	o	u	s	e	y	e	k	b	n
u	s	r	p	u	j	k	b	g	a	i	i	g
k	e	l	e	t	n	r	k	k	ø	h	ø	a
k	n	s	v	v	o	e	a	t	o	p	m	a
e	n	j	l	m	k	m	m	a	n	g	h	t
r	e	b	n	k	n	a	h	i	e	g	r	p
d	p	n	t	v	b	p	b	s	y	e	g	v

Norwegian	English
melk [f]	milk
kjeks [m]	cookie
ost [m]	cheese
iskrem [m]	ice-cream
salt [n]	salt
egg [n]	egg
kake [m]	cake
brød [n]	bread
bakverk [n]	pastry
sennep [m]	mustard
eddik [m]	vinegar
smør [n]	butter
sukker [n]	sugar

Find all the Norwegian words in the puzzle.

Norwegian - Word Search - #74 - Food

i	r	m	l	e	k	m	j	m	t	v	j	ø
d	a	e	s	k	ø	v	s	k	e	j	k	r
m	a	t	a	g	i	d	o	o	d	i	t	t
p	e	j	l	i	g	j	s	l	k	k	r	d
v	k	h	a	l	h	e	t	v	i	b	u	y
p	n	r	t	h	b	n	r	u	d	k	h	g
s	y	e	e	e	s	d	s	a	d	l	g	s
n	l	m	k	v	l	y	l	u	e	e	o	v
d	ø	r	b	a	k	p	ø	h	k	m	y	i
o	l	i	l	n	k	a	o	b	o	k	h	s
j	ø	v	s	b	v	a	b	n	b	g	e	k
r	u	m	e	r	k	s	i	y	d	n	v	r
k	ø	o	a	ø	j	d	s	g	b	r	n	o

Norwegian	English
sukker [n]	sugar
brød [n]	bread
kake [m]	cake
bakverk [n]	pastry
kjeks [m]	cookie
ost [m]	cheese
mat [m]	food
yoghurt [m]	yoghurt
melk [f]	milk
salat [m]	salad
eddik [m]	vinegar
egg [n]	egg
iskrem [m]	ice-cream

Find all the Norwegian words in the puzzle.

Norwegian - Word Search - #75 - Food

h	o	b	e	y	y	e	e	h	r	u	o	d
k	n	k	k	v	b	o	j	b	p	a	m	t
y	d	d	k	a	a	d	g	s	a	o	a	l
k	i	e	y	ø	k	h	v	h	k	v	e	g
ø	i	j	t	d	v	b	ø	h	u	e	a	o
l	s	l	s	t	e	y	i	n	r	r	j	e
h	k	o	d	i	r	g	r	ø	m	s	t	k
k	r	n	n	a	k	n	e	r	y	i	m	i
b	e	e	u	s	e	k	a	ø	r	b	p	h
a	m	v	r	t	a	d	o	s	a	s	m	j
ø	e	i	e	k	s	l	s	o	j	a	a	t
g	g	l	o	u	p	ø	t	k	t	j	v	m
ø	g	o	p	m	t	a	l	a	s	p	a	r

Norwegian	English
yoghurt [m]	yoghurt
smør [n]	butter
mat [m]	food
bakverk [n]	pastry
kake [m]	cake
olivenolje [m]	olive oil
rundstykke [n]	roll
egg [n]	egg
salat [m]	salad
kjeks [m]	biscuit
ost [m]	cheese
salt [n]	salt
iskrem [m]	ice-cream

Find all the Norwegian words in the puzzle.

Norwegian - Word Search - #76 - Food

u	l	r	u	n	d	s	t	y	k	k	e	r
r	h	s	s	b	p	y	o	g	h	u	r	t
l	j	g	a	o	e	l	y	o	y	t	r	m
u	o	t	e	l	l	k	p	i	l	u	u	ø
a	v	l	k	l	ø	p	a	o	o	d	s	g
o	j	o	i	e	j	k	n	k	h	y	v	k
y	s	t	ø	v	j	a	a	p	n	k	t	r
g	u	b	v	e	e	n	j	s	k	u	a	e
p	k	k	k	h	b	n	ø	s	o	ø	m	v
j	k	s	a	e	r	s	o	a	j	l	e	k
r	e	l	o	m	ø	b	b	l	r	n	p	a
o	r	p	r	k	d	d	s	t	j	a	d	b
e	p	m	e	l	k	r	g	g	g	e	v	y

Norwegian	English
kjeks [m]	cookie
melk [f]	milk
kake [m]	cake
brød [n]	bread
bolle [m]	bun
mat [m]	food
rundstykke [n]	roll
olivenolje [m]	olive oil
bakverk [n]	pastry
salt [n]	salt
yoghurt [m]	yoghurt
egg [n]	egg
sukker [n]	sugar

Find all the Norwegian words in the puzzle.

Norwegian - Word Search - #77 - Food

r	h	p	s	m	e	r	k	s	i	i	ø	y
s	r	b	e	ø	k	ø	t	g	o	p	r	o
u	k	u	a	n	j	j	s	p	n	s	ø	g
u	b	a	n	k	n	k	e	p	j	r	m	h
l	d	v	k	d	v	e	h	k	n	e	s	u
s	p	s	l	e	s	e	s	s	s	k	a	r
b	k	i	d	d	e	t	r	s	a	k	v	t
l	a	n	t	o	s	o	y	k	g	u	r	l
ø	r	ø	a	k	d	t	r	k	o	s	d	ø
r	m	y	m	n	n	j	l	e	k	y	u	d
i	e	l	l	o	b	e	a	i	t	e	v	u
l	y	l	p	y	m	y	r	u	k	o	v	n
g	b	e	l	n	m	k	b	ø	o	s	t	n

Norwegian	English
yoghurt [m]	yoghurt
mat [m]	food
sukker [n]	sugar
rundstykke [n]	roll
bolle [m]	bun
iskrem [m]	ice-cream
kake [m]	cake
kjeks [m]	cookie
eddik [m]	vinegar
ost [m]	cheese
sennep [m]	mustard
bakverk [n]	pastry
melk [f]	milk
smør [n]	butter

Find all the Norwegian words in the puzzle.

Norwegian - Word Search - #78 - Food

u	k	g	v	a	b	u	e	y	b	k	e	e
d	ø	r	b	h	o	a	s	d	l	y	j	v
p	s	j	y	u	s	i	k	i	y	l	n	t
i	a	t	d	o	t	h	v	v	o	y	s	g
i	l	t	e	l	g	o	t	n	e	a	t	ø
t	a	b	b	l	k	h	e	p	s	r	y	n
o	t	j	b	p	l	v	u	k	g	p	k	j
g	m	a	t	m	i	o	e	r	m	e	l	k
j	r	s	t	l	e	j	b	l	t	u	t	p
t	g	a	o	a	k	r	n	g	e	p	s	k
g	r	l	s	i	d	y	k	d	a	g	b	n
r	v	t	e	s	u	t	j	s	a	o	g	o
ø	t	k	i	ø	v	p	ø	k	i	m	a	v

Norwegian	English
olivenolje [m]	olive oil
salat [m]	salad
melk [f]	milk
brød [n]	bread
bakverk [n]	pastry
kjeks [m]	biscuit
ost [m]	cheese
egg [n]	egg
salt [n]	salt
iskrem [m]	ice-cream
yoghurt [m]	yoghurt
mat [m]	food
bolle [m]	bun

Find all the Norwegian words in the puzzle.

Norwegian - Word Search - #79 - Food

v	d	ø	r	b	t	r	u	h	g	o	y	g
s	o	a	ø	n	s	v	i	u	y	o	i	n
a	g	u	r	u	g	t	o	j	m	u	a	p
l	o	h	k	t	g	v	g	t	h	r	j	n
t	s	k	e	j	k	o	y	g	r	b	ø	d
g	e	v	i	n	j	ø	m	s	y	r	e	y
r	e	k	k	y	t	s	d	n	u	r	l	i
o	m	g	j	b	y	u	m	p	p	m	l	d
s	j	b	e	k	a	k	e	e	t	e	o	u
a	s	m	ø	o	s	t	r	n	k	l	b	k
l	j	n	j	p	y	s	k	n	o	k	p	r
a	e	g	e	d	k	k	s	e	m	u	y	o
t	y	a	a	u	h	h	i	s	s	e	r	e

Norwegian	English
yoghurt [m]	yoghurt
brød [n]	bread
ost [m]	cheese
sukker [n]	sugar
kake [m]	cake
sennep [m]	mustard
rundstykke [n]	roll
salt [n]	salt
kjeks [m]	cookie
iskrem [m]	ice-cream
melk [f]	milk
bolle [m]	bun
salat [m]	salad

Find all the Norwegian words in the puzzle.

Norwegian - Word Search - #80 - Food

s	ø	i	s	k	r	e	m	s	g	l	n	d
u	e	j	p	m	b	o	l	l	e	a	n	s
k	j	k	j	v	a	d	ø	i	y	b	l	e
k	l	k	r	e	v	k	a	b	o	p	s	n
e	o	k	j	e	k	s	d	e	g	g	r	n
r	n	s	u	o	p	n	d	m	h	t	g	e
i	e	a	i	m	i	d	e	r	u	h	k	p
a	v	l	a	y	i	k	p	l	r	y	g	o
j	i	t	v	k	a	e	t	v	t	u	m	h
l	l	l	e	k	k	y	t	s	d	n	u	r
m	o	p	v	e	s	r	ø	m	s	ø	y	t
j	v	b	g	u	j	b	u	l	k	i	g	j
l	j	g	j	g	n	m	e	l	p	t	r	k

Norwegian	English
rundstykke [n]	roll
bakverk [n]	pastry
yoghurt [m]	yoghurt
eddik [m]	vinegar
sukker [n]	sugar
salt [n]	salt
kjeks [m]	cracker
smør [n]	butter
olivenolje [m]	olive oil
sennep [m]	mustard
iskrem [m]	ice-cream
egg [n]	egg
bolle [m]	bun
kake [m]	cake

Find all the Norwegian words in the puzzle.

Norwegian - Word Search - #81 - Food

d	k	l	b	o	l	l	e	j	g	p	ø	s
t	j	e	j	l	o	n	e	v	i	l	o	r
r	ø	i	e	i	k	u	s	k	m	l	j	t
u	ø	e	o	u	a	b	e	k	g	e	n	n
h	e	l	d	o	k	t	n	ø	s	r	l	t
g	e	k	s	j	e	k	n	k	e	g	g	k
o	s	m	h	k	k	h	e	g	s	t	p	n
y	ø	r	u	b	i	j	p	g	a	e	k	j
r	b	v	m	v	k	d	l	ø	ø	o	a	g
e	s	y	e	m	a	t	d	l	j	u	j	d
v	b	r	ø	d	n	s	n	e	l	p	h	y
s	g	l	i	ø	k	r	e	v	k	a	b	m
d	i	r	b	g	b	m	e	r	k	s	i	o

Norwegian	English
sennep [m]	mustard
smør [n]	butter
eddik [m]	vinegar
mat [m]	food
bolle [m]	bun
iskrem [m]	ice-cream
kjeks [m]	cookie
kake [m]	cake
bakverk [n]	pastry
egg [n]	egg
melk [f]	milk
olivenolje [m]	olive oil
yoghurt [m]	yoghurt
brød [n]	bread

Find all the Norwegian words in the puzzle.

Norwegian - Word Search - #82 - Food

o	s	v	k	ø	d	l	v	ø	g	o	m	y
j	s	e	k	a	k	s	s	v	l	s	a	d
k	y	m	d	l	d	r	s	ø	l	u	b	ø
t	n	y	ø	n	ø	u	a	e	d	d	i	k
r	k	e	t	r	r	a	l	t	p	u	s	d
u	h	e	o	b	b	ø	a	n	h	i	r	k
h	d	i	g	g	e	m	t	l	d	n	n	r
g	o	a	k	r	r	e	k	k	u	s	k	e
o	v	r	a	j	j	e	e	y	t	y	u	v
y	o	l	i	v	e	n	o	l	j	e	l	k
b	u	a	s	y	n	k	b	j	j	j	i	a
t	y	r	i	b	r	t	s	k	e	m	n	b
v	u	m	ø	u	t	b	o	l	l	e	v	t

Norwegian	English
salat [m]	salad
mat [m]	food
kake [m]	cake
bakverk [n]	pastry
eddik [m]	vinegar
brød [n]	bread
olivenolje [m]	olive oil
bolle [m]	bun
egg [n]	egg
yoghurt [m]	yoghurt
kjeks [m]	cracker
sukker [n]	sugar
smør [n]	butter

Find all the Norwegian words in the puzzle.

Norwegian - Word Search - #83 - Food

p	g	b	t	n	v	m	d	u	m	n	g	e
b	ø	g	k	r	e	v	k	a	b	g	i	m
v	s	b	l	u	g	v	r	o	e	l	e	s
t	v	s	e	k	i	d	d	e	u	r	b	u
k	b	u	e	r	m	j	b	m	k	s	d	k
r	ø	m	s	n	g	b	t	s	a	j	v	k
p	ø	m	k	t	n	g	i	l	v	h	m	e
k	j	p	e	l	a	e	t	m	g	t	a	r
b	r	d	j	e	ø	j	p	t	a	y	g	y
g	m	e	k	k	k	h	p	l	h	y	o	d
i	m	a	t	j	u	a	a	k	s	j	t	s
a	t	r	e	g	ø	s	k	j	o	y	g	n
t	b	r	ø	d	d	j	l	v	r	t	g	b

Norwegian	English
egg [n]	egg
kake [m]	cake
iskrem [m]	ice-cream
salat [m]	salad
sukker [n]	sugar
kjeks [m]	biscuit
bakverk [n]	pastry
smør [n]	butter
brød [n]	bread
salt [n]	salt
mat [m]	food
sennep [m]	mustard
eddik [m]	vinegar

Find all the Norwegian words in the puzzle.

Norwegian - Word Search - #84 - Food

k	a	k	e	r	b	ø	m	v	t	m	s	a
p	e	n	n	e	s	t	p	s	b	v	u	t
e	t	t	a	l	a	s	a	b	r	t	k	r
k	l	y	t	k	r	b	h	j	o	j	k	u
k	l	d	j	p	l	n	m	u	m	a	e	h
y	n	e	h	n	o	p	i	e	d	a	r	g
t	k	p	d	r	y	g	i	l	n	k	t	o
s	o	l	i	v	e	n	o	l	j	e	u	y
d	o	u	d	e	ø	g	ø	o	b	s	u	b
n	d	b	b	ø	d	i	h	b	m	v	u	p
u	j	d	ø	o	e	g	j	ø	t	k	b	b
r	o	s	v	v	g	k	r	u	ø	t	v	g
g	u	u	y	a	g	j	m	t	l	a	s	u

Norwegian	English
kjeks [m]	biscuit
sennep [m]	mustard
mat [m]	food
smør [n]	butter
olivenolje [m]	olive oil
salat [m]	salad
yoghurt [m]	yoghurt
kake [m]	cake
egg [n]	egg
rundstykke [n]	roll
bolle [m]	bun
salt [n]	salt
sukker [n]	sugar

Find all the Norwegian words in the puzzle.

Norwegian - Word Search - #85 - Fruit

d	o	n	l	æ	u	g	m	n	n	o	b	j
æ	f	e	e	l	p	e	i	r	i	e	n	l
s	o	b	e	h	d	r	s	n	s	h	k	ø
b	a	h	u	e	a	i	d	l	l	e	a	v
b	n	ø	m	d	t	e	e	l	e	m	s	j
v	d	i	n	r	t	d	u	a	p	m	t	j
g	l	a	o	k	d	v	p	p	p	o	a	o
æ	m	n	u	a	l	r	e	v	a	l	n	r
b	å	r	d	u	i	g	a	d	b	p	j	d
f	f	k	o	k	o	s	n	ø	t	t	e	b
l	å	i	o	l	æ	f	ø	m	b	m	ø	æ
s	h	s	p	s	e	m	t	i	n	i	o	r
n	e	k	s	r	e	f	t	å	l	n	ø	k

Norwegian	English
lime [m]	lime
kastanje [m]	chestnut
kokosnøtt [m]	coconut
aprikos [m]	apricot
plomme [m]	plum
eple [n]	apple
jordbær [m]	strawberry
frukt [m]	fruit
sitron [m]	lemon
daddel [m]	date
fersken [m]	peach
mandarin [m]	tangerine
peanøtt [m]	peanut
appelsin [m]	orange

Find all the Norwegian words in the puzzle.

Norwegian - Word Search - #86 - Fruit

a	p	r	i	k	o	s	k	k	r	b	m	b
k	l	e	b	k	o	p	a	r	g	a	l	a
i	p	a	k	b	t	s	e	v	r	n	p	h
r	l	s	ø	s	t	n	a	e	a	a	s	p
s	o	æ	l	a	i	n	b	v	p	n	æ	j
e	m	o	n	s	n	v	u	u	e	p	m	p
b	m	j	o	m	k	j	s	r	f	e	a	e
æ	e	r	e	i	l	u	æ	i	r	p	n	r
r	å	l	g	r	f	ø	e	t	u	l	d	æ
t	o	f	i	p	r	n	o	o	k	e	a	p
n	a	a	d	h	u	g	j	l	t	p	r	m
b	i	a	b	s	k	d	v	æ	v	k	i	b
o	b	æ	f	b	t	n	v	a	l	s	n	p

Norwegian	English
eple [n]	apple
kastanje [m]	chestnut
kirsebær [n]	cherry
pære [m]	pear
sviske [m]	prune
aprikos [m]	apricot
plomme [m]	plum
rosiner [m]	raisin
banan [m]	banana
grapefrukt [m]	grapefruit
vannmelon [m]	watermelon
frukt [m]	fruit
mandarin [m]	tangerine

Find all the Norwegian words in the puzzle.

Norwegian - Word Search - #87 - Fruit

a	a	n	e	k	s	r	e	f	m	k	o	f
m	r	f	e	i	t	r	t	d	g	g	f	u
s	b	å	k	b	e	ø	e	b	k	e	i	h
b	r	j	s	k	j	l	l	j	m	v	k	j
r	a	n	i	r	a	d	n	a	m	e	e	æ
s	b	h	v	v	a	l	n	ø	t	t	n	d
f	a	æ	s	l	å	r	b	l	å	b	æ	r
l	r	k	o	k	o	s	n	ø	t	t	k	h
h	f	a	æ	p	æ	r	e	e	ø	r	o	j
d	n	o	l	e	m	n	n	a	v	k	d	p
t	i	p	e	a	n	ø	t	t	g	g	s	k
m	t	j	p	l	o	m	m	e	k	a	b	l
m	j	å	n	o	r	t	i	s	i	i	d

Norwegian	English
peanøtt [m]	peanut
pære [m]	pear
valnøtt [m]	walnut
mandarin [m]	tangerine
fiken [m]	fig
rabarbra [m]	rhubarb
sitron [m]	lemon
plomme [m]	plum
blåbær [n]	blueberry
fersken [m]	peach
sviske [m]	prune
vannmelon [m]	watermelon
kokosnøtt [m]	coconut

Find all the Norwegian words in the puzzle.

Norwegian - Word Search - #88 - Fruit

t	h	r	l	f	v	h	m	e	å	h	e	u
m	u	m	r	o	n	a	å	t	v	f	h	å
b	s	s	h	g	n	s	b	k	n	t	a	h
p	a	p	p	å	e	s	j	u	o	n	f	m
g	v	n	n	å	k	e	ø	r	l	i	a	r
b	a	r	a	u	i	l	r	f	e	r	p	æ
l	l	k	m	n	f	n	n	e	m	a	p	b
å	n	m	m	u	d	ø	e	p	n	d	e	e
b	ø	l	m	a	u	t	b	a	n	n	l	s
æ	t	o	d	d	o	t	æ	r	a	a	s	r
r	t	d	ø	f	d	n	r	g	v	m	i	i
g	e	j	o	r	d	b	æ	r	i	t	n	k
l	l	e	d	n	a	m	e	u	g	m	å	m

Norwegian	English
daddel [m]	date
hasselnøtt [m]	hazelnut
appelsin [m]	orange
kirsebær [n]	cherry
banan [m]	banana
blåbær [n]	blueberry
mandarin [m]	tangerine
grapefrukt [m]	grapefruit
bjørnebær [n]	blackberry
mandel [m]	almond
valnøtt [m]	walnut
vannmelon [m]	watermelon
fiken [m]	fig
jordbær [m]	strawberry

Find all the Norwegian words in the puzzle.

Norwegian - Word Search - #89 - Fruit

p	b	l	e	d	d	a	d	h	p	o	f	s
u	a	t	æ	j	j	b	k	f	t	t	e	v
e	h	t	æ	n	å	æ	j	k	r	t	g	i
o	p	ø	s	o	t	i	f	v	o	ø	v	s
v	o	n	f	r	v	k	u	f	s	n	h	k
ø	v	l	f	t	l	d	t	d	i	s	p	e
e	f	a	s	i	i	e	r	æ	n	o	l	b
j	p	v	d	s	u	d	n	e	k	o	ø	
a	n	l	o	r	e	i	p	n	r	o	m	r
r	æ	b	e	n	r	ø	j	b	a	k	m	æ
j	l	p	b	a	n	a	n	a	s	m	e	u
e	v	p	g	p	r	æ	b	e	s	r	i	k
a	p	p	e	l	s	i	n	s	n	b	p	o

Norwegian	English
valnøtt [m]	walnut
rosiner [m]	raisin
bjørnebær [n]	blackberry
sviske [m]	prune
appelsin [m]	orange
drue [m]	grape
eple [n]	apple
mandel [m]	almond
plomme [m]	plum
kirsebær [n]	cherry
kokosnøtt [m]	coconut
daddel [m]	date
ananas [m]	pineapple
sitron [m]	lemon

Find all the Norwegian words in the puzzle.

Norwegian - Word Search - #90 - Fruit

j	l	b	r	æ	b	e	n	r	ø	j	b	o
m	v	a	æ	f	i	n	e	a	l	r	n	k
i	b	n	d	d	e	n	t	æ	r	t	i	ø
o	h	a	t	k	i	g	k	t	o	b	r	å
k	m	n	i	s	g	u	u	b	k	n	a	k
i	æ	f	o	v	e	b	r	ø	l	å	d	o
m	i	r	æ	a	t	a	f	l	e	l	n	k
a	t	a	d	h	æ	b	p	o	d	r	a	o
n	d	d	p	o	b	l	k	n	d	æ	m	s
d	r	i	h	æ	o	æ	m	g	a	b	d	n
e	u	u	f	m	r	f	m	r	d	å	n	ø
l	e	ø	m	e	f	e	i	g	u	l	o	t
v	r	e	a	l	d	l	k	æ	v	b	o	t

Norwegian	English
mandarin [m]	tangerine
frukt [m]	fruit
banan [m]	banana
mandel [m]	almond
pære [m]	pear
fiken [m]	fig
plomme [m]	plum
kokosnøtt [m]	coconut
rosiner [m]	raisin
drue [m]	grape
daddel [m]	date
blåbær [n]	blueberry
bjørnebær [n]	blackberry

Find all the Norwegian words in the puzzle.

Norwegian - Word Search - #91 - Fruit

p	v	r	a	b	a	r	b	r	a	p	t	r
p	n	e	j	n	a	t	s	a	k	p	å	d
æ	i	d	m	e	l	o	n	o	æ	e	h	ø
u	r	i	b	g	f	ø	m	r	b	l	l	t
æ	a	b	j	ø	r	n	e	b	æ	r	m	i
a	d	l	e	d	d	a	d	k	t	l	t	n
n	n	r	f	r	æ	b	e	g	n	i	r	b
a	a	f	v	a	n	n	m	e	l	o	n	f
n	m	i	o	h	h	s	d	t	t	d	o	ø
a	b	k	g	g	v	a	e	i	i	h	r	l
s	å	e	f	e	p	l	m	æ	u	h	t	j
h	d	n	r	m	p	j	s	t	k	k	i	h
ø	ø	v	å	e	l	e	u	k	l	i	s	b

Norwegian	English
mandarin [m]	tangerine
pære [m]	pear
bringebær [m]	raspberry
fiken [m]	fig
eple [n]	apple
vannmelon [m]	watermelon
ananas [m]	pineapple
daddel [m]	date
kastanje [m]	chestnut
bjørnebær [n]	blackberry
melon [m]	melon
sitron [m]	lemon
rabarbra [m]	rhubarb

Find all the Norwegian words in the puzzle.

Norwegian - Word Search - #92 - Fruit

i	o	f	t	f	r	a	b	a	r	b	r	a
e	g	n	s	o	k	i	r	p	a	d	t	m
j	r	e	p	d	a	d	d	e	l	j	k	o
n	a	k	u	t	g	u	d	s	i	b	t	s
a	p	s	j	o	r	d	b	æ	r	a	n	a
t	e	r	p	t	r	o	s	i	n	e	r	n
s	f	e	k	l	t	d	l	p	æ	ø	p	a
a	r	f	b	i	o	ø	u	æ	r	e	e	n
k	u	j	l	l	f	m	n	n	i	k	l	a
h	k	k	a	f	i	m	m	l	f	s	o	d
p	t	n	m	d	i	m	e	e	a	i	æ	ø
h	i	f	å	u	å	k	e	h	o	v	h	d
e	ø	f	h	r	l	r	s	u	o	s	j	b

Norwegian	English
kastanje [m]	chestnut
valnøtt [m]	walnut
lime [m]	lime
jordbær [m]	strawberry
sviske [m]	prune
rosiner [m]	raisin
grapefrukt [m]	grapefruit
ananas [m]	pineapple
plomme [m]	plum
aprikos [m]	apricot
daddel [m]	date
rabarbra [m]	rhubarb
fersken [m]	peach

Find all the Norwegian words in the puzzle.

Norwegian - Word Search - #93 - Fruit

g	s	u	k	r	æ	b	e	s	r	i	k	i
s	j	m	j	a	f	ø	b	e	æ	v	o	b
v	e	e	n	h	m	l	t	f	t	æ	a	t
i	o	l	i	a	å	a	g	l	k	h	e	k
s	j	o	r	b	n	n	v	j	u	u	e	u
k	u	n	æ	p	n	a	n	a	r	m	m	r
e	n	r	æ	f	u	n	b	d	f	å	i	f
t	l	j	g	å	i	a	o	d	f	j	l	e
ø	k	e	o	o	ø	s	i	t	å	s	k	p
h	l	p	f	b	a	e	e	n	å	o	u	a
p	l	o	m	m	e	r	o	s	i	n	e	r
u	f	m	a	o	f	ø	e	m	m	h	b	g
r	æ	b	e	n	r	ø	j	b	t	i	o	f

Norwegian	English
ananas [m]	pineapple
lime [m]	lime
grapefrukt [m]	grapefruit
bjørnebær [n]	blackberry
rosiner [m]	raisin
plomme [m]	plum
kirsebær [n]	cherry
blåbær [n]	blueberry
banan [m]	banana
melon [m]	melon
frukt [m]	fruit
drue [m]	grape
sviske [m]	prune

Find all the Norwegian words in the puzzle.

Norwegian - Word Search - #94 - Fruit

l	o	p	e	a	n	ø	t	t	e	u	r	d
a	p	h	b	v	n	s	k	i	m	t	ø	k
r	t	j	m	r	i	b	o	e	i	f	a	å
ø	f	p	e	d	r	æ	k	k	l	e	v	j
k	n	r	j	a	a	k	o	s	j	r	o	l
i	o	o	u	b	d	å	s	i	b	s	p	t
r	l	s	n	i	n	å	n	v	ø	k	o	b
s	e	i	a	t	a	u	ø	s	u	e	m	p
e	m	n	n	j	m	o	t	d	v	n	n	ø
b	n	e	a	k	a	s	t	a	n	j	e	f
æ	n	r	n	e	g	l	e	d	n	a	m	t
r	a	m	a	i	å	n	v	j	l	k	ø	e
æ	v	d	s	k	t	n	f	b	b	r	u	ø

Norwegian	English
kastanje [m]	chestnut
kokosnøtt [m]	coconut
ananas [m]	pineapple
fersken [m]	peach
vannmelon [m]	watermelon
rosiner [m]	raisin
peanøtt [m]	peanut
kirsebær [n]	cherry
sviske [m]	prune
drue [m]	grape
mandel [m]	almond
lime [m]	lime
mandarin [m]	tangerine

Find all the Norwegian words in the puzzle.

Norwegian - Word Search - #95 - Fruit

b	r	i	n	g	e	b	æ	r	l	l	l	b
k	n	v	i	d	i	i	å	r	e	e	o	a
e	s	o	e	å	a	b	n	æ	d	d	l	n
å	d	h	l	e	p	l	e	b	d	n	ø	a
a	d	r	u	e	t	i	m	d	a	a	ø	n
m	æ	k	å	m	m	j	n	r	d	m	b	u
p	e	a	n	ø	t	t	p	o	u	j	æ	æ
s	n	ø	ø	m	m	l	l	j	r	f	l	r
a	b	b	å	k	r	m	o	m	å	t	a	o
n	æ	h	j	l	b	s	m	k	æ	j	i	f
a	p	a	æ	å	o	j	m	v	p	g	d	s
n	d	s	g	r	a	p	e	f	r	u	k	t
a	l	b	r	æ	b	e	n	r	ø	j	b	b

Norwegian	English
jordbær [m]	strawberry
plomme [m]	plum
bjørnebær [n]	blackberry
daddel [m]	date
peanøtt [m]	peanut
sitron [m]	lemon
bringebær [m]	raspberry
mandel [m]	almond
grapefrukt [m]	grapefruit
eple [n]	apple
ananas [m]	pineapple
melon [m]	melon
drue [m]	grape
banan [m]	banana

Find all the Norwegian words in the puzzle.

Norwegian - Word Search - #96 - Fruit

a	å	n	i	r	a	d	n	a	m	v	k	t
t	h	a	e	t	i	s	l	s	h	e	o	s
i	t	g	m	n	e	b	o	å	ø	æ	k	h
b	n	o	v	s	i	k	e	d	h	o	o	a
e	m	o	a	m	i	s	a	t	l	v	s	s
l	n	o	r	r	n	v	l	b	h	m	n	s
i	m	h	p	t	l	e	a	e	j	r	ø	e
o	æ	a	p	ø	i	æ	k	l	p	l	t	l
d	n	a	n	a	b	s	ø	i	n	p	t	n
r	æ	b	å	l	b	å	a	ø	f	ø	a	ø
æ	o	æ	t	m	p	æ	r	e	b	å	t	t
k	i	r	s	e	b	æ	r	s	o	j	m	t
t	e	d	æ	s	l	t	k	u	r	f	j	v

Norwegian	English
kokosnøtt [m]	coconut
aprikos [m]	apricot
frukt [m]	fruit
hasselnøtt [m]	hazelnut
fiken [m]	fig
kirsebær [n]	cherry
valnøtt [m]	walnut
sitron [m]	lemon
pære [m]	pear
blåbær [n]	blueberry
appelsin [m]	orange
mandarin [m]	tangerine
banan [m]	banana

Find all the Norwegian words in the puzzle.

Norwegian - Word Search - #97 - Hotel

e	i	p	k	h	m	m	i	l	d	d	y	j
v	g	b	d	l	h	s	j	d	h	o	i	j
ø	n	d	e	ø	a	f	r	o	k	o	s	t
n	i	e	k	s	r	g	h	t	o	a	p	t
e	r	y	a	u	t	v	e	l	n	b	m	i
j	e	s	i	r	p	i	a	m	o	v	v	n
s	t	k	h	s	l	e	l	k	f	v	m	t
a	t	a	s	u	m	y	o	l	t	j	n	e
t	i	j	d	i	l	t	s	j	i	h	h	r
e	v	ø	l	t	b	h	s	e	k	n	t	n
h	k	u	v	e	d	l	a	d	u	v	g	e
e	u	y	g	a	n	g	p	ø	u	t	f	t
s	f	e	b	y	i	y	d	l	m	a	s	t

Norwegian	English
frokost [m]	breakfast
internett [n]	internet
suite [m]	suite
do [n]	loo
bestilling [m]	booking
pris [m]	price
klage [m]	complaint
is [m]	ice
dørvakt [m]	doorman
kvittering [m]	receipt
pass [n]	passport
stue [m]	living room
etasje [m]	floor
gang [m]	entrance

Find all the Norwegian words in the puzzle.

Norwegian - Word Search - #98 - Hotel

p	k	g	p	ø	f	r	e	h	e	i	v	j
i	v	a	u	m	r	e	u	o	g	e	f	å
k	i	r	t	d	k	s	d	d	a	k	p	j
k	t	a	e	a	r	e	i	r	l	i	o	m
o	t	s	h	å	i	p	i	o	k	p	s	h
l	e	j	p	t	n	s	n	b	p	e	g	l
o	r	e	k	k	t	j	d	d	s	u	n	m
e	i	f	h	a	e	o	h	k	k	t	o	o
n	n	e	d	v	r	n	g	o	b	s	k	g
e	g	u	o	r	n	e	s	t	o	l	l	f
i	m	t	i	ø	e	n	e	ø	m	k	a	e
k	m	s	m	d	t	o	n	n	o	u	b	d
u	r	r	t	j	t	å	g	j	g	p	l	g

Norwegian	English
resepsjonen [m]	reception desk
stol [m]	chair
balkong [n]	balcony
internett [n]	internet
pute [m]	pillow
dørvakt [m]	doorman
klage [m]	complaint
pikkoloen [m]	bellboy
stuepike [m]	maid
stue [m]	living room
bord [n]	table
kvittering [m]	receipt
garasje [m]	garage
seng [m]	bed

Find all the Norwegian words in the puzzle.

Norwegian - Word Search - #99 - Hotel

o	f	r	f	u	t	s	i	k	t	å	b	v
s	t	s	i	n	o	j	s	p	e	s	e	r
v	a	u	g	n	i	r	e	t	t	i	v	k
t	r	a	p	p	i	j	ø	e	h	i	h	y
u	g	å	i	v	b	s	d	r	k	u	j	l
j	g	n	i	k	k	e	j	s	n	n	i	j
e	j	s	a	g	a	b	u	b	e	g	p	r
e	å	ø	f	p	f	y	p	p	h	n	ø	a
t	e	j	s	o	r	d	v	u	m	p	g	r
a	e	r	h	d	m	f	g	j	t	l	å	g
s	e	å	o	h	l	o	b	b	y	e	h	a
j	o	n	m	u	j	t	y	o	u	l	a	m
e	l	l	e	k	k	ø	n	h	ø	f	r	g

Norwegian	English
pute [m]	pillow
kvittering [m]	receipt
etasje [m]	floor
lobby [m]	lobby
trapp [f]	stairs
seng [m]	bed
is [m]	ice
bagasje [m]	luggage
innsjekking [m]	check-in
resepsjonist [f]	receptionist
nøkkel [m]	key
utsikt [m]	view
drosje [m]	taxi
do [n]	loo

Find all the Norwegian words in the puzzle.

Norwegian - Word Search - #100 - Hotel

g	n	i	l	l	i	t	s	e	b	b	j	d
y	k	l	a	g	e	h	k	l	n	b	b	l
b	h	f	i	k	ø	y	e	u	g	d	o	d
g	n	e	s	s	a	b	e	m	m	ø	v	s
n	b	a	l	k	o	n	g	a	t	s	h	b
v	v	t	p	n	e	k	n	k	i	e	l	a
v	v	j	k	v	i	t	t	e	r	i	n	g
i	r	o	f	i	v	v	h	h	m	i	f	a
ø	t	t	e	n	r	e	t	n	i	e	s
t	p	j	n	s	t	t	t	p	u	t	e	j
n	o	j	s	a	e	r	k	e	r	a	o	e
å	b	i	l	l	d	i	r	e	k	t	ø	r
i	s	t	o	l	d	ø	r	v	a	k	t	k

Norwegian	English
pute [m]	pillow
heis [m]	lift
køye [f]	cot
bagasje [m]	luggage
svømmebasseng [n]	swimming pool
stol [m]	chair
direktør [m]	manager
bestilling [m]	booking
kvittering [m]	receipt
dørvakt [m]	doorman
rekreasjon [m]	recreation
balkong [n]	balcony
internett [n]	internet
klage [m]	complaint

Find all the Norwegian words in the puzzle.

Norwegian - Word Search - #101 - Hotel

h	å	d	e	j	k	s	e	b	h	f	v	o
f	d	j	h	o	å	s	u	i	t	e	h	r
b	r	p	p	a	r	t	j	m	n	e	j	u
a	ø	y	k	g	v	e	y	o	y	t	e	r
l	t	k	g	m	y	m	h	r	b	d	å	e
k	k	y	s	ø	t	o	r	m	f	å	o	p
o	e	y	k	r	y	a	k	m	d	å	å	p
n	r	k	v	i	t	t	e	r	i	n	g	e
g	i	r	y	s	y	u	t	s	i	k	t	t
i	d	o	e	g	a	l	k	j	e	m	h	n
å	h	o	t	m	j	u	o	p	l	y	b	f
f	o	s	ø	y	y	m	l	l	e	t	o	h
v	g	n	i	l	l	i	t	s	e	b	f	å

Norwegian	English
klage [m]	complaint
kvittering [m]	receipt
rom [n]	room
suite [m]	suite
beskjed [m]	message
trapp [f]	staircase
køye [f]	cot
teppe [n]	carpet
direktør [m]	manager
bestilling [m]	booking
balkong [n]	balcony
hotell [n]	hotel
utsikt [m]	view

Find all the Norwegian words in the puzzle.

Norwegian - Word Search - #102 - Hotel

p	b	u	l	e	k	k	ø	n	f	n	n	t
o	e	s	t	r	a	p	p	v	k	e	g	g
m	å	s	p	i	s	e	s	t	u	e	t	g
g	å	m	p	t	g	e	p	p	h	ø	u	s
y	t	n	o	r	n	b	a	v	p	j	t	ø
å	r	e	å	n	i	a	r	h	p	o	b	t
b	r	o	j	s	n	l	e	å	l	m	b	g
o	d	l	y	g	g	k	t	n	m	å	e	t
a	b	o	o	l	e	o	a	å	u	b	s	d
v	t	k	s	o	r	n	s	a	v	ø	k	p
n	h	k	i	b	l	g	j	i	s	p	j	r
h	k	i	v	b	e	t	e	å	r	n	e	i
y	e	p	s	y	p	v	g	n	a	g	d	s

Norwegian	English
stol [m]	chair
balkong [n]	balcony
lobby [m]	lobby
spisestue [m]	dining room
regning [m]	bill
trapp [f]	stairs
do [n]	loo
etasje [m]	floor
beskjed [m]	message
pikkoloen [m]	bellboy
gang [m]	entrance
pris [m]	price
nøkkel [m]	key

Find all the Norwegian words in the puzzle.

Norwegian - Word Search - #103 - Hotel

d	p	d	l	o	b	b	y	j	t	d	v	l
d	t	s	i	n	o	j	s	p	e	s	e	r
å	f	h	u	y	h	g	d	m	i	u	j	b
s	i	å	l	e	e	s	i	å	r	n	v	e
d	å	k	t	j	g	e	r	ø	n	d	s	s
h	s	i	s	v	e	n	e	d	d	e	b	k
k	u	a	h	v	t	g	k	g	r	k	a	j
s	t	u	u	t	r	b	t	j	o	i	l	e
e	y	s	a	k	a	k	ø	o	s	p	k	d
n	a	b	i	i	p	n	r	v	j	e	o	y
g	r	p	u	s	p	f	å	p	e	u	n	i
y	u	i	n	t	e	r	n	e	t	t	g	p
l	g	g	h	u	i	j	b	t	s	s	l	ø

Norwegian	English
beskjed [m]	message
seng [m]	bed
utsikt [m]	view
lobby [m]	lobby
trapp [f]	stairs
suite [m]	suite
balkong [n]	balcony
resepsjonist [f]	receptionist
internett [n]	internet
drosje [m]	taxi
etasje [m]	floor
stuepike [m]	maid
direktør [m]	manager

Find all the Norwegian words in the puzzle.

Norwegian - Word Search - #104 - Hotel

u	f	t	s	t	u	e	p	i	k	e	a	j
t	ø	s	ø	e	k	v	b	p	u	k	b	a
s	r	i	n	n	e	g	g	p	g	d	m	r
j	s	n	g	e	k	l	a	a	s	e	n	g
e	t	o	g	o	i	t	k	r	o	g	r	b
k	e	j	j	l	n	y	e	t	h	m	m	s
k	e	s	o	o	r	y	b	b	o	l	s	å
i	t	p	o	k	e	k	p	f	u	u	u	b
n	a	e	n	k	ø	j	ø	t	å	m	i	e
g	s	s	s	i	k	u	s	y	u	o	t	t
m	j	e	r	p	e	i	n	o	e	s	e	a
u	e	r	a	ø	k	o	s	m	r	ø	h	l
l	o	å	n	t	u	p	a	s	s	d	f	e

Norwegian	English
pikkoloen [m]	bellboy
seng [m]	bed
lobby [m]	lobby
stuepike [m]	maid
utsikt [m]	view
trapp [f]	stairs
resepsjonist [f]	receptionist
suite [m]	suite
utsjekking [m]	check-out
første etasje [m]	ground floor
drosje [m]	taxi
pass [n]	passport
å betale [v]	to pay
køye [f]	cot

Find all the Norwegian words in the puzzle.

Norwegian - Word Search - #105 - Hotel

e	o	p	y	d	o	t	v	u	o	g	d	t
d	j	g	a	ø	l	l	a	f	f	p	n	å
e	j	s	a	t	e	a	å	d	ø	n	o	n
b	p	e	o	b	m	o	r	u	y	e	j	e
v	i	j	g	r	p	u	b	t	m	n	s	o
e	o	s	n	k	d	u	t	s	t	o	a	l
s	å	a	o	m	e	d	r	j	ø	j	e	o
b	å	g	k	e	j	e	a	e	t	s	r	k
r	t	a	l	å	s	j	p	k	t	p	k	k
f	h	b	a	s	a	k	p	k	k	e	e	i
i	l	i	b	i	r	s	n	i	j	s	r	p
ø	s	o	ø	d	a	e	d	n	j	e	a	l
g	p	v	h	k	g	b	a	g	g	r	m	h

Norwegian	English
drosje [m]	taxi
etasje [m]	floor
rekreasjon [m]	recreation
resepsjonen [m]	reception desk
garasje [m]	garage
rom [n]	room
trapp [f]	stairs
do [n]	loo
utsjekking [m]	check-out
beskjed [m]	message
balkong [n]	balcony
pikkoloen [m]	bellboy
bagasje [m]	luggage

Find all the Norwegian words in the puzzle.

Norwegian - Word Search - #106 - Hotel

a	v	d	j	r	f	j	ø	j	g	r	d	y
k	t	m	d	g	a	r	a	s	j	e	s	g
ø	b	m	j	e	u	g	u	g	k	o	b	n
n	y	b	b	o	l	n	i	n	p	u	d	o
e	p	u	t	e	u	i	a	i	h	g	y	k
o	p	u	r	n	t	k	s	l	d	i	u	l
l	ø	s	t	d	g	k	h	l	s	t	e	a
o	e	s	k	d	a	e	a	i	n	j	y	b
k	j	a	a	f	n	j	o	t	r	a	p	p
k	j	p	u	s	g	s	d	s	l	v	å	ø
i	f	j	d	o	r	t	f	e	ø	b	u	y
p	u	å	o	h	y	u	g	b	p	d	f	l
u	n	o	j	s	a	e	r	k	e	r	u	r

Norwegian	English
pass [n]	passport
lobby [m]	lobby
bestilling [m]	booking
utsjekking [m]	check-out
do [n]	loo
trapp [f]	stairs
rekreasjon [m]	recreation
pikkoloen [m]	bellboy
utgang [m]	exit
garasje [m]	garage
is [m]	ice
balkong [n]	balcony
pute [m]	pillow

Find all the Norwegian words in the puzzle.

Norwegian - Word Search - #107 - Hotel

o	k	t	d	ø	r	p	b	g	s	k	g	s
d	ø	e	å	m	ø	o	j	b	a	r	n	v
å	h	p	b	a	g	a	s	j	e	ø	i	ø
o	g	p	s	v	a	b	k	k	d	t	n	m
l	l	e	a	å	y	h	r	ø	e	k	g	m
ø	l	b	p	g	t	e	k	i	j	e	e	e
j	v	k	n	r	a	l	m	i	k	r	r	b
g	f	s	å	s	i	n	k	p	s	i	i	a
o	e	b	j	k	j	s	g	k	e	d	å	s
k	e	o	ø	p	y	ø	y	d	b	i	a	s
u	n	y	ø	d	p	u	t	s	i	k	t	e
r	e	s	e	p	s	j	o	n	e	n	u	n
s	p	i	s	e	s	t	u	e	h	y	a	g

Norwegian	English
svømmebasseng [n]	swimming pool
regning [m]	bill
bagasje [m]	luggage
teppe [n]	carpet
beskjed [m]	message
pris [m]	price
spisestue [m]	dining room
direktør [m]	manager
rekreasjon [m]	recreation
køye [f]	cot
resepsjonen [m]	reception desk
utsikt [m]	view
gang [m]	entrance

Find all the Norwegian words in the puzzle.

Norwegian - Word Search - #108 - Hotel

y	b	y	r	ø	t	k	e	r	i	d	ø	v
k	g	a	g	n	e	s	h	å	k	j	l	f
h	u	g	g	e	u	t	s	e	s	i	p	s
y	ø	g	n	a	t	b	m	m	i	i	b	y
ø	m	a	i	v	s	b	d	y	b	b	o	l
n	u	r	r	h	y	j	f	a	e	t	f	y
t	t	a	e	t	å	m	e	y	l	r	t	t
e	s	s	t	g	g	å	p	å	o	s	m	å
p	i	j	t	u	n	b	n	k	i	i	h	v
p	k	e	i	o	u	a	o	ø	p	p	m	d
e	t	t	v	s	t	s	g	t	ø	u	j	d
e	j	t	k	k	t	p	y	t	d	f	t	o
e	j	s	o	r	d	ø	r	o	u	u	å	e

Norwegian	English
kvittering [m]	receipt
garasje [m]	garage
pute [m]	pillow
utsikt [m]	view
teppe [n]	blanket
utgang [m]	exit
direktør [m]	manager
lobby [m]	lobby
drosje [m]	taxi
spisestue [m]	dining room
frokost [m]	breakfast
seng [m]	bed
bagasje [m]	luggage

Find all the Norwegian words in the puzzle.

Norwegian - Word Search - #109 - Parts of the Body

s	r	u	r	ø	e	m	a	y	y	i	i	a
l	i	i	å	å	å	e	r	l	a	v	e	a
a	n	y	r	b	n	e	y	ø	m	j	æ	o
h	y	h	m	b	r	e	f	j	d	e	m	l
y	e	p	r	h	g	n	l	i	g	b	m	d
e	g	p	g	b	k	r	m	a	j	u	p	n
j	n	s	g	t	v	e	m	k	s	n	u	æ
n	u	b	i	v	h	j	j	k	k	a	v	u
i	t	å	o	r	e	h	e	e	u	k	l	o
f	o	t	i	g	i	l	g	p	y	k	n	m
v	n	k	r	e	v	e	l	m	h	e	e	n
g	ø	o	h	å	r	i	d	o	j	h	s	e
p	h	v	v	e	a	t	p	ø	f	e	e	b

Norwegian	English
ben [n]	leg
fot [m]	foot
muskel [m]	muscle
nese [m]	nose
mage [m]	belly
iris [m]	iris
hår [m]	hair
øyenbryn [n]	eyebrow
tunge [m]	tongue
lever [m]	liver
midje [m]	waist
hjerne [m]	brain
nakke [m]	neck
hals [m]	throat

Find all the Norwegian words in the puzzle.

Norwegian - Word Search - #110 - Parts of the Body

j	å	å	d	t	y	b	v	ø	f	y	i	b
h	y	s	ø	e	u	l	p	b	u	n	ø	l
s	p	t	e	v	e	j	k	g	æ	y	v	i
e	n	p	k	k	e	n	e	s	e	s	ø	n
r	o	a	n	s	i	k	t	j	b	r	y	d
n	n	a	t	l	e	t	r	e	j	k	æ	t
n	e	d	l	b	s	b	i	b	a	y	a	a
e	b	t	p	a	n	n	e	k	b	å	d	r
k	p	l	f	g	j	e	g	n	u	l	s	m
a	i	f	g	o	ø	r	e	t	t	ø	f	e
h	d	ø	g	k	h	t	a	a	v	k	s	h
æ	s	s	e	d	g	k	p	u	k	å	t	h
r	a	n	l	b	e	v	l	i	a	j	h	j

Norwegian	English
sene [m]	tendon
legg [m]	calf
lunge [m]	lung
ansikt [n]	face
tann [m]	tooth
hofte [m]	hip
hake [m]	chin
ankel [m]	ankle
kjertel [m]	gland
føtter [mp]	feet
kjeve [m]	jaw
øye [n]	eye
blindtarm [m]	appendix
panne [m]	forehead

Find all the Norwegian words in the puzzle.

Norwegian - Word Search - #111 - Parts of the Body

d	k	s	p	y	r	l	å	y	a	b	l	r
g	e	l	u	n	g	e	t	r	y	g	g	m
k	y	e	d	ø	y	e	v	i	p	p	m	k
j	t	e	n	e	s	p	u	k	t	t	ø	ø
e	r	e	s	s	a	k	t	s	y	r	b	y
n	a	f	m	u	l	e	j	t	y	g	æ	e
a	b	s	h	g	h	a	ø	v	a	t	r	l
y	i	t	t	h	æ	j	r	e	b	n	y	o
e	f	e	å	b	r	n	e	d	j	å	n	k
j	e	ø	d	ø	n	j	d	r	æ	d	y	k
e	n	k	l	i	m	e	å	i	n	k	i	r
e	e	æ	k	s	l	å	b	h	m	e	p	m
j	n	r	k	i	f	t	b	l	d	n	b	t

Norwegian	English
lunge [m]	lung
brystkasse [m]	thorax
bart [m]	moustache
kinn [n]	cheek
kne [n]	knee
hjerne [m]	brain
ledd [m]	joint
rygg [m]	back
sene [m]	tendon
midje [m]	waist
tann [m]	tooth
tå [m]	toe
øyevipp [m]	eyelash
øyelokk [n]	eyelid

Find all the Norwegian words in the puzzle.

Norwegian - Word Search - #112 - Parts of the Body

m	m	m	k	e	i	p	h	y	t	u	n	r
s	å	r	k	n	i	a	o	o	l	y	t	h
i	k	o	h	h	y	p	d	j	v	h	l	l
e	n	j	p	æ	d	t	e	r	t	j	e	u
k	r	y	e	y	t	n	t	s	ø	t	y	n
d	l	n	u	g	g	æ	y	n	n	e	b	g
l	v	v	i	s	g	r	h	j	e	r	t	e
f	y	ø	m	h	b	n	æ	s	g	v	f	v
ø	y	e	n	b	r	y	n	t	b	r	e	f
j	m	i	d	j	e	ø	æ	ø	i	h	u	d
r	u	æ	p	u	l	s	å	r	e	g	a	m
r	j	æ	l	å	r	k	f	d	d	y	a	l
æ	r	i	g	j	b	p	n	e	g	t	d	o

Norwegian	English
knyttneve [m]	fist
øyenbryn [n]	eyebrow
hode [n]	head
lunge [m]	lung
midje [m]	waist
hud [m]	skin
mage [m]	belly
lår [n]	thigh
skjegg [n]	beard
bryst [n]	breast
ben [n]	leg
hjerte [n]	heart
pulsåre [m]	artery
knoke [m]	knuckle

Find all the Norwegian words in the puzzle.

Norwegian - Word Search - #113 - Parts of the Body

o	r	v	v	b	o	ø	y	h	å	r	f	i
t	b	m	b	v	r	a	y	a	ø	m	e	r
j	i	k	k	i	n	n	j	æ	m	n	n	i
r	e	d	l	u	k	s	m	l	i	n	k	s
å	ø	u	æ	g	g	y	r	n	h	u	k	u
æ	o	y	g	y	f	g	i	t	y	m	p	k
m	t	r	e	n	e	h	f	e	æ	y	j	n
a	v	h	i	v	e	æ	e	p	p	e	l	k
p	t	l	e	b	i	p	ø	d	n	u	j	ø
h	n	u	i	h	b	p	p	l	f	e	m	n
h	n	n	u	n	d	e	p	o	v	b	u	g
n	a	g	a	h	b	j	i	e	r	t	j	r
a	t	e	ø	g	a	d	f	n	g	k	d	y

Norwegian	English
hår [m]	hair
øyevipp [m]	eyelash
tann [m]	tooth
ribbein [m]	rib
kjeve [m]	jaw
kne [n]	knee
munn [m]	mouth
lunge [m]	lung
kinn [n]	cheek
kroppen [m]	body
skulder [m]	shoulder
iris [m]	iris
rygg [m]	back
leppe [f]	lip

Find all the Norwegian words in the puzzle.

Norwegian - Word Search - #114 - Parts of the Body

t	å	t	s	y	u	å	k	h	æ	f	j	b
o	g	p	h	b	k	h	k	å	t	j	v	l
a	p	p	p	ø	h	m	o	u	p	g	d	i
b	k	ø	æ	r	i	ø	l	m	u	f	r	n
k	l	t	f	o	t	p	e	f	l	n	p	d
u	h	æ	o	j	m	a	y	d	s	i	a	t
b	m	r	r	m	l	t	ø	s	å	æ	g	a
d	t	n	n	e	m	f	l	j	r	g	n	r
v	o	a	i	æ	t	e	n	a	e	a	y	m
j	t	e	l	h	f	d	l	t	d	f	r	g
r	y	j	ø	y	e	n	b	r	y	n	e	e
ø	s	k	u	l	d	e	r	s	n	k	y	r
b	e	n	b	æ	d	h	o	f	t	e	æ	ø

Norwegian	English
blindtarm [m]	appendix
tommel [m]	thumb
skulder [m]	shoulder
blære [m]	bladder
øye [n]	eye
øyenbryn [n]	eyebrow
ben [n]	leg
nyre [m]	kidney
hofte [m]	hip
øre [n]	ear
pulsåre [m]	artery
tå [m]	toe
øyelokk [n]	eyelid
fot [m]	foot

Find all the Norwegian words in the puzzle.

Norwegian - Word Search - #115 - Parts of the Body

p	æ	u	å	b	u	b	å	p	ø	k	n	g
m	a	k	ø	h	j	l	k	y	m	k	r	i
j	v	n	k	n	y	r	e	l	r	t	v	e
v	t	å	n	p	m	n	n	j	a	i	l	t
s	o	j	u	e	b	i	h	o	f	t	e	n
l	u	n	e	r	v	e	h	æ	n	p	h	i
æ	v	b	y	å	m	b	u	a	h	e	i	e
r	h	n	v	h	s	o	e	k	l	g	v	b
e	v	v	u	a	d	y	r	n	i	s	k	b
t	l	ø	d	k	k	r	o	p	p	e	n	i
t	p	ø	o	e	æ	l	æ	g	å	e	g	r
ø	v	l	l	y	j	k	t	b	y	æ	y	s
f	m	k	b	v	i	s	s	j	p	b	æ	r

Norwegian	English
ben [m]	bone
tå [m]	toe
hofte [m]	hip
hake [m]	chin
blod [n]	blood
øyenbryn [n]	eyebrow
nerve [m]	nerve
arm [m]	arm
ribbein [m]	rib
kroppen [m]	body
panne [m]	forehead
nyre [m]	kidney
hals [m]	throat
føtter [mp]	feet

Find all the Norwegian words in the puzzle.

Norwegian - Word Search - #116 - Parts of the Body

j	n	k	e	k	å	b	s	b	p	n	i	u
e	å	s	e	v	t	b	k	k	p	e	l	s
b	n	d	s	j	e	o	ø	p	i	p	g	t
d	ø	e	s	m	l	j	l	ø	v	p	l	r
ø	v	b	a	e	e	e	k	n	e	o	å	å
y	ø	å	k	m	t	f	k	å	y	r	å	l
å	h	y	t	v	r	m	e	n	ø	k	ø	s
p	a	v	s	p	e	p	y	æ	a	e	å	h
j	l	g	y	j	j	u	ø	b	æ	ø	u	g
i	s	d	r	a	h	v	t	d	d	d	u	b
f	æ	p	b	i	t	l	k	r	m	d	n	æ
n	å	r	ø	i	a	n	y	r	e	p	e	b
l	p	s	i	r	i	v	b	j	r	p	o	l

Norwegian	English
brystkasse [m]	thorax
øyevipp [m]	eyelash
nyre [m]	kidney
kjeve [m]	jaw
hals [m]	throat
kroppen [m]	body
hjerte [n]	heart
ankel [m]	ankle
ledd [m]	joint
hud [m]	skin
lår [n]	thigh
tå [m]	toe
iris [m]	iris
øye [n]	eye

Find all the Norwegian words in the puzzle.

Norwegian - Word Search - #117 - Parts of the Body

b	f	b	l	æ	r	e	d	t	t	f	ø	m
a	h	v	k	y	l	æ	m	u	n	å	i	o
r	t	a	j	k	m	j	d	ø	h	r	n	u
t	ø	ø	l	u	o	f	u	y	g	e	e	f
i	a	r	m	s	j	l	a	b	s	l	g	k
b	s	ø	j	ø	a	a	e	e	s	e	n	a
v	h	k	e	v	y	y	e	y	m	d	u	l
e	t	ø	j	o	k	e	g	n	ø	s	l	n
l	b	e	h	e	å	h	o	n	b	p	e	t
å	e	y	n	n	g	e	n	a	u	p	s	i
r	s	n	e	n	p	g	u	t	æ	o	v	y
s	s	b	k	ø	e	s	æ	n	r	r	l	g
ø	t	f	æ	h	b	r	j	o	i	k	æ	o

Norwegian	English
ben [m]	bone
tann [m]	tooth
hud [m]	skin
arm [m]	arm
kroppsdeler [mp]	parts of the body
øye [n]	eye
tenner [mp]	teeth
bart [m]	moustache
skjegg [n]	beard
hals [m]	throat
lår [n]	thigh
øyelokk [n]	eyelid
blære [m]	bladder
lunge [m]	lung

Find all the Norwegian words in the puzzle.

Norwegian - Word Search - #118 - Parts of the Body

e	n	r	e	j	h	e	e	s	i	r	i	n
u	j	a	r	k	f	s	v	g	d	u	h	f
p	å	f	æ	r	u	g	g	e	p	v	o	t
e	p	n	r	y	m	e	e	m	j	a	u	j
i	i	e	d	g	l	y	e	u	l	k	y	k
u	e	o	b	g	ø	r	v	s	e	d	r	r
k	i	n	n	d	ø	o	å	k	e	o	p	ø
r	e	s	o	n	æ	b	o	a	p	n	y	k
d	k	t	ø	p	m	n	r	p	y	e	e	l
y	o	k	f	h	k	m	e	g	v	h	y	j
m	p	t	k	o	p	n	m	i	f	r	r	o
y	b	å	å	i	h	ø	p	r	g	v	r	h
f	v	h	u	e	k	p	r	u	ø	f	h	ø

Norwegian	English
øyevipp [m]	eyelash
øye [n]	eye
sene [m]	tendon
kjeve [m]	jaw
arm [m]	arm
hofte [m]	hip
kinn [n]	cheek
iris [m]	iris
rygg [m]	back
hud [m]	skin
knoke [m]	knuckle
legg [m]	calf
kroppen [m]	body
hjerne [m]	brain

Find all the Norwegian words in the puzzle.

Norwegian - Word Search - #119 - Parts of the Body

b	s	h	å	e	a	ø	f	ø	t	t	e	r
o	u	k	ø	r	a	n	f	f	o	h	p	e
j	s	æ	y	æ	y	t	s	æ	d	u	k	y
k	s	å	k	l	l	n	j	i	æ	f	e	m
k	j	u	f	b	e	k	e	d	k	f	å	a
f	j	l	d	g	t	v	v	f	h	t	f	o
s	a	e	e	o	r	e	e	i	o	å	p	l
g	p	s	v	y	e	n	n	n	d	ø	n	b
p	e	h	k	e	j	e	t	g	a	a	s	d
n	k	u	f	o	k	t	t	e	o	y	j	u
s	g	d	r	b	v	v	y	r	d	æ	ø	u
b	f	g	g	y	r	f	n	m	l	r	p	t
n	t	m	i	d	j	e	k	o	e	p	i	k

Norwegian	English
knyttneve [m]	fist
kjertel [m]	gland
hånd [m]	hand
nese [m]	nose
finger [m]	finger
blære [m]	bladder
vene [m]	vein
ansikt [n]	face
midje [m]	waist
øre [n]	ear
rygg [m]	back
hud [m]	skin
føtter [mp]	feet
kjeve [m]	jaw

Find all the Norwegian words in the puzzle.

Norwegian - Word Search - #120 - Parts of the Body

f	p	f	h	æ	n	a	ø	a	a	m	i	d
l	o	m	t	g	n	f	b	b	n	e	b	m
e	n	r	y	f	a	g	l	e	f	i	o	g
m	f	a	m	n	t	i	e	n	n	d	t	b
m	æ	j	v	æ	n	u	f	r	d	o	g	e
o	e	b	n	d	k	r	d	e	r	o	m	r
t	r	r	t	å	e	y	l	j	e	p	y	y
æ	a	a	å	g	t	g	i	h	t	d	f	n
l	r	e	n	s	t	b	n	t	t	p	g	æ
m	g	e	n	f	l	r	a	j	ø	r	å	y
k	r	n	j	r	l	u	n	a	f	ø	a	s
d	u	p	v	p	p	ø	p	m	s	e	n	e
m	g	g	y	r	y	t	v	v	y	r	e	n

Norwegian	English
tå [m]	toe
føtter [mp]	feet
arm [m]	arm
fregner [mp]	freckles
pulsåre [m]	artery
blindtarm [m]	appendix
nyre [m]	kidney
rygg [m]	back
hjerne [m]	brain
munn [m]	mouth
tann [m]	tooth
ben [n]	leg
sene [m]	tendon
tommel [m]	thumb

Find all the Norwegian words in the puzzle.

Norwegian - Word Search - #121 - Restaurant

e	s	i	r	p	b	å	k	r	g	t	s	v
k	b	p	i	n	t	l	t	r	i	y	a	p
b	k	j	s	n	u	l	s	b	g	y	l	ø
y	h	l	d	r	o	b	r	l	t	e	a	n
n	e	t	l	u	s	a	ø	å	l	ø	t	s
s	p	u	d	m	å	a	t	l	p	p	g	p
v	l	r	d	d	j	e	i	m	b	b	a	p
å	i	d	e	e	e	t	l	d	ø	t	f	o
ø	k	n	a	ø	s	k	h	l	u	o	f	k
b	l	k	k	e	f	s	k	e	o	m	e	å
n	t	p	b	f	d	t	e	i	å	b	l	a
m	o	t	s	e	y	l	r	r	r	j	b	n
r	ø	t	i	v	r	e	s	j	t	d	m	v

Norwegian	English
kniv [m]	knife
salat gaffel [m]	salad fork
bestille [v]	to order
bolle [m]	bowl
kopp [m]	cup
pris [m]	price
tørst [adj]	thirsty
dessert [m]	dessert
sulten [adj]	hungry
drikke [v]	to drink
lunsj [m]	lunch
bord [n]	table
dyr [adj]	expensive
servitør [m]	waiter

Find all the Norwegian words in the puzzle.

Norwegian - Word Search - #122 - Restaurant

j	u	d	e	s	s	e	r	t	s	l	l	å
u	f	a	t	a	y	o	m	l	i	d	u	i
n	m	e	n	y	g	d	j	u	h	y	f	b
l	v	g	ø	k	i	å	t	n	r	u	o	å
t	ø	r	s	t	l	d	h	s	t	l	u	k
v	k	t	j	y	l	n	b	j	l	l	k	ø
u	i	i	j	b	i	b	b	e	y	n	e	g
h	ø	e	o	d	b	d	m	i	d	d	a	g
å	d	r	t	t	e	r	d	e	v	o	h	i
l	d	i	p	k	g	n	i	n	g	e	r	a
p	t	f	y	m	v	y	n	e	ø	l	h	o
t	p	å	p	s	u	l	t	e	n	p	r	i
s	n	e	r	ø	t	i	v	r	e	s	j	n

Norwegian	English
lunsj [m]	lunch
middag [m]	dinner
tørst [adj]	thirsty
hovedrett [m]	main course
fat [n]	dish
bord [n]	table
billig [adj]	cheap
regning [m]	bill
bolle [m]	bowl
sulten [adj]	hungry
servitøren [f]	waitress
meny [m]	menu
dessert [m]	dessert

Find all the Norwegian words in the puzzle.

Norwegian - Word Search - #123 - Restaurant

j	f	e	l	l	o	b	r	y	å	i	å	d
t	å	i	r	ø	y	k	i	n	g	n	y	ø
o	v	k	s	t	o	i	g	t	a	p	a	l
a	ø	n	r	r	n	u	s	i	l	b	a	h
i	k	i	e	e	e	y	n	e	m	e	s	t
t	l	v	k	s	t	s	d	h	b	s	e	e
k	e	j	t	s	l	t	ø	r	s	t	r	h
y	f	l	s	e	u	ø	l	b	d	i	v	p
ø	f	g	o	d	s	f	s	ø	h	l	i	e
u	a	l	k	k	d	a	l	b	k	l	e	g
h	g	a	o	t	a	d	j	m	u	i	t	b
å	t	s	r	o	u	y	f	h	s	n	t	e
f	t	s	f	k	v	p	d	g	r	g	b	ø

Norwegian	English
sulten [adj]	hungry
bestilling [m]	booking
frokost [m]	breakfast
dessert [m]	dessert
tørst [adj]	thirsty
gaffel [m]	fork
røyking [adj]	smoking
kniv [m]	knife
serviett [m]	napkin
bolle [m]	bowl
duk [n]	tablecloth
meny [m]	menu
glass [n]	glass

Find all the Norwegian words in the puzzle.

Norwegian - Word Search - #124 - Restaurant

p	r	i	s	n	y	r	k	ø	i	k	o	k
d	l	n	s	u	l	t	e	n	t	d	d	ø
f	e	a	e	g	v	a	a	s	m	u	m	g
u	u	v	t	r	p	i	r	r	k	l	ø	u
g	v	j	ø	l	ø	ø	n	m	f	h	ø	b
i	s	n	s	r	t	t	j	k	l	b	h	b
l	k	d	å	n	d	r	i	k	k	e	t	v
l	j	y	o	l	u	v	m	v	e	r	v	r
i	e	a	k	h	p	l	k	p	r	o	o	d
b	s	a	l	a	t	g	a	f	f	e	l	l
v	d	r	ø	t	i	v	r	e	s	t	s	ø
g	u	m	m	u	å	o	b	b	o	l	l	e
g	n	i	t	t	e	s	d	r	o	b	p	u

Norwegian	English
lunsj [m]	lunch
salat gaffel [m]	salad fork
bordsetting [m]	setting
drikke [v]	to drink
billig [adj]	cheap
kniv [m]	knife
servitøren [f]	waitress
duk [n]	tablecloth
tørst [adj]	thirsty
bolle [m]	bowl
sulten [adj]	hungry
pris [m]	price
servitør [m]	waiter
skje [f]	spoon

Find all the Norwegian words in the puzzle.

Norwegian - Word Search - #125 - Restaurant

s	k	f	å	b	ø	g	i	s	u	o	p	v
s	e	t	n	y	a	o	o	e	n	o	m	r
s	r	r	y	e	u	j	r	r	l	s	k	g
k	d	h	v	s	u	u	ø	v	n	h	l	b
a	u	e	o	i	å	h	y	i	p	t	f	e
f	d	d	s	r	t	g	k	t	d	p	r	s
p	r	l	v	s	d	ø	f	ø	g	y	o	t
j	u	u	e	u	e	l	r	r	l	n	k	i
b	n	n	b	d	a	r	i	e	a	e	o	l
f	s	s	d	p	r	v	t	n	s	m	s	l
u	g	j	r	e	h	n	t	p	s	t	t	i
b	t	j	o	n	h	m	s	t	o	l	l	n
t	y	a	b	e	t	e	n	k	i	a	k	g

Norwegian	English
dessert [m]	dessert
bord [n]	table
glass [n]	glass
stol [m]	chair
duk [n]	tablecloth
meny [m]	menu
servitøren [f]	waitress
lunsj [m]	lunch
frokost [m]	breakfast
bestilling [m]	booking
røykfritt [adj]	non-smoking
ete [v]	to eat
servitør [m]	waiter

Find all the Norwegian words in the puzzle.

Norwegian - Word Search - #126 - Restaurant

ø	l	h	o	y	p	a	j	i	g	y	n	k
s	i	d	l	å	r	j	i	r	n	t	i	k
i	s	d	v	d	s	k	a	p	i	s	h	j
r	e	s	a	p	a	e	g	t	l	r	t	f
p	r	j	i	r	l	d	t	t	l	ø	t	m
e	v	ø	y	ø	a	i	o	e	i	t	e	m
e	i	r	r	t	t	g	i	t	t	r	d
p	t	e	ø	i	g	l	a	v	s	t	d	v
s	ø	g	y	v	a	å	d	r	e	l	e	t
ø	r	n	k	r	f	m	d	e	b	o	v	t
j	e	i	i	e	f	h	i	s	p	r	o	l
t	n	n	n	s	e	r	m	j	ø	y	h	y
ø	d	g	g	a	l	s	g	e	m	y	j	i

Norwegian	English
hovedrett [m]	main course
salat gaffel [m]	salad fork
middag [m]	dinner
tørst [adj]	thirsty
måltid [n]	meal
servitør [m]	waiter
serviett [m]	napkin
pris [m]	price
bestilling [m]	booking
røyking [adj]	smoking
regning [m]	bill
ete [v]	to eat
servitøren [f]	waitress

Find all the Norwegian words in the puzzle.

Norwegian - Word Search - #127 - Restaurant

k	m	l	e	f	f	a	g	b	r	b	t	n
ø	e	g	m	y	s	g	h	a	p	b	s	r
s	n	b	s	j	e	n	t	b	d	l	a	v
j	y	o	m	y	o	i	r	j	k	d	m	i
n	n	r	e	o	e	k	a	t	u	g	i	b
ø	k	d	n	e	r	y	k	r	i	s	v	m
j	d	s	g	t	e	ø	n	e	t	s	b	s
k	u	e	n	e	v	r	i	s	f	a	o	t
p	k	t	i	n	r	t	v	s	l	l	l	u
t	ø	t	n	p	e	n	g	e	j	g	l	d
l	f	i	g	g	s	y	m	d	s	m	e	y
r	h	n	e	n	e	i	k	ø	v	d	m	e
å	b	g	r	o	r	d	b	r	b	a	r	j

Norwegian	English
glass [n]	glass
bordsetting [m]	setting
vinkart [m]	wine list
middag [m]	dinner
duk [n]	tablecloth
reservere [v]	to reserve
regning [m]	bill
gaffel [m]	fork
ete [v]	to eat
røyking [adj]	smoking
bolle [m]	bowl
dessert [m]	dessert
meny [m]	menu

Find all the Norwegian words in the puzzle.

Norwegian - Word Search - #128 - Restaurant

e	d	r	b	p	y	y	n	k	y	l	ø	f
m	e	r	a	v	e	k	k	i	r	d	t	j
e	r	e	v	r	e	s	e	r	n	n	m	d
l	ø	t	n	a	r	u	a	t	s	e	r	k
u	l	e	ø	ø	e	n	l	t	i	n	v	å
n	h	k	å	s	k	j	e	e	b	p	u	n
s	n	k	f	k	u	l	i	i	b	d	s	d
j	v	i	k	o	d	o	o	v	e	t	m	i
o	f	r	v	p	b	t	y	r	f	f	å	v
k	u	d	n	p	ø	s	m	e	å	h	l	l
g	l	m	e	n	y	v	h	s	e	b	t	ø
s	a	l	a	t	g	a	f	f	e	l	i	t
e	r	ø	y	k	f	r	i	t	t	e	d	a

Norwegian	English
lunsj [m]	lunch
meny [m]	menu
røykfritt [adj]	non-smoking
serviett [m]	napkin
måltid [n]	meal
skje [f]	spoon
salat gaffel [m]	salad fork
reservere [v]	to reserve
restaurant [m]	restaurant
stol [m]	chair
kopp [m]	cup
duk [n]	tablecloth
drikkevare [m]	beverage
drikke [v]	to drink

Find all the Norwegian words in the puzzle.

Norwegian - Word Search - #129 - Restaurant

s	j	b	s	e	r	v	i	e	t	t	g	ø
s	s	a	o	g	f	u	j	j	k	n	s	g
a	y	a	k	r	d	f	n	i	i	t	n	j
l	i	s	l	o	d	e	o	n	k	i	y	o
a	a	y	v	g	i	s	g	p	k	r	d	g
t	b	g	h	a	ø	e	e	y	r	u	j	k
g	d	y	a	o	r	d	ø	t	k	e	o	u
a	y	f	i	f	f	r	j	y	t	p	h	å
f	r	v	n	m	f	g	h	n	p	i	a	o
f	ø	v	i	k	g	e	e	e	g	t	n	j
e	u	ø	j	ø	u	ø	l	m	m	j	p	g
l	d	e	r	e	v	r	e	s	e	r	j	u
j	d	t	n	a	r	u	a	t	s	e	r	o

Norwegian	English
reservere [v]	to reserve
bordsetting [m]	setting
glass [n]	glass
restaurant [m]	restaurant
regning [m]	bill
kopp [m]	cup
gaffel [m]	fork
dyr [adj]	expensive
duk [n]	tablecloth
salat gaffel [m]	salad fork
serviett [m]	napkin
røyking [adj]	smoking
meny [m]	menu

Find all the Norwegian words in the puzzle.

Norwegian - Word Search - #130 - Restaurant

b	o	r	d	s	e	t	t	i	n	g	b	l
i	a	j	n	m	e	n	y	å	b	o	f	f
i	ø	s	f	g	ø	m	d	p	n	o	a	h
g	p	n	l	s	y	s	h	i	g	v	r	n
f	ø	u	h	t	s	o	k	o	r	f	g	d
b	o	l	l	e	d	e	s	s	e	r	t	g
m	t	t	e	i	v	r	e	s	d	v	t	y
l	k	s	e	r	v	i	t	ø	r	e	n	ø
e	r	a	v	e	k	k	i	r	d	o	h	f
d	j	o	k	l	s	e	r	v	i	t	ø	r
s	a	l	a	t	b	o	l	l	e	y	e	u
n	t	n	a	r	u	a	t	s	e	r	t	j
å	r	r	e	g	n	i	n	g	m	v	k	k

Norwegian	English
drikkevare [m]	beverage
frokost [m]	breakfast
servitør [m]	waiter
bordsetting [m]	setting
bord [n]	table
restaurant [m]	restaurant
servitøren [f]	waitress
bolle [m]	bowl
meny [m]	menu
serviett [m]	napkin
regning [m]	bill
lunsj [m]	lunch
salatbolle [m]	salad bowl
dessert [m]	dessert

Find all the Norwegian words in the puzzle.

Norwegian - Word Search - #131 - Restaurant

b	h	g	n	h	s	å	l	f	i	e	v	l
b	e	å	r	ø	t	i	v	r	e	s	j	m
g	r	p	t	k	g	å	b	k	p	d	k	e
n	e	s	i	ø	ø	t	u	r	n	r	g	r
i	v	å	ø	a	r	d	a	e	å	m	i	b
l	r	e	j	k	s	s	t	f	d	b	t	s
l	e	b	r	t	s	l	t	t	e	b	h	k
i	s	å	f	t	u	k	p	n	g	e	å	m
t	e	ø	o	s	ø	s	g	f	e	ø	ø	s
s	r	l	e	l	l	o	b	t	a	l	a	s
e	s	r	e	l	l	i	t	s	e	b	i	n
b	j	ø	r	e	s	t	a	u	r	a	n	t
p	b	i	l	l	i	g	å	r	s	b	j	j

Norwegian	English
salatbolle [m]	salad bowl
servitør [m]	waiter
pris [m]	price
tørst [adj]	thirsty
sulten [adj]	hungry
bestille [v]	to order
duk [n]	tablecloth
stol [m]	chair
skje [f]	spoon
billig [adj]	cheap
reservere [v]	to reserve
restaurant [m]	restaurant
bestilling [m]	booking
fat [n]	dish

Find all the Norwegian words in the puzzle.

Norwegian - Word Search - #132 - Restaurant

l	e	f	f	a	g	t	a	l	a	s	l	e
u	k	f	p	å	a	g	ø	m	r	e	a	b
s	r	e	g	e	b	e	k	s	a	t	t	e
e	j	r	f	t	s	r	ø	t	h	e	u	s
r	g	e	b	s	e	r	v	i	t	ø	r	t
v	n	s	l	s	g	r	å	y	u	v	f	i
i	o	t	å	u	p	b	o	r	d	s	s	l
e	t	a	y	a	n	a	å	å	d	u	i	l
t	b	u	a	å	u	s	b	a	l	m	v	i
t	b	r	o	r	o	r	j	t	t	u	f	n
e	d	a	n	d	y	r	e	l	h	d	g	g
n	p	n	u	o	v	n	u	g	r	y	h	s
e	h	t	n	u	r	ø	y	k	i	n	g	m

Norwegian	English
ete [v]	to eat
servitør [m]	waiter
tørst [adj]	thirsty
restaurant [m]	restaurant
bord [n]	table
røyking [adj]	smoking
bestilling [m]	booking
gaffel [m]	fork
sulten [adj]	hungry
serviett [m]	napkin
askebeger [n]	ashtray
lunsj [m]	lunch
salat gaffel [m]	salad fork

Find all the Norwegian words in the puzzle.

Norwegian - Word Search - #133 - Vegetables

k	å	r	d	h	a	r	b	r	a	b	a	r
o	ø	å	t	t	i	l	o	k	k	o	r	b
t	n	l	o	l	r	o	a	s	v	y	q	l
r	o	n	m	y	a	s	e	a	e	ø	p	t
e	i	n	a	r	n	g	i	g	e	l	ø	v
p	k	q	t	n	r	r	j	u	i	g	j	d
p	g	q	ø	a	e	o	h	r	k	i	o	y
e	p	r	p	l	l	e	k	k	i	n	e	f
p	g	s	l	p	i	k	ø	l	t	i	v	h
k	a	e	o	o	v	y	p	d	k	g	m	q
f	s	t	u	t	t	å	ø	r	s	v	h	b
r	l	å	k	e	q	s	q	u	a	s	h	h
d	n	o	u	t	d	o	q	y	b	l	f	p

Norwegian	English
tomat [m]	tomato
potet [m]	potato
hvitløk [m]	garlic
grønnsak [m]	vegetable
squash [m]	zucchini
agurk [m]	cucumber
asparges [m]	asparagus
pepper [n]	pepper
brokkoli [m]	broccoli
fenikkel [m]	fennel
kål [m]	cabbage
løk [m]	onion
selleri [m]	celery
rabarbra [m]	rhubarb

Find all the Norwegian words in the puzzle.

Norwegian - Word Search - #134 - Vegetables

l	r	e	p	p	e	p	k	v	r	g	d	k
ø	e	v	e	r	t	y	s	i	e	r	f	r
å	b	t	k	a	a	k	b	å	d	e	r	u
m	j	m	m	k	l	n	j	y	d	t	m	g
o	d	o	o	o	a	k	p	j	i	r	r	a
s	t	f	h	r	s	e	k	k	k	e	k	e
p	k	i	j	n	r	e	y	r	m	k	r	t
i	f	ø	y	s	y	h	y	u	v	i	e	l
n	i	ø	i	d	t	e	e	g	a	k	n	y
a	a	l	y	f	g	j	j	a	ø	s	n	s
t	l	a	s	p	a	r	g	e	s	u	ø	p
e	å	j	g	p	i	s	m	t	v	k	b	b
i	a	r	ø	d	b	e	t	e	d	å	i	k

Norwegian	English
asparges [m]	asparagus
korn [n]	corn
tomat [m]	tomato
spinat [m]	spinach
bønner [mp]	beans
reddik [m]	radish
salat [m]	lettuce
persille [m]	parsley
sylteagurk [mp]	gherkins
pepper [n]	pepper
agurk [m]	cucumber
kikerter [mp]	chick-peas
rødbete [m]	beet

Find all the Norwegian words in the puzzle.

Norwegian - Word Search - #135 - Vegetables

d	a	s	r	y	e	o	ø	t	v	e	j	p
f	p	r	h	i	l	l	u	a	ø	s	å	h
å	e	e	t	p	f	ø	l	n	r	u	p	t
ø	i	n	p	i	å	y	e	i	h	k	k	m
o	l	j	i	p	s	k	k	p	s	a	h	r
p	p	o	s	k	e	j	n	s	s	r	a	q
m	f	y	y	n	k	r	o	n	b	k	e	b
t	y	b	r	m	m	e	n	k	s	j	l	p
a	s	o	ø	a	k	ø	l	s	k	o	m	u
m	k	m	p	n	r	g	e	g	m	u	j	f
o	p	r	u	g	n	r	o	k	f	y	ø	s
t	p	p	j	q	g	e	å	s	a	l	a	t
k	i	d	d	e	r	l	r	s	k	a	f	l

Norwegian	English
korn [n]	corn
grønnsak [m]	vegetable
artisjokk [m]	artichoke
fenikkel [m]	fennel
tomat [m]	tomato
gresskar [n]	pumpkin
reddik [m]	radish
sopp [m]	mushroom
spinat [m]	spinach
pepper [n]	pepper
bønner [mp]	beans
blomkål [m]	cauliflower
salat [m]	lettuce
persille [m]	parsley

Find all the Norwegian words in the puzzle.

Norwegian - Word Search - #136 - Vegetables

k	s	e	l	l	e	r	i	ø	n	b	r	t
r	å	u	v	q	p	l	k	i	j	e	å	a
u	k	ø	l	u	a	ø	g	t	t	p	n	m
g	q	y	s	f	l	r	l	r	e	u	y	o
a	i	l	b	t	e	å	e	k	n	t	t	t
j	k	v	i	b	t	d	å	l	s	g	o	m
p	s	v	u	o	p	l	s	ø	k	å	s	p
y	h	a	r	a	b	a	r	b	r	a	o	t
p	ø	p	b	r	o	k	k	o	l	i	p	k
f	g	m	a	b	b	o	n	a	ø	r	p	v
f	f	k	i	d	d	e	r	b	v	p	d	y
g	e	ø	r	a	k	s	s	e	r	g	n	i
å	g	y	v	l	d	a	t	q	ø	k	q	ø

Norwegian	English
rabarbra [m]	rhubarb
løk [m]	onion
reddik [m]	radish
agurk [m]	cucumber
potet [m]	potato
selleri [m]	celery
sopp [m]	mushroom
gresskar [n]	pumpkin
hvitløk [m]	garlic
brokkoli [m]	broccoli
tomat [m]	tomato
erter [mp]	peas
aubergin [m]	aubergine
kål [m]	cabbage

Find all the Norwegian words in the puzzle.

Norwegian - Word Search - #137 - Vegetables

v	k	u	a	m	r	a	k	s	s	e	r	g
f	k	i	k	e	r	t	e	r	l	s	h	b
å	o	p	e	r	s	i	l	l	e	e	l	l
d	j	e	f	l	ø	k	d	l	e	t	r	s
s	s	b	g	f	h	y	l	a	y	e	k	y
e	i	g	o	m	m	e	e	u	l	b	a	l
g	t	r	g	e	r	d	i	b	j	d	r	t
r	r	m	h	i	å	r	å	e	o	ø	b	e
a	a	k	a	s	n	n	ø	r	g	r	r	a
p	r	p	p	v	e	y	t	g	k	å	a	g
s	k	ø	l	t	i	v	h	i	n	ø	b	u
a	å	f	l	h	j	t	f	n	a	y	a	r
a	g	t	a	l	a	s	e	e	r	e	r	k

Norwegian	English
hvitløk [m]	garlic
aubergin [m]	aubergine
persille [m]	parsley
selleri [m]	celery
sylteagurk [mp]	gherkins
artisjokk [m]	artichoke
salat [m]	lettuce
rabarbra [m]	rhubarb
asparges [m]	asparagus
gresskar [n]	pumpkin
rødbete [m]	beet
grønnsak [m]	vegetable
løk [m]	onion
kikerter [mp]	chick-peas

Find all the Norwegian words in the puzzle.

Norwegian - Word Search - #138 - Vegetables

k	a	ø	m	k	b	e	t	e	b	d	ø	r
n	r	r	u	s	p	i	n	a	t	j	å	v
s	t	h	e	l	l	i	s	r	e	p	ø	r
a	i	v	h	s	a	u	q	s	i	v	l	e
l	s	i	n	d	p	d	a	r	b	r	n	t
a	j	t	å	e	v	p	e	a	ø	d	k	r
t	o	l	b	m	e	l	u	l	h	d	i	e
y	k	ø	o	a	l	b	d	d	g	l	d	m
r	k	k	å	e	e	p	f	o	f	ø	d	a
å	m	f	s	r	g	u	l	r	o	t	e	s
q	n	k	g	u	b	t	t	o	i	e	r	p
y	e	i	e	f	e	n	i	k	k	e	l	v
u	n	u	k	o	r	n	å	t	t	n	j	f

Norwegian	English
selleri [m]	celery
aubergin [m]	aubergine
artisjokk [m]	artichoke
fenikkel [m]	fennel
erter [mp]	peas
salat [m]	lettuce
spinat [m]	spinach
gulrot [m]	carrot
persille [m]	parsley
korn [n]	corn
hvitløk [m]	garlic
reddik [m]	radish
rødbete [m]	beet
squash [m]	zucchini

Find all the Norwegian words in the puzzle.

Norwegian - Word Search - #139 - Vegetables

y	m	å	v	j	o	i	y	s	k	o	r	n
q	e	f	k	r	ø	q	k	j	b	b	y	j
u	l	ø	k	r	a	s	ø	l	ø	ø	j	t
d	l	a	l	k	q	b	s	o	p	p	s	r
r	i	m	g	k	q	k	a	b	e	u	y	q
e	s	k	r	o	n	m	k	r	q	j	l	m
t	r	r	e	j	n	o	i	o	b	b	t	k
r	e	u	s	s	q	f	d	ø	i	r	e	ø
e	p	g	s	i	å	o	d	å	ø	o	a	l
k	a	a	k	t	j	u	e	o	t	y	g	t
i	b	h	a	r	a	e	r	ø	t	f	u	i
k	l	r	r	a	d	k	q	h	t	j	r	v
v	t	a	u	b	e	r	g	i	n	a	k	h

Norwegian	English
rabarbra [m]	rhubarb
aubergin [m]	aubergine
gresskar [n]	pumpkin
artisjokk [m]	artichoke
korn [n]	corn
løk [m]	onion
persille [m]	parsley
agurk [m]	cucumber
reddik [m]	radish
sylteagurk [mp]	gherkins
hvitløk [m]	garlic
kikerter [mp]	chick-peas
sopp [m]	mushroom

Find all the Norwegian words in the puzzle.

Norwegian - Word Search - #140 - Vegetables

b	y	i	s	k	i	d	d	e	r	a	s	p
r	r	a	u	b	e	r	g	i	n	o	p	t
o	o	d	f	n	e	l	m	ø	p	i	f	r
k	u	ø	u	k	t	g	ø	p	b	r	e	r
k	r	j	s	o	e	l	t	k	o	v	n	e
o	n	g	g	s	b	e	g	å	f	k	i	t
l	s	l	d	å	d	j	f	k	f	r	k	r
i	å	a	i	s	ø	å	t	t	h	u	k	e
k	f	g	l	a	r	a	y	å	q	g	e	k
h	o	d	h	a	n	v	h	v	p	a	l	i
v	å	h	e	i	t	g	b	l	r	h	b	k
f	j	u	p	h	r	a	b	a	r	b	r	a
j	g	s	g	r	ø	n	n	s	a	k	m	p

Norwegian	English
rødbete [m]	beet
grønnsak [m]	vegetable
reddik [m]	radish
brokkoli [m]	broccoli
agurk [m]	cucumber
kål [m]	cabbage
rabarbra [m]	rhubarb
aubergin [m]	aubergine
salat [m]	lettuce
fenikkel [m]	fennel
løk [m]	onion
kikerter [mp]	chick-peas
sopp [m]	mushroom
spinat [m]	spinach

Find all the Norwegian words in the puzzle.

Norwegian - Word Search - #141 - Vegetables

p	d	d	e	o	l	p	k	i	d	d	e	r
p	q	b	l	å	k	m	o	l	b	l	r	m
o	h	e	u	i	r	e	l	l	e	s	l	l
s	e	g	r	a	p	s	a	g	l	k	p	r
j	k	o	r	n	r	d	i	e	h	i	b	h
g	t	d	u	d	e	q	v	i	i	k	a	s
k	å	t	k	l	n	å	j	i	ø	e	n	a
d	f	ø	y	a	n	p	n	r	o	r	v	u
t	l	b	b	g	ø	d	p	v	q	t	n	q
k	r	u	g	a	b	å	q	v	t	e	e	s
e	t	e	b	d	ø	r	u	f	o	r	g	ø
s	b	b	l	e	k	k	i	n	e	f	d	g
h	d	r	a	b	a	r	b	r	a	f	e	ø

Norwegian	English
rødbete [m]	beet
asparges [m]	asparagus
løk [m]	onion
reddik [m]	radish
bønner [mp]	beans
selleri [m]	celery
rabarbra [m]	rhubarb
kikerter [mp]	chick-peas
fenikkel [m]	fennel
korn [n]	corn
agurk [m]	cucumber
squash [m]	zucchini
sopp [m]	mushroom
blomkål [m]	cauliflower

Find all the Norwegian words in the puzzle.

Norwegian - Word Search - #142 - Vegetables

r	f	å	r	å	i	r	e	l	l	e	s	a
e	r	j	ø	y	s	e	ø	f	å	v	a	i
t	e	s	d	q	n	d	p	f	l	r	s	e
r	l	y	b	a	r	e	j	o	b	g	j	å
e	l	l	e	t	d	y	p	r	r	k	s	m
k	i	t	t	v	q	o	a	ø	i	e	s	e
i	s	e	e	d	e	b	n	d	g	a	r	g
k	r	a	e	i	a	n	d	r	l	t	ø	å
h	e	g	u	r	s	e	a	a	e	a	u	v
o	p	u	g	a	r	p	t	r	r	m	g	e
l	m	r	k	n	s	d	q	f	h	o	l	e
å	l	k	h	a	l	å	n	g	h	t	l	u
k	v	p	o	t	e	t	e	u	a	o	o	y

Norwegian	English
grønnsak [m]	vegetable
rødbete [m]	beet
rabarbra [m]	rhubarb
erter [mp]	peas
kål [m]	cabbage
potet [m]	potato
salat [m]	lettuce
persille [m]	parsley
sylteagurk [mp]	gherkins
tomat [m]	tomato
reddik [m]	radish
selleri [m]	celery
asparges [m]	asparagus
kikerter [mp]	chick-peas

Find all the Norwegian words in the puzzle.

Norwegian - Word Search - #143 - Vegetables

r	r	k	a	i	l	o	k	k	o	r	b	p
v	a	r	a	h	g	q	t	k	l	y	o	o
i	b	k	g	n	å	a	a	e	e	n	u	v
k	a	q	å	p	l	s	l	t	k	i	a	b
k	r	d	u	a	n	k	ø	k	k	r	u	o
o	b	t	s	n	t	u	k	a	i	e	b	s
j	r	g	ø	m	ø	t	k	h	n	l	e	k
s	a	r	e	e	k	t	p	g	e	l	r	u
i	g	e	m	e	å	k	k	o	f	e	g	p
t	h	g	k	d	l	o	t	e	t	s	i	e
r	e	q	r	g	r	i	b	v	j	e	n	r
a	e	r	o	n	t	a	n	i	p	s	t	u
g	ø	p	e	p	p	e	r	o	r	b	d	f

Norwegian	English
selleri [m]	celery
korn [n]	corn
rabarbra [m]	rhubarb
løk [m]	onion
grønnsak [m]	vegetable
potet [m]	potato
kål [m]	cabbage
artisjokk [m]	artichoke
pepper [n]	pepper
salat [m]	lettuce
aubergin [m]	aubergine
spinat [m]	spinach
brokkoli [m]	broccoli
fenikkel [m]	fennel

Find all the Norwegian words in the puzzle.

Norwegian - Word Search - #144 - Vegetables

k	a	h	å	m	r	h	a	ø	q	t	b	t
r	u	k	ø	l	h	r	a	d	n	o	å	t
e	b	k	k	a	a	e	i	p	k	b	q	s
p	e	k	r	o	q	n	l	e	u	e	s	b
p	r	o	u	a	q	n	o	r	e	j	i	p
e	g	j	g	r	ø	k	s	r	b	y	k
p	i	s	a	b	e	b	k	i	t	p	b	n
n	n	i	e	r	o	d	o	l	e	y	l	r
e	a	t	t	a	h	l	r	l	r	q	o	a
t	h	r	l	b	s	q	b	e	i	t	m	t
k	i	a	y	a	d	n	k	o	r	n	k	i
ø	j	b	s	r	j	y	s	d	å	ø	å	q
s	o	p	p	d	t	a	n	i	p	s	l	å

Norwegian	English
sopp [m]	mushroom
korn [n]	corn
bønner [mp]	beans
aubergin [m]	aubergine
spinat [m]	spinach
persille [m]	parsley
løk [m]	onion
erter [mp]	peas
pepper [n]	pepper
artisjokk [m]	artichoke
rabarbra [m]	rhubarb
sylteagurk [mp]	gherkins
blomkål [m]	cauliflower
brokkoli [m]	broccoli

Find all the Norwegian words in the puzzle.

Welcome to this Word Scramble section!

This section is divided into three parts:

Puzzles. This part contains the puzzles themselves. For each category, there are 6 puzzles, and each puzzle has 10 word scrambles. You must rearrange the letters of each scramble to get the correct word. There is a place under each scramble to write your answer. Spaces and hyphens are in their proper places already.

Hints. If you are stuck on a word scramble, you may look in this part by the puzzle and word numbers to get a hint in the form of the English word.

Solutions. If you are stumped or want to see if you got the correct answers, this part contains the words in their unscrambled form.

Notes

Here are some of the common letter combinations you might use in Norwegian.

Common Prefixes:

Represents something of greater size or power. Like super- in English
    kjempe-

Shows something joined. Like con- in English
    kon-

Related to power or royalty
    kraft- / kron-

Showing something as above
    supra-

Showing something against. Same as in English
    anti-

Performs a negation. Same is in English
    ir-

Common Suffixes:

Turns a noun into an adjective
    -aktig

Shows something pertaining to, in the manner of, or a nationality
    -isk / -sk

This suffix shows something related to work or activity
    -verk

Norwegian - Word Scramble -#1 - Airport

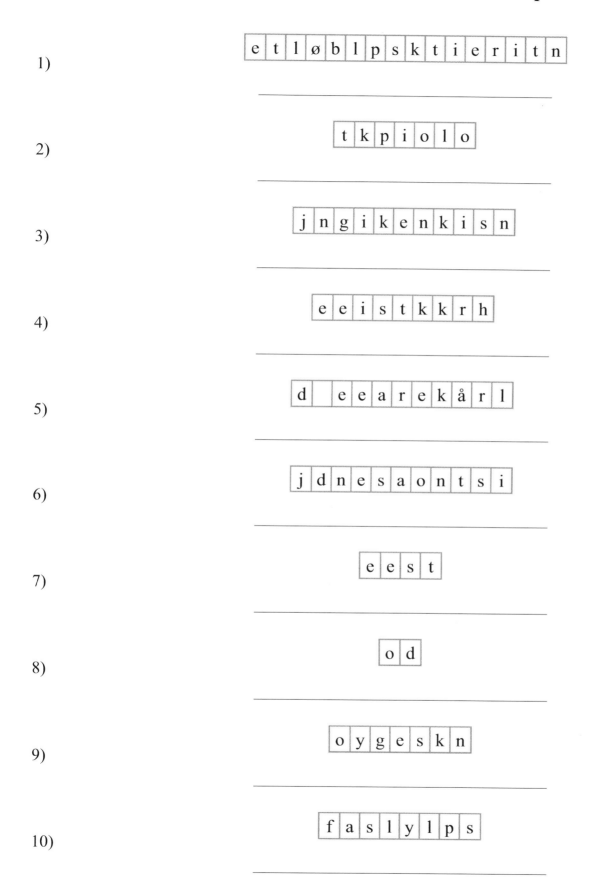

1) e t l ø b l p s k t i e r i t n

_____

2) t k p i o l o

_____

3) j n g i k e n k i s n

_____

4) e e i s t k k r h

_____

5) d e e a r e k å r l

_____

6) j d n e s a o n t s i

_____

7) e e s t

_____

8) o d

_____

9) o y g e s k n

_____

10) f a s l y l p s

_____

Norwegian - Word Scramble -#2 - Airport

1) g k n s n k i n j i e

_____

2) e d y h ø

_____

3) n a n m p k a s

_____

4) n e y f i r v e t n l

_____

5) i e v n g

_____

6) g a e t

_____

7) s t n e

_____

8) o f f s i r e

_____

9) d o

_____

10) t v a a

_____

Norwegian - Word Scramble -#3 - Airport

1) e e b r s n f o l d i

_____

2) n o n t j n i r a s l e a

_____

3) s f p l a y l s

_____

4) n k a i b

_____

5) k r f f o t e

_____

6) t e n t e k t l l e l b i

_____

7) a e t g

_____

8) b u t - e t t l r   i l t r r u e

_____

9) e n v i g

_____

10) b t p s e e l r t t i k n ø l i

_____

87

Norwegian - Word Scramble -#4 - Airport

1) v u d i n

_____

2) e u e l l b n a r

_____

3) f a p y s l s l

_____

4) e i r h t k k e s

_____

5) b t d m g i o o n g s n r i

_____

6) n n k p s m a a

_____

7) s f i e f r o

_____

8) n n s d o t u a j i ø s

_____

9) y e e f i l n n r v t

_____

10) t l r e e l t p k b i n i t s ø

_____

Norwegian - Word Scramble -#5 - Airport

1) l e t t o k e d l m a t e r

_____

2) n e s n d e r s g t i v

_____

3) r r f t k i t y ø

_____

4) s o j n f m a n i r o

_____

5) h e e i s k r t k

_____

6) p e s a j s a r s

_____

7) a d l å e n

_____

8) s d i n n n a e n l

_____

9) a r h a n g

_____

10) e e l r l b u a n

_____

Norwegian - Word Scramble -#6 - Airport

1) | g | a | t | e |

_____

2) | e | k | s | n | y | o | g |

_____

3) | k | a | a | e | b | j | k | k | å | j | n | i | g | n | e | s | s | e |

_____

4) | r | å | i | e | y | e | s | r | b |

_____

5) | o | d |

_____

6) | s | t | e | e |

_____

7) | a | t | g | u | n | g |

_____

8) | a | s | t | n | o | k | m |

_____

9) | g | o | t | n | ø | f | u | k | d | y | r | b | r | i |

_____

10) | k | i | t | o | e | h | r | p | e | l |

_____

Norwegian - Word Scramble -#7 - Animals

1) e r k o n

_____

2) m r d u y l

_____

3) e u n g k u r

_____

4) o z o t l e

_____

5) u e g a p

_____

6) s e a g n l

_____

7) b w y a l a l

_____

8) s r f i f a j

_____

9) g l l a s e e

_____

10) b e v e r

_____

Norwegian - Word Scramble -#8 - Animals

1)
e t o o l z

_____

2)
a e f e n t l

_____

3)
i r j a f f s

_____

4)
g r p e d a

_____

5)
s a u

_____

6)
k r n e u g u

_____

7)
ø r j n b

_____

8)
n d a a p

_____

9)
e h u i n d t l n

_____

10)
a u p m

_____

Norwegian - Word Scramble -#9 - Animals

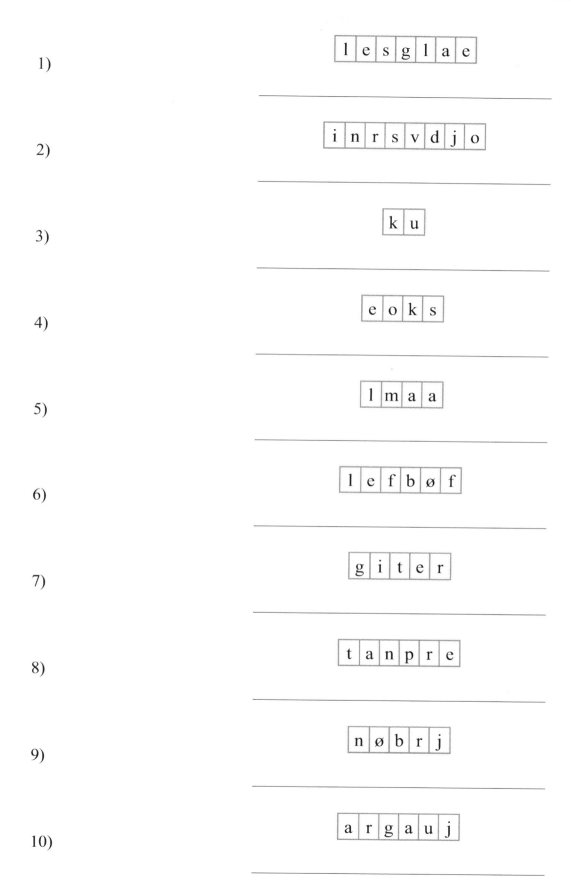

1) l e s g l a e

_____

2) i n r s v d j o

_____

3) k u

_____

4) e o k s

_____

5) l m a a

_____

6) l e f b ø f

_____

7) g i t e r

_____

8) t a n p r e

_____

9) n ø b r j

_____

10) a r g a u j

_____

Norwegian - Word Scramble -#10 - Animals

1)
u p e g a
_____

2)
f e s l d o h t
_____

3)
u m s
_____

4)
e v b r e
_____

5)
n j b r ø
_____

6)
d d e p a
_____

7)
u k
_____

8)
t b d r y l e e
_____

9)
h o r e e s n n
_____

10)
j t o r h
_____

Norwegian - Word Scramble -#11 - Animals

1) f s j f i r a

2) r v e g n i l g

3) a p l v

4) n l t e a f e

5) k t p e t a a

6) e e g a l s l

7) u k

8) e r b e v

9) a m p u

10) l a r p d e o

Norwegian - Word Scramble -#12 - Animals

1) | e | u | a | s | l | m | r | k | u | r |

_____

2) | v | u | l |

_____

3) | g | j | u | a | r | a |

_____

4) | i | e | t | g |

_____

5) | t | n | l | i | u | h | n | d | e |

_____

6) | y | r | l | u | d | m |

_____

7) | k | u |

_____

8) | p | a | r | t | n | e |

_____

9) | r | i | l | g | a | l | o |

_____

10) | y | b | a | a | l | w | l |

_____

Norwegian - Word Scramble -#13 - Around the House

1) | m | t | e | k | i | a | m | s | s | r |

_____

2) | a | e | f | n | n | k | k | e | a | f |

_____

3) | a | f | t |

_____

4) | r | r | i | r | b | t | s | e | d | ø |

_____

5) | l | m | e | l | y | k | t | m | o |

_____

6) | f | e | k | l | a | s |

_____

7) | t | v |

_____

8) | d | e | i | s | r | g | k | k | a | s | l |

_____

9) | p | s | a | k |

_____

10) | k | s | t | o |

_____

Norwegian - Word Scramble -#14 - Around the House

1)
| m | r | a | e | i | l |

_____

2)
| v | a | s | e |

_____

3)
| g | v | g | e |

_____

4)
| a | f | n | a | e | n | k | e | k | f |

_____

5)
| k | k | k | r | l | e | v | o | k | e | e | k |

_____

6)
| t | p | e | u |

_____

7)
| p | r | a | t | p |

_____

8)
| d | i | a | r | o |

_____

9)
| i | m | t | s | m | a | r | k | e | s |

_____

10)
| l | i | d | e | b |

_____

Norwegian - Word Scramble -#15 - Around the House

1) l k e n a

_____

2) k t a

_____

3) m r s k i e

_____

4) a p r p t

_____

5) i r a l m e

_____

6) l i p e s

_____

7) t s e m i k a r s m

_____

8) i t r e s b ø r d r

_____

9) v t

_____

10) e s n g

_____

Norwegian - Word Scramble -#16 - Around the House

1) k j e n v n a e l

_____

2) k e l n a

_____

3) r e r f s y

_____

4) p m e a l

_____

5) a i n e m k a k s s v

_____

6) e l p s i

_____

7) v n i k

_____

8) l n r e a e t l k

_____

9) e e r s t v t i

_____

10) f f e a g l

_____

Norwegian - Word Scramble -#17 - Around the House

1)   i a e k n v s m k a s

_____

2)   t v

_____

3)   o s k t

_____

4)   ø k y e

_____

5)   a t f

_____

6)   e o b l l

_____

7)   ø p k l s e j a k

_____

8)   g e n s

_____

9)   o l k k e k

_____

10)   g a e f f l

_____

Norwegian - Word Scramble -#18 - Around the House

1) etvsøugrs

_____

2) aøkkkesknjv

_____

3) idora

_____

4) afakfkenne

_____

5) membkool

_____

6) sjud

_____

7) ekkønl

_____

8) epatenensk

_____

9) pask

_____

10) easetj

_____

Norwegian - Word Scramble -#19 - Birds

1) h u k a

_____

2) s g å

_____

3) a n d

_____

4) e ø y p e p a g

_____

5) l m i o g n a f

_____

6) o s k t r

_____

7) s n f a a

_____

8) u l e g

_____

9) u d e

_____

10) b i g r b

_____

Norwegian - Word Scramble -#20 - Birds

1) `e` `r` `h` `e` `g`

_____

2) `p` `v` `u` `r` `s`

_____

3) `f` `g` `l` `u`

_____

4) `r` `ø` `n`

_____

5) `a` `u` `k` `h`

_____

6) `s` `å` `g`

_____

7) `r` `b` `b` `g` `i`

_____

8) `k` `e` `k` `å` `r`

_____

9) `y` `p` `a` `e` `p` `ø` `g` `e`

_____

10) `e` `u` `d`

_____

Norwegian - Word Scramble -#21 - Birds

1) d n a

_____

2) n i p e l k a

_____

3) e n a v s

_____

4) l e g u

_____

5) t s k r o

_____

6) g l f u

_____

7) e u d

_____

8) r s v p u

_____

9) k e k å r

_____

10) r g e e h

_____

Norwegian - Word Scramble -#22 - Birds

1) | p | a | y | ø | e | p | g | e |

_____

2) | a | a | f | n | s |

_____

3) | s | t | o | r | k |

_____

4) | e | u | l | g |

_____

5) | e | n | a | v | s |

_____

6) | i | n | p | a | k | l | e |

_____

7) | a | u | l | k | n | k |

_____

8) | m | k | e | å |

_____

9) | b | b | g | r | i |

_____

10) | t | a | e | r | n | t | l | a | g |

_____

1) l g n a a t t r e

_____

2) k s r t o

_____

3) h u k a

_____

4) p i l n k e a

_____

5) e d u

_____

6) e n h ø

_____

7) s r u p v

_____

8) r ø n

_____

9) e å m k

_____

10) ø p e g a p y e

_____

Norwegian - Word Scramble -#24 - Birds

1) o k r t s

_____

2) g b r b i

_____

3) t s r s t u

_____

4) k h a u

_____

5) l u f g

_____

6) n r ø

_____

7) a h n e

_____

8) a n d

_____

9) f o a i l m g n

_____

10) å r k k e

_____

Norwegian - Word Scramble -#25 - Clothing

1) r s o l å k b

_____

2) u e r s t

_____

3) e k r o k s

_____

4) m e o ø l r k e l t m

_____

5) u e b s k

_____

6) k f r k a

_____

7) u e k n o b e s r i d g

_____

8) s e r r s ø l t e

_____

9) j r k s ø t

_____

10) s r a k n e h

_____

Norwegian - Word Scramble -#26 - Clothing

1) r l æ k

_____

2) e o j r s k t

_____

3) ø e t u m s s e b r p k

_____

4) o a a r k k n

_____

5) h a e n s k

_____

6) a a p r p y l

_____

7) s j g o o g k e

_____

8) s m e p r r ø t

_____

9) e ø f t l r

_____

10) n e k i u r d g o s e b

_____

Norwegian - Word Scramble -#27 - Clothing

1) d k r e t b d a a

_____

2) k i i b n i

_____

3) ø t r s j k

_____

4) k a r a n o k

_____

5) k e u e n b k s r e s k

_____

6) u l b e k e r e s s

_____

7) e m t l o l k ø m r e

_____

8) e j k o l

_____

9) u s d o b i r e k e n g

_____

10) s å l i e d l g

_____

Norwegian - Word Scramble -#28 - Clothing

1) s p y a a j m

_____

2) r t ø e f l

_____

3) n k d i g r b e u o s e

_____

4) e l u

_____

5) r e j t s o k

_____

6) j k k e a

_____

7) k a a r o k n

_____

8) t s v ø l l r f j l e e

_____

9) s f r e k j

_____

10) e r s o k k

_____

Norwegian - Word Scramble -#29 - Clothing

1) e u e r p m b k t s ø s

_____

2) k r k e s o

_____

3) o n r d b e u s g k i e

_____

4) v t l l s r e e j f l ø

_____

5) t h e d l o e f h r o

_____

6) u e n e s s r k k e k b

_____

7) l j k e o

_____

8) o j g e k g s o

_____

9) l d å l i s g e

_____

10) s e d s r

_____

Norwegian - Word Scramble -#30 - Clothing

1) r k s n a e h

_____

2) e s r e l b u e s k

_____

3) s e k r j o t

_____

4) t s v e

_____

5) l s p i s

_____

6) e s u r k b d e u n

_____

7) j e f r s k

_____

8) t f ø r e l

_____

9) r e s e l n e e g c l o g

_____

10) ø f y l e s

_____

Norwegian - Word Scramble -#31 - Family

1) b r u d

_____

2) f r a

_____

3) r g t e i k l n n s e

_____

4) t a t n e

_____

5) b a a b e r n n r

_____

6) s s e t ø r

_____

7) n l k o e

_____

8) k i n g t l s n e

_____

9) e t e f t r

_____

10) o f l e r d r e

_____

Norwegian - Word Scramble -#32 - Family

1) `e e l f r r o d`

_____

2) `m r o`

_____

3) `a t s e t d t e r`

_____

4) `f t a r e s`

_____

5) `s n e e i`

_____

6) `e t t n a`

_____

7) `t e s r i e l n k g n`

_____

8) `e t a t d r`

_____

9) `m m a a m`

_____

10) `r e e f b a t s`

_____

Norwegian - Word Scramble -#33 - Family

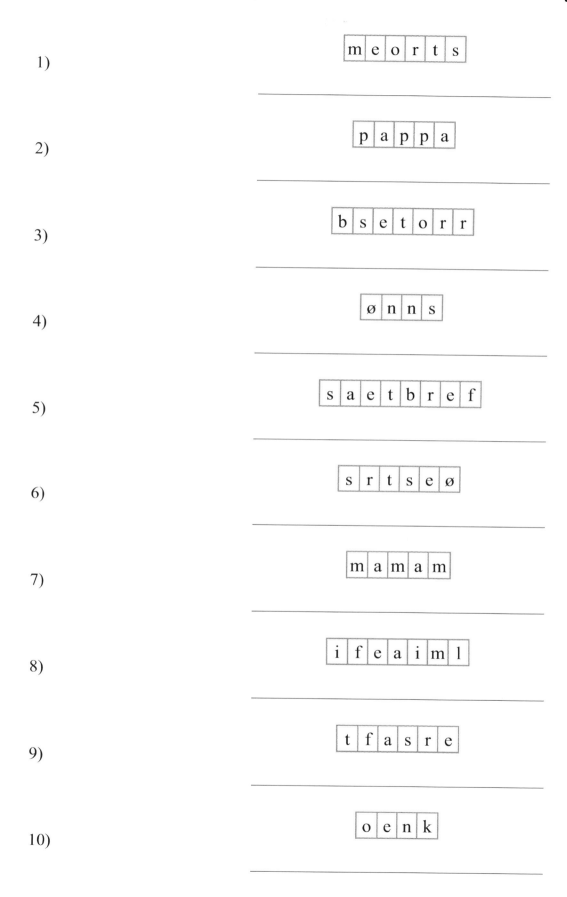

1) m e o r t s

2) p a p p a

3) b s e t o r r

4) ø n n s

5) s a e t b r e f

6) s r t s e ø

7) m a m a m

8) i f e a i m l

9) t f a s r e

10) o e n k

Norwegian - Word Scramble -#34 - Family

1) n ø n s

_____

2) u b r d

_____

3) m a n n

_____

4) n g r i t e s n k e l

_____

5) f a r

_____

6) t m e s o r

_____

7) r r b o

_____

8) o b s t r r e

_____

9) n s s ø t e n

_____

10) s s e ø r t

_____

Norwegian - Word Scramble -#35 - Family

1) r m o

_____

2) t e t d a r

_____

3) n ø s n

_____

4) s r e r t o b

_____

5) b e o s r t e m

_____

6) n ø e v

_____

7) a m m m a

_____

8) s e r a t f

_____

9) n s ø s t n e

_____

10) t i s g l n e k n

_____

1) e t t e r f

_____

2) i n e s e

_____

3) r d e o r f l e

_____

4) f r a

_____

5) t e r s a f

_____

6) n n ø s

_____

7) r ø s t s t e e s

_____

8) m a n n

_____

9) t s r o m e

_____

10) t n s n ø e s

_____

Norwegian - Word Scramble -#37 - Food

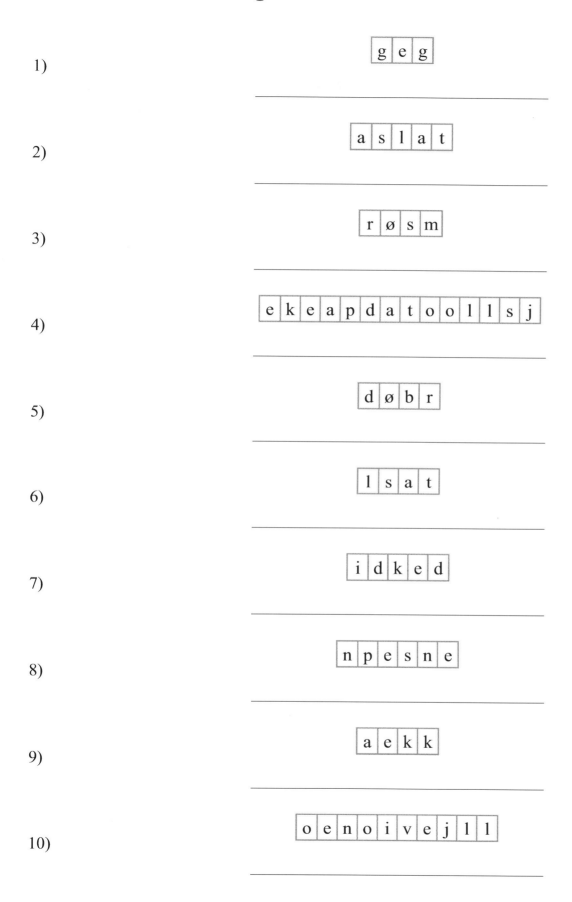

1) g e g

_____

2) a s l a t

_____

3) r ø s m

_____

4) e k e a p d a t o o l l s j

_____

5) d ø b r

_____

6) l s a t

_____

7) i d k e d

_____

8) n p e s n e

_____

9) a e k k

_____

10) o e n o i v e j l l

_____

1) g s ø s k r e n p u p a n s

_____

2) m ø s r

_____

3) g e g

_____

4) m a t

_____

5) t a l s a

_____

6) s u r k k e

_____

7) e p n e s n

_____

8) r k i m s e

_____

9) t o s

_____

10) d b r ø

_____

Norwegian - Word Scramble -#39 - Food

1) m a t

_____

2) k k r e s u

_____

3) i k s m r e

_____

4) e g g

_____

5) t y g h r u o

_____

6) a t s l a

_____

7) d ø r b

_____

8) k e t u d k r y n s

_____

9) e d i d k

_____

10) a l t s

_____

Norwegian - Word Scramble -#40 - Food

1) l a k a t p e o l o s j d e

_____

2) e j s k k

_____

3) a l s t a

_____

4) p s e e n n

_____

5) t m a

_____

6) v b r a e k k

_____

7) r a n p p u s g s e k ø s n

_____

8) d r b ø

_____

9) s o t

_____

10) r ø m s

_____

Norwegian - Word Scramble -#41 - Food

1) b r d ø

_____

2) h o u r y g t

_____

3) a s t l

_____

4) e s i m r k

_____

5) m r ø s

_____

6) i d e d k

_____

7) n s p e n e

_____

8) o t s

_____

9) r e a v k k b

_____

10) k e s u r k

_____

Norwegian - Word Scramble -#42 - Food

1) s r ø m

_____

2) a s l t

_____

3) m k e l

_____

4) k i e s r m

_____

5) n e e s p n

_____

6) d k d e i

_____

7) t h g o y u r

_____

8) k e s j k

_____

9) s t o

_____

10) a a l s t

_____

Norwegian - Word Scramble -#43 - Fruit

1) s a a t e j n k

_____

2) s f e e k n r

_____

3) æ p e r

_____

4) s a a n n a

_____

5) å r l æ b b

_____

6) p l m o e m

_____

7) e p e l

_____

8) h ø s e a t s t l n

_____

9) v l a ø t t n

_____

10) k t n s k o t o ø

_____

Norwegian - Word Scramble -#44 - Fruit

1) d n m a e l

_____

2) o n l m e

_____

3) e r s k i r b æ

_____

4) d r b j r æ o

_____

5) p e e l

_____

6) u d r e

_____

7) æ p e r

_____

8) n s i o r t

_____

9) t r u k f

_____

10) t o k o k ø t s n

_____

Norwegian - Word Scramble -#45 - Fruit

1) o ø k k n s t t o

_____

2) l m e i

_____

3) m e l o m p

_____

4) n t o s i r

_____

5) e i s k v s

_____

6) m n r a i n a d

_____

7) i k s r b æ e r

_____

8) a a n n b

_____

9) o n m l e

_____

10) j r b d æ o r

_____

Norwegian - Word Scramble -#46 - Fruit

1) å r æ l b b

_____

2) r b r i æ b g e n

_____

3) e d d l d a

_____

4) e l p e

_____

5) r æ e p

_____

6) e i m l

_____

7) j b ø e b æ r r n

_____

8) a a a s n n

_____

9) r f u k t

_____

10) i a n d r a n m

_____

1) l d a e n m

_____

2) e a d d l d

_____

3) a s n a n a

_____

4) s s e k v i

_____

5) n d n a i a m r

_____

6) o r e s i n r

_____

7) n ø e b r æ j r b

_____

8) n p a e ø t t

_____

9) n v n l n e o a m

_____

10) r k i r s e æ b

_____

1) u d r e

_____

2) f k r u t

_____

3) n o n e v a m l n

_____

4) s h s a ø e t t n l

_____

5) n l e m o

_____

6) s e k i v s

_____

7) g r u f a t k e p r

_____

8) a v t ø t l n

_____

9) n k f e i

_____

10) d a d e l d

_____

Norwegian - Word Scramble -#49 - Hotel

1) i g g n n e r

_____

2) e h i s

_____

3) i s

_____

4) f t t s s a   e e j ø r e

_____

5) j n i p s t s r e e o s

_____

6) v r k d a ø t

_____

7) n a j s r e k e r o

_____

8) e k s u e i p t

_____

9) h o l t e l

_____

10) g k a o n l b

_____

Norwegian - Word Scramble -#50 - Hotel

1) | k | g | e | l | a |
_____

2) | j | d | b | e | s | k | e |
_____

3) | i | k | e | g | k | n | s | t | j | u |
_____

4) | s | t | e | u |
_____

5) | l | k | b | a | o | g | n |
_____

6) | p | i | s | r |
_____

7) | r | o | m |
_____

8) | n | a | k | r | j | e | o | e | s | r |
_____

9) | a | g | g | n |
_____

10) | t | i | n | b | i | l | e | g | l | s |
_____

Norwegian - Word Scramble -#51 - Hotel

1) o l k a n g b

_____

2) s r a r o j n k e e

_____

3) t i n r t t e n e

_____

4) a n g g

_____

5) j o e n t e r s s i s p

_____

6) i s j o o g l k e n t n f d i r u n

_____

7) t s s u e s e i p

_____

8) s r p i

_____

9) s e a j r g a

_____

10) e b e å t a l

_____

Norwegian - Word Scramble -#52 - Hotel

1) g g n a

_____

2) a a g s e j r

_____

3) e h s i

_____

4) e a l b e t å

_____

5) u s t e

_____

6) b o l y b

_____

7) v t ø a d k r

_____

8) o s j n n i l f u g i n k t r e d o

_____

9) l e g a k

_____

10) n r n i g e g

_____

Norwegian - Word Scramble -#53 - Hotel

1) k j u t i s k g n e

_____

2) g n g a

_____

3) t i i r v n k t g e

_____

4) b l i l i e s g t n

_____

5) n e n e p j e r o s s

_____

6) p i r s

_____

7) j e s r g a a

_____

8) s e r o d j

_____

9) u e i t s

_____

10) o e s e r t p s i n j s

_____

Norwegian - Word Scramble -#54 - Hotel

1) s u t e

_____

2) d v k r t a ø

_____

3) a e e ø t r   s f t e j s

_____

4) b o y l b

_____

5) n r t e t t i n e

_____

6) n s i o j s e e s t r p

_____

7) n s b e g i l t i l

_____

8) e e u s t i k p

_____

9) r m o

_____

10) r n s r e o e k j a

_____

Norwegian - Word Scramble -#55 - Parts of the Body

1) l n a k e

_____

2) l e e p p

_____

3) n e n a p

_____

4) ø y n y r n e b

_____

5) u d h

_____

6) ø e r

_____

7) b r b n i i e

_____

8) a r m

_____

9) r d l a m n e

_____

10) e r s u d l k

_____

Norwegian - Word Scramble -#56 - Parts of the Body

1) j e v k e

_____

2) e e p l p

_____

3) e e n s

_____

4) y r d a g r g

_____

5) t m e l m o

_____

6) e n k

_____

7) l a k n e

_____

8) v p ø i e p y

_____

9) i m d j e

_____

10) ø y e

_____

Norwegian - Word Scramble -#57 - Parts of the Body

1) t b a m n r d i l

_____

2) f h e o t

_____

3) e l m o m t

_____

4) e v n e

_____

5) e r ø

_____

6) å t

_____

7) g r r g a y d

_____

8) i k t a n s

_____

9) n a p e n

_____

10) l r å

_____

Norwegian - Word Scramble -#58 - Parts of the Body

1) l g g e

_____

2) s n e e

_____

3) i n a k t s

_____

4) r s y b t

_____

5) e j h e n r

_____

6) n e a k k

_____

7) v e e k j

_____

8) e s e n

_____

9) e p a n n

_____

10) d h e o

_____

Norwegian - Word Scramble -#59 - Parts of the Body

1) n u g l e

_____

2) g e f n r i

_____

3) e k j t r e l

_____

4) t f o

_____

5) k e o k n

_____

6) l h s a

_____

7) d n t m r l a i b

_____

8) r s t y b

_____

9) k n e

_____

10) b t a r

_____

Norwegian - Word Scramble -#60 - Parts of the Body

1) n b e

_____

2) s s y r e b s k t a

_____

3) i p ø y v p e

_____

4) f t o

_____

5) e e n v

_____

6) m t l o e m

_____

7) t ø t r e f

_____

8) a k n e k

_____

9) e a n p n

_____

10) e n n t r e

_____

Norwegian - Word Scramble -#61 - Restaurant

1) a e g t l f s a a l f

_____

2) e e t

_____

3) l s t e n u

_____

4) l i m t d å

_____

5) t n i s ø r r e v e

_____

6) d a i m d g

_____

7) e r i r s v t ø

_____

8) d e k k i r

_____

9) g b l l i i

_____

10) t t b d i g s r e o n

_____

Norwegian - Word Scramble -#62 - Restaurant

1) e i l b l s e t

_____

2) k d i e k r

_____

3) r i v ø r e t s

_____

4) r r e e r s e v e

_____

5) l s n u e t

_____

6) l å t m d i

_____

7) f s e t g   l a f a l a

_____

8) k i n a r t v

_____

9) e e t

_____

10) t a r a s t r e n u

_____

Norwegian - Word Scramble -#63 - Restaurant

1) v r n t k a i

_____

2) l g b l i i

_____

3) r v d a r k e e i k

_____

4) t r ø s t

_____

5) s l l t b e i e

_____

6) s t e e s r d

_____

7) t v i r e ø s r

_____

8) d l t i å m

_____

9) g d a m d i

_____

10) i v r e t n s ø r e

_____

Norwegian - Word Scramble -#64 - Restaurant

1) e r v t ø r i s

_____

2) r v ø s t i e r n e

_____

3) i r t v a k n

_____

4) t o d v e h r e t

_____

5) l t d å m i

_____

6) e d s s e r t

_____

7) n m e y

_____

8) a d d g m i

_____

9) s l o a l l e t b a

_____

10) e t e

_____

Norwegian - Word Scramble -#65 - Restaurant

1) t k a i n r v

_____

2) u l n s j

_____

3) k d u

_____

4) e t e

_____

5) k r d r v e i e a k

_____

6) t s d e e s r

_____

7) t l e i s e b l

_____

8) t n i g t d e o b r s

_____

9) r d k i k e

_____

10) o d v r h t e e t

_____

Norwegian - Word Scramble -#66 - Restaurant

1) e e t d r s s

_____

2) t t r s ø

_____

3) s e r e r v ø t n i

_____

4) d b t s t g o e n r i

_____

5) u d k

_____

6) t e e

_____

7) e m n y

_____

8) l å i t d m

_____

9) v ø r s t e i r

_____

10) v h d e t o r e t

_____

Norwegian - Word Scramble -#67 - Vegetables

1) a k r t i k s j o

_____

2) s e r a s a g p

_____

3) r o l g t u

_____

4) e e k n f i l k

_____

5) k r s e s g r a

_____

6) ø l k h v i t

_____

7) p o t e t

_____

8) p e p r p e

_____

9) i r t e e k k r

_____

10) t r e e r

_____

Norwegian - Word Scramble -#68 - Vegetables

1) e r e r t

_____

2) o o r i l k b k

_____

3) d r i e d k

_____

4) m k l å b l o

_____

5) t e p t o

_____

6) i l e k n e k f

_____

7) s a u q h s

_____

8) e t i k e k r r

_____

9) h ø t k v l i

_____

10) ø n n r e b

_____

152

1) k l ø

_____

2) n r o k

_____

3) a m t o t

_____

4) p e p p e r

_____

5) h l t k ø v i

_____

6) a g s a e s p r

_____

7) p p s o

_____

8) r o o l b k k i

_____

9) i s t a p n

_____

10) r u k g a

_____

Norwegian - Word Scramble -#70 - Vegetables

1) k t j o a i k s r

_____

2) n k e k f l e i

_____

3) u e r a b n i g

_____

4) g r t l u o

_____

5) r r e t e

_____

6) r k o n

_____

7) s r e l i e l

_____

8) s g k e s r r a

_____

9) a s p s e g a r

_____

10) e r k d d i

_____

Norwegian - Word Scramble -#71 - Vegetables

1)   p o t t e

_____

2)   u e i n b g r a

_____

3)   e t r k i e r k

_____

4)   k o b k r l o i

_____

5)   d i k d e r

_____

6)   k y a s l g e t r u

_____

7)   i r s l e l e

_____

8)   n s t p i a

_____

9)   e r s e l i l p

_____

10) a s r e a s g p

_____

Norwegian - Word Scramble -#72 - Vegetables

1) b e n r n ø

_____

2) k r e k e i t r

_____

3) t o t a m

_____

4) å k l

_____

5) b e a g u i n r

_____

6) o a j k t k s i r

_____

7) s a k r s g r e

_____

8) ø t e d b e r

_____

9) o s p p

_____

10) n k n a s r ø g

_____

Scramble Hints

#1 - 1) ticket agent   2) copilot   3) check-in   4) security   5) to declare   6) destination   7) seat   8) toilet   9) oxygen   10) airport

#2 - 1) check-in   2) altitude   3) crew   4) air hostess   5) wing   6) gate   7) late   8) officer   9) toilet   10) take off

#3 - 1) connection   2) international   3) airport   4) cabin   5) suitcase   6) single ticket   7) gate   8) round trip ticket   9) wing   10) ticket agent

#4 - 1) window   2) runway   3) airport   4) security   5) to board   6) crew   7) officer   8) emergency   9) air hostess   10) ticket agent

#5 - 1) metal detector   2) life preserver   3) non-smoking   4) information   5) security   6) passenger   7) to land   8) domestic   9) hangar   10) runway

#6 - 1) gate   2) oxygen   3) to check bags   4) travel agency   5) toilet   6) seat   7) exit   8) arrival   9) no smoking   10) helicopter

#7 - 1) squirrel   2) mule   3) kangaroo   4) ocelot   5) lynx   6) snake   7) wallaby   8) giraffe   9) gazelle   10) beaver

#8 - 1) ocelot   2) elephant   3) giraffe   4) cheetah   5) sheep   6) kangaroo   7) bear   8) panda   9) little dog   10) cougar

#9 - 1) gazelle   2) aardvark   3) cow   4) bull   5) llama   6) buffalo   7) tiger   8) panther   9) bear   10) jaguar

#10 - 1) lynx   2) hippopotamus   3) mouse   4) beaver   5) bear   6) toad   7) cow   8) armadillo   9) rhinoceros   10) deer

#11 - 1) giraffe   2) badger   3) pup   4) elephant   5) monkey   6) gazelle   7) cow   8) beaver   9) cougar   10) leopard

#12 - 1) anteater   2) wolf   3) jaguar   4) goat   5) little dog   6) mule   7) cow   8) panther   9) gorilla   10) wallaby

#13 - 1) blender   2) coffee pot   3) dish   4) toaster   5) torch   6) bottle   7) television   8) drinking glass   9) cabinet   10) broom

#14 - 1) painting   2) vase   3) wall   4) coffee pot   5) alarm clock   6) pillow   7) staircase   8) radio   9) blender   10) image

#15 - 1) sheet   2) ceiling   3) mixer   4) staircase   5) painting   6) mirror   7) blender   8) toaster   9) television   10) bed

Scramble Hints

#16 - 1) kettle   2) sheet   3) freezer   4) lamp   5) washing machine   6) mirror   7) knife   8) plate   9) napkin   10) fork

#17 - 1) washing machine   2) television   3) broom   4) cot   5) dish   6) bowl   7) refrigerator   8) bed   9) clock   10) fork

#18 - 1) hoover   2) kitchen sink   3) radio   4) coffee pot   5) wallet   6) shower   7) key   8) frying pan   9) cabinet   10) floor

#19 - 1) hawk   2) goose   3) duck   4) parrot   5) flamingo   6) stork   7) pheasant   8) owl   9) dove   10) vulture

#20 - 1) heron   2) sparrow   3) bird   4) eagle   5) hawk   6) goose   7) vulture   8) crow   9) parrot   10) dove

#21 - 1) duck   2) pelican   3) swan   4) owl   5) stork   6) bird   7) dove   8) sparrow   9) crow   10) heron

#22 - 1) parrot   2) pheasant   3) stork   4) owl   5) swan   6) pelican   7) turkey   8) seagull   9) vulture   10) nightingale

#23 - 1) nightingale   2) stork   3) hawk   4) pelican   5) dove   6) hen   7) sparrow   8) eagle   9) seagull   10) parrot

#24 - 1) stork   2) vulture   3) ostrich   4) hawk   5) bird   6) eagle   7) rooster   8) duck   9) flamingo   10) crow

#25 - 1) dressing gown   2) knickers   3) socks   4) handkerchief   5) trousers   6) coat   7) jeans   8) size   9) skirt   10) gloves

#26 - 1) clothes   2) shirt   3) tights   4) anorak   5) glove   6) umbrella   7) running shoes   8) stockings   9) slippers   10) jeans

#27 - 1) bathing suit   2) bikini   3) skirt   4) anorak   5) overalls   6) braces/suspenders   7) handkerchief   8) dress   9) jeans   10) zip

#28 - 1) pyjamas   2) slippers   3) jeans   4) cap   5) shirt   6) jacket   7) anorak   8) hiking boots   9) scarf   10) socks

#29 - 1) tights   2) socks   3) jeans   4) hiking boots   5) corset   6) overalls   7) dress   8) running shoes   9) zip   10) suit

#30 - 1) gloves   2) braces/suspenders   3) shirt   4) waistcoat   5) necktie   6) briefs   7) scarf   8) slippers   9) sweatshirt   10) bow tie

Scramble Hints

#31 - 1) bride   2) father   3) relatives   4) aunt   5) grandchild   6) sister   7) uncle   8) relative   9) cousin   10) parents

#32 - 1) parents   2) mother   3) stepdaughter   4) stepfather   5) niece   6) aunt   7) relatives   8) daughter   9) mum   10) grandfather

#33 - 1) stepmother   2) dad   3) stepbrother   4) son   5) grandfather   6) sister   7) mum   8) family   9) stepfather   10) wife

#34 - 1) son   2) bride   3) husband   4) relatives   5) father   6) stepmother   7) brother   8) stepbrother   9) stepson   10) sister

#35 - 1) mother   2) daughter   3) son   4) stepbrother   5) grandmother   6) nephew   7) mum   8) stepfather   9) stepson   10) relative

#36 - 1) cousin   2) niece   3) parent   4) father   5) stepfather   6) son   7) stepsister   8) husband   9) stepmother   10) stepson

#37 - 1) egg   2) salad   3) butter   4) chocolate bar   5) bread   6) salt   7) vinegar   8) mustard   9) cake   10) olive oil

#38 - 1) vegetable soup   2) butter   3) egg   4) food   5) salad   6) sugar   7) mustard   8) ice-cream   9) cheese   10) bread

#39 - 1) food   2) sugar   3) ice-cream   4) egg   5) yoghurt   6) salad   7) bread   8) roll   9) vinegar   10) salt

#40 - 1) chocolate bar   2) biscuit   3) salad   4) mustard   5) food   6) pastry   7) vegetable soup   8) bread   9) cheese   10) butter

#41 - 1) bread   2) yoghurt   3) salt   4) ice-cream   5) butter   6) vinegar   7) mustard   8) cheese   9) pastry   10) sugar

#42 - 1) butter   2) salt   3) milk   4) ice-cream   5) mustard   6) vinegar   7) yoghurt   8) biscuit   9) cheese   10) salad

#43 - 1) chestnut   2) peach   3) pear   4) pineapple   5) blueberry   6) plum   7) apple   8) hazelnut   9) walnut   10) coconut

#44 - 1) almond   2) melon   3) cherry   4) strawberry   5) apple   6) grape   7) pear   8) lemon   9) fruit   10) coconut

#45 - 1) coconut   2) lime   3) plum   4) lemon   5) prune   6) tangerine   7) cherry   8) banana   9) melon   10) strawberry

Scramble Hints

#46 - 1) blueberry 2) raspberry 3) date 4) apple 5) pear 6) lime 7) blackberry 8) pineapple 9) fruit 10) tangerine

#47 - 1) almond 2) date 3) pineapple 4) prune 5) tangerine 6) raisin 7) blackberry 8) peanut 9) watermelon 10) cherry

#48 - 1) grape 2) fruit 3) watermelon 4) hazelnut 5) melon 6) prune 7) grapefruit 8) walnut 9) fig 10) date

#49 - 1) bill 2) lift 3) ice 4) ground floor 5) receptionist 6) doorman 7) recreation 8) maid 9) hotel 10) balcony

#50 - 1) complaint 2) message 3) check-out 4) living room 5) balcony 6) price 7) room 8) recreation 9) entrance 10) booking

#51 - 1) balcony 2) recreation 3) internet 4) entrance 5) receptionist 6) air conditioning 7) dining room 8) price 9) garage 10) to pay

#52 - 1) entrance 2) garage 3) lift 4) to pay 5) living room 6) lobby 7) doorman 8) air conditioning 9) complaint 10) bill

#53 - 1) check-out 2) entrance 3) receipt 4) booking 5) reception desk 6) price 7) garage 8) taxi 9) suite 10) receptionist

#54 - 1) living room 2) doorman 3) ground floor 4) lobby 5) internet 6) receptionist 7) booking 8) maid 9) room 10) recreation

#55 - 1) ankle 2) lip 3) forehead 4) eyebrow 5) skin 6) ear 7) rib 8) arm 9) tonsils 10) shoulder

#56 - 1) jaw 2) lip 3) tendon 4) backbone 5) thumb 6) knee 7) ankle 8) eyelash 9) waist 10) eye

#57 - 1) appendix 2) hip 3) thumb 4) vein 5) ear 6) toe 7) backbone 8) face 9) forehead 10) thigh

#58 - 1) calf 2) tendon 3) face 4) breast 5) brain 6) neck 7) jaw 8) nose 9) forehead 10) head

#59 - 1) lung 2) finger 3) gland 4) foot 5) knuckle 6) throat 7) appendix 8) breast 9) knee 10) moustache

#60 - 1) bone 2) thorax 3) eyelash 4) foot 5) vein 6) thumb 7) feet 8) neck 9) forehead 10) teeth

Scramble Hints

#61 - 1) salad fork   2) to eat   3) hungry   4) meal   5) waitress   6) dinner   7) waiter   8) to drink   9) cheap   10) setting

#62 - 1) to order   2) to drink   3) waiter   4) to reserve   5) hungry   6) meal   7) salad fork   8) wine list   9) to eat   10) restaurant

#63 - 1) wine list   2) cheap   3) beverage   4) thirsty   5) to order   6) dessert   7) waiter   8) meal   9) dinner   10) waitress

#64 - 1) waiter   2) waitress   3) wine list   4) main course   5) meal   6) dessert   7) menu   8) dinner   9) salad bowl   10) to eat

#65 - 1) wine list   2) lunch   3) tablecloth   4) to eat   5) beverage   6) dessert   7) to order   8) setting   9) to drink   10) main course

#66 - 1) dessert   2) thirsty   3) waitress   4) setting   5) tablecloth   6) to eat   7) menu   8) meal   9) waiter   10) main course

#67 - 1) artichoke   2) asparagus   3) carrot   4) fennel   5) pumpkin   6) garlic   7) potato   8) pepper   9) chick-peas   10) peas

#68 - 1) peas   2) broccoli   3) radish   4) cauliflower   5) potato   6) fennel   7) zucchini   8) chick-peas   9) garlic   10) beans

#69 - 1) onion   2) corn   3) tomato   4) pepper   5) garlic   6) asparagus   7) mushroom   8) broccoli   9) spinach   10) cucumber

#70 - 1) artichoke   2) fennel   3) aubergine   4) carrot   5) peas   6) corn   7) celery   8) pumpkin   9) asparagus   10) radish

#71 - 1) potato   2) aubergine   3) chick-peas   4) broccoli   5) radish   6) gherkins   7) celery   8) spinach   9) parsley   10) asparagus

#72 - 1) beans   2) chick-peas   3) tomato   4) cabbage   5) aubergine   6) artichoke   7) pumpkin   8) beet   9) mushroom   10) vegetable

Scramble Solutions

#1 - 1) billettinspektør   2) kopilot   3) innsjekking   4) sikkerhet   5) å deklarere   6) destinasjon   7) sete   8) do   9) oksygen   10) flyplass

#2 - 1) innsjekking   2) høyde   3) mannskap   4) flyvertinne   5) vinge   6) gate   7) sent   8) offiser   9) do   10) ta av

#3 - 1) forbindelse   2) internasjonal   3) flyplass   4) kabin   5) koffert   6) enkeltbillett   7) gate   8) tur-retur billett   9) vinge   10) billettinspektør

#4 - 1) vindu   2) rullebane   3) flyplass   4) sikkerhet   5) ombordstigning   6) mannskap   7) offiser   8) nødsituasjon   9) flyvertinne   10) billettinspektør

#5 - 1) metalldetektor   2) redningsvest   3) røykfritt   4) informasjon   5) sikkerhet   6) passasjer   7) å lande   8) innenlands   9) hangar   10) rullebane

#6 - 1) gate   2) oksygen   3) å skjekke inn bagasje   4) reisebyrå   5) do   6) sete   7) utgang   8) ankomst   9) røyking forbudt   10) helikopter

#7 - 1) ekorn   2) muldyr   3) kenguru   4) ozelot   5) gaupe   6) slange   7) wallaby   8) sjiraff   9) gaselle   10) bever

#8 - 1) ozelot   2) elefant   3) sjiraff   4) gepard   5) sau   6) kenguru   7) bjørn   8) panda   9) liten hund   10) puma

#9 - 1) gaselle   2) jordsvin   3) ku   4) okse   5) lama   6) bøffel   7) tiger   8) panter   9) bjørn   10) jaguar

#10 - 1) gaupe   2) flodhest   3) mus   4) bever   5) bjørn   6) padde   7) ku   8) beltedyr   9) nesehorn   10) hjort

#11 - 1) sjiraff   2) grevling   3) valp   4) elefant   5) apekatt   6) gaselle   7) ku   8) bever   9) puma   10) leopard

#12 - 1) maursluker   2) ulv   3) jaguar   4) geit   5) liten hund   6) muldyr   7) ku   8) panter   9) gorilla   10) wallaby

#13 - 1) miksmaster   2) kaffekanne   3) fat   4) brødrister   5) lommelykt   6) flaske   7) TV   8) drikkeglass   9) Skap   10) kost

#14 - 1) maleri   2) vase   3) vegg   4) kaffekanne   5) Vekkerklokke   6) pute   7) trapp   8) radio   9) miksmaster   10) bilde

#15 - 1) laken   2) tak   3) mikser   4) trapp   5) maleri   6) speil   7) miksmaster   8) brødrister   9) TV   10) seng

Scramble Solutions

#16 - 1) vannkjele   2) laken   3) fryser   4) lampe   5) vaskemaskin   6) speil   7) kniv   8) tallerken
9) serviett   10) gaffel

#17 - 1) vaskemaskin   2) TV   3) kost   4) køye   5) fat   6) bolle   7) kjøleskap   8) seng   9) klokke
10) gaffel

#18 - 1) støvsuger   2) kjøkkenvask   3) radio   4) kaffekanne   5) lommebok   6) dusj   7) nøkkel
8) stekepanne   9) Skap   10) etasje

#19 - 1) hauk   2) gås   3) and   4) papegøye   5) flamingo   6) stork   7) fasan   8) ugle   9) due
10) gribb

#20 - 1) hegre   2) spurv   3) fugl   4) ørn   5) hauk   6) gås   7) gribb   8) kråke   9) papegøye
10) due

#21 - 1) and   2) pelikan   3) svane   4) ugle   5) stork   6) fugl   7) due   8) spurv   9) kråke
10) hegre

#22 - 1) papegøye   2) fasan   3) stork   4) ugle   5) svane   6) pelikan   7) kalkun   8) måke
9) gribb   10) nattergal

#23 - 1) nattergal   2) stork   3) hauk   4) pelikan   5) due   6) høne   7) spurv   8) ørn   9) måke
10) papegøye

#24 - 1) stork   2) gribb   3) struts   4) hauk   5) fugl   6) ørn   7) hane   8) and   9) flamingo
10) kråke

#25 - 1) slåbrok   2) truse   3) sokker   4) lommetørkle   5) bukse   6) frakk   7) dongeribukse
8) størrelse   9) skjørt   10) hansker

#26 - 1) klær   2) skjorte   3) strømpebukse   4) anorakk   5) hanske   6) paraply   7) joggesko
8) strømper   9) tøfler   10) dongeribukse

#27 - 1) badedrakt   2) bikini   3) skjørt   4) anorakk   5) snekkerbukse   6) bukseseler
7) lommetørkle   8) kjole   9) dongeribukse   10) glidelås

#28 - 1) pyjamas   2) tøfler   3) dongeribukse   4) lue   5) skjorte   6) jakke   7) anorakk
8) fjellstøvler   9) skjerf   10) sokker

#29 - 1) strømpebukse   2) sokker   3) dongeribukse   4) fjellstøvler   5) hofteholder
6) snekkerbukse   7) kjole   8) joggesko   9) glidelås   10) dress

#30 - 1) hansker   2) bukseseler   3) skjorte   4) vest   5) slips   6) underbukse   7) skjerf   8) tøfler
9) collegegenser   10) sløyfe

Scramble Solutions

#31 - 1) brud 2) far 3) slektninger 4) tante 5) barnebarn 6) søster 7) onkel 8) slektning 9) fetter 10) foreldre

#32 - 1) foreldre 2) mor 3) stedatter 4) stefar 5) niese 6) tante 7) slektninger 8) datter 9) mamma 10) bestefar

#33 - 1) stemor 2) pappa 3) stebror 4) sønn 5) bestefar 6) søster 7) mamma 8) familie 9) stefar 10) kone

#34 - 1) sønn 2) brud 3) mann 4) slektninger 5) far 6) stemor 7) bror 8) stebror 9) stesønn 10) søster

#35 - 1) mor 2) datter 3) sønn 4) stebror 5) bestemor 6) nevø 7) mamma 8) stefar 9) stesønn 10) slektning

#36 - 1) fetter 2) niese 3) forelder 4) far 5) stefar 6) sønn 7) stesøster 8) mann 9) stemor 10) stesønn

#37 - 1) egg 2) salat 3) smør 4) sjokoladeplate 5) brød 6) salt 7) eddik 8) sennep 9) kake 10) olivenolje

#38 - 1) grønnsakssuppe 2) smør 3) egg 4) mat 5) salat 6) sukker 7) sennep 8) iskrem 9) ost 10) brød

#39 - 1) mat 2) sukker 3) iskrem 4) egg 5) yoghurt 6) salat 7) brød 8) rundstykke 9) eddik 10) salt

#40 - 1) sjokoladeplate 2) kjeks 3) salat 4) sennep 5) mat 6) bakverk 7) grønnsakssuppe 8) brød 9) ost 10) smør

#41 - 1) brød 2) yoghurt 3) salt 4) iskrem 5) smør 6) eddik 7) sennep 8) ost 9) bakverk 10) sukker

#42 - 1) smør 2) salt 3) melk 4) iskrem 5) sennep 6) eddik 7) yoghurt 8) kjeks 9) ost 10) salat

#43 - 1) kastanje 2) fersken 3) pære 4) ananas 5) blåbær 6) plomme 7) eple 8) hasselnøtt 9) valnøtt 10) kokosnøtt

#44 - 1) mandel 2) melon 3) kirsebær 4) jordbær 5) eple 6) drue 7) pære 8) sitron 9) frukt 10) kokosnøtt

#45 - 1) kokosnøtt 2) lime 3) plomme 4) sitron 5) sviske 6) mandarin 7) kirsebær 8) banan 9) melon 10) jordbær

Scramble Solutions

#46 - 1) blåbær   2) bringebær   3) daddel   4) eple   5) pære   6) lime   7) bjørnebær   8) ananas
9) frukt   10) mandarin

#47 - 1) mandel   2) daddel   3) ananas   4) sviske   5) mandarin   6) rosiner   7) bjørnebær
8) peanøtt   9) vannmelon   10) kirsebær

#48 - 1) drue   2) frukt   3) vannmelon   4) hasselnøtt   5) melon   6) sviske   7) grapefrukt
8) valnøtt   9) fiken   10) daddel

#49 - 1) regning   2) heis   3) is   4) første etasje   5) resepsjonist   6) dørvakt   7) rekreasjon
8) stuepike   9) hotell   10) balkong

#50 - 1) klage   2) beskjed   3) utsjekking   4) stue   5) balkong   6) pris   7) rom   8) rekreasjon
9) gang   10) bestilling

#51 - 1) balkong   2) rekreasjon   3) internett   4) gang   5) resepsjonist   6) luftkondisjonering
7) spisestue   8) pris   9) garasje   10) å betale

#52 - 1) gang   2) garasje   3) heis   4) å betale   5) stue   6) lobby   7) dørvakt
8) luftkondisjonering   9) klage   10) regning

#53 - 1) utsjekking   2) gang   3) kvittering   4) bestilling   5) resepsjonen   6) pris   7) garasje
8) drosje   9) suite   10) resepsjonist

#54 - 1) stue   2) dørvakt   3) første etasje   4) lobby   5) internett   6) resepsjonist   7) bestilling
8) stuepike   9) rom   10) rekreasjon

#55 - 1) ankel   2) leppe   3) panne   4) øyenbryn   5) hud   6) øre   7) ribbein   8) arm   9) mandler
10) skulder

#56 - 1) kjeve   2) leppe   3) sene   4) ryggrad   5) tommel   6) kne   7) ankel   8) øyevipp   9) midje
10) øye

#57 - 1) blindtarm   2) hofte   3) tommel   4) vene   5) øre   6) tå   7) ryggrad   8) ansikt   9) panne
10) lår

#58 - 1) legg   2) sene   3) ansikt   4) bryst   5) hjerne   6) nakke   7) kjeve   8) nese   9) panne
10) hode

#59 - 1) lunge   2) finger   3) kjertel   4) fot   5) knoke   6) hals   7) blindtarm   8) bryst   9) kne
10) bart

#60 - 1) ben   2) brystkasse   3) øyevipp   4) fot   5) vene   6) tommel   7) føtter   8) nakke
9) panne   10) tenner

Scramble Solutions

#61 - 1) salat gaffel   2) ete   3) sulten   4) måltid   5) servitøren   6) middag   7) servitør   8) drikke
9) billig   10) bordsetting

#62 - 1) bestille   2) drikke   3) servitør   4) reservere   5) sulten   6) måltid   7) salat gaffel
8) vinkart   9) ete   10) restaurant

#63 - 1) vinkart   2) billig   3) drikkevare   4) tørst   5) bestille   6) dessert   7) servitør   8) måltid
9) middag   10) servitøren

#64 - 1) servitør   2) servitøren   3) vinkart   4) hovedrett   5) måltid   6) dessert   7) meny
8) middag   9) salatbolle   10) ete

#65 - 1) vinkart   2) lunsj   3) duk   4) ete   5) drikkevare   6) dessert   7) bestille   8) bordsetting
9) drikke   10) hovedrett

#66 - 1) dessert   2) tørst   3) servitøren   4) bordsetting   5) duk   6) ete   7) meny   8) måltid
9) servitør   10) hovedrett

#67 - 1) artisjokk   2) asparges   3) gulrot   4) fenikkel   5) gresskar   6) hvitløk   7) potet   8) pepper
9) kikerter   10) erter

#68 - 1) erter   2) brokkoli   3) reddik   4) blomkål   5) potet   6) fenikkel   7) squash   8) kikerter
9) hvitløk   10) bønner

#69 - 1) løk   2) korn   3) tomat   4) pepper   5) hvitløk   6) asparges   7) sopp   8) brokkoli
9) spinat   10) agurk

#70 - 1) artisjokk   2) fenikkel   3) aubergin   4) gulrot   5) erter   6) korn   7) selleri   8) gresskar
9) asparges   10) reddik

#71 - 1) potet   2) aubergin   3) kikerter   4) brokkoli   5) reddik   6) sylteagurk   7) selleri   8) spinat
9) persille   10) asparges

#72 - 1) bønner   2) kikerter   3) tomat   4) kål   5) aubergin   6) artisjokk   7) gresskar   8) rødbete
9) sopp   10) grønnsak

Welcome to this Word Quizzes section!

This section is divided into two parts:

Quizzes. This part contains the quizzes themselves. For each category, there are 6 quizzes, and each quiz has 24 questions. You must choose the best match for the word given.

Solutions. If you are stumped or want to see if you got the correct answers, this part contains the answers for each quiz.

Norwegian - Word Quiz - #1 - Airport
Select the closest English word to match the Norwegian word.

1) hangar
a) ticket agent
b) information
c) helicopter
d) hangar

2) hjul
a) wheel
b) to book
c) first class
d) passenger

3) sette seg ned
a) to sit down
b) gate
c) security
d) air hostess

4) sete
a) smoking
b) seat
c) round trip ticket
d) runway

5) tax-free
a) weight
b) airplane
c) pilot
d) duty-free

6) avgang
a) to fly
b) airport
c) departure
d) security

7) destinasjon
a) destination
b) airplane
c) early
d) to land

8) billett
a) copilot
b) ticket
c) wheel
d) life preserver

9) flygning
a) gate
b) flight
c) check-in
d) life preserver

10) billettinspektør
a) single ticket
b) information
c) seat
d) ticket agent

11) internasjonal
a) life preserver
b) to take off
c) international
d) toilet

12) forbindelse
a) connection
b) exit
c) round trip ticket
d) check-in

13) do
a) boarding pass
b) flight
c) duty-free
d) toilet

14) turbulens
a) single ticket
b) turbulence
c) weight
d) emergency

15) kabin
a) to book
b) pilot
c) cabin
d) non-smoking

16) oksygen
a) airplane
b) to take off
c) oxygen
d) helicopter

17) flyplass
a) airplane
b) rucksack
c) airport
d) officer

18) enkeltbillett
a) single ticket
b) seat
c) check-in
d) information

19) ankomst
a) arrival
b) to declare
c) travel agency
d) rucksack

20) øretelefoner
a) headphones
b) officer
c) security
d) to carry

21) ombordstigningskort
a) boarding pass
b) flight
c) non-smoking
d) altitude

22) koffert
a) round trip ticket
b) information
c) rucksack
d) suitcase

23) fly
a) destination
b) airplane
c) helicopter
d) boarding pass

24) økonomiklasse
a) land
b) economy class
c) arrival
d) gate

Norwegian - Word Quiz - #2 - Airport
Select the closest English word to match the Norwegian word.

1) tur-retur billett
a) land
b) round trip ticket
c) to book
d) gangway

2) å deklarere
a) flight
b) to declare
c) to land
d) to cancel

3) passasjer
a) officer
b) turbulence
c) airplane
d) passenger

4) rullebane
a) emergency
b) crew
c) runway
d) no smoking

5) billett
a) runway
b) airport
c) emergency
d) ticket

6) røykfritt
a) non-smoking
b) take off
c) to declare
d) oxygen

7) ombordstigning
a) smoking
b) to board
c) ticket agent
d) life preserver

8) redningsvest
a) window
b) direct
c) airplane
d) life preserver

9) koffert
a) to take off
b) suitcase
c) connection
d) air hostess

10) landgang
a) to fly
b) gangway
c) passport
d) cabin

11) flyvertinne
a) information
b) air hostess
c) connection
d) altitude

12) tax-free
a) to take off
b) wing
c) land
d) duty-free

13) vindu
a) international
b) travel agency
c) window
d) domestic

14) første klasse
a) first class
b) security
c) to declare
d) crew

15) ta av
a) international
b) take off
c) round trip ticket
d) security

16) metalldetektor
a) luggage
b) turbulence
c) metal detector
d) gate

17) røyking forbudt
a) travel agency
b) departure
c) land
d) no smoking

18) å bære
a) early
b) to carry
c) officer
d) late

19) offiser
a) cabin
b) officer
c) single ticket
d) hangar

20) pilot
a) oxygen
b) hangar
c) pilot
d) wheel

21) å reservere
a) passport
b) to book
c) international
d) headphones

22) do
a) passenger
b) window
c) metal detector
d) toilet

23) brett
a) runway
b) to carry
c) tray
d) altitude

24) turbulens
a) passenger
b) turbulence
c) to declare
d) metal detector

Norwegian - Word Quiz - #3 - Airport
Select the closest English word to match the Norwegian word.

1) flyplass
a) copilot
b) ticket agent
c) oxygen
d) airport

2) bagasje
a) security
b) to check bags
c) hangar
d) luggage

3) ombordstigningskort
a) boarding pass
b) crew
c) connection
d) no smoking

4) kopilot
a) copilot
b) direct
c) ticket agent
d) late

5) å deklarere
a) ticket
b) to fly
c) to declare
d) gate

6) gate
a) altitude
b) gate
c) security
d) cabin

7) billettinspektør
a) tray
b) altitude
c) take off
d) ticket agent

8) ta av
a) take off
b) luggage
c) hangar
d) wing

9) nødsituasjon
a) economy class
b) travel agency
c) check-in
d) emergency

10) kabin
a) cabin
b) domestic
c) to carry
d) hangar

11) redningsvest
a) weight
b) life preserver
c) headphones
d) passport

12) do
a) toilet
b) altitude
c) rucksack
d) duty-free

13) sete
a) passenger
b) duty-free
c) first class
d) seat

14) helikopter
a) departure
b) life preserver
c) passport
d) helicopter

15) informasjon
a) international
b) late
c) information
d) gate

16) første klasse
a) gangway
b) duty-free
c) first class
d) wheel

17) passasjer
a) altitude
b) tray
c) passenger
d) luggage

18) tur-retur billett
a) life preserver
b) round trip ticket
c) suitcase
d) boarding pass

19) oksygen
a) oxygen
b) hangar
c) round trip ticket
d) to sit down

20) sent
a) copilot
b) connection
c) international
d) late

21) ankomst
a) ticket agent
b) officer
c) connection
d) arrival

22) fly
a) rucksack
b) check-in
c) information
d) airplane

23) røyking forbudt
a) gate
b) no smoking
c) non-smoking
d) runway

24) hjul
a) arrival
b) ticket agent
c) wheel
d) round trip ticket

Norwegian - Word Quiz - #4 - Airport
Select the closest Norwegian word to match the English word.

1) headphones
a) pass
b) billett
c) rullebane
d) øretelefoner

2) flight
a) å skjekke inn bagasje
b) flygning
c) røyking
d) røykfritt

3) land
a) sent
b) lande
c) hjul
d) nødsituasjon

4) information
a) flygning
b) tidlig
c) informasjon
d) vinge

5) pilot
a) direkte
b) offiser
c) pilot
d) å avbryte

6) wheel
a) hjul
b) koffert
c) gate
d) informasjon

7) round trip ticket
a) tur-retur billett
b) pilot
c) utgang
d) å fly

8) air hostess
a) reisebyrå
b) røykfritt
c) landgang
d) flyvertinne

9) arrival
a) ankomst
b) å fly
c) oksygen
d) kopilot

10) weight
a) billettinspektør
b) å avbryte
c) røyking
d) vekt

11) late
a) forbindelse
b) enkeltbillett
c) sent
d) mannskap

12) to sit down
a) sikkerhet
b) å avbryte
c) sette seg ned
d) ryggsekk

13) to board
a) første klasse
b) utgang
c) økonomiklasse
d) ombordstigning

14) smoking
a) oksygen
b) å avbryte
c) røyking
d) å deklarere

15) early
a) tidlig
b) ombordstigning
c) fly
d) ombordstigningskort

16) to cancel
a) sikkerhet
b) koffert
c) offiser
d) å avbryte

17) suitcase
a) tidlig
b) pass
c) røyking
d) koffert

18) passenger
a) sikkerhet
b) koffert
c) passasjer
d) sete

19) to fly
a) å fly
b) fly
c) nødsituasjon
d) vinge

20) airport
a) kabin
b) økonomiklasse
c) rullebane
d) flyplass

21) non-smoking
a) røykfritt
b) gate
c) forbindelse
d) enkeltbillett

22) destination
a) å lande
b) flygning
c) destinasjon
d) pilot

23) tray
a) kopilot
b) brett
c) avgang
d) ta av

24) duty-free
a) å bære
b) tax-free
c) direkte
d) å lande

Norwegian - Word Quiz - #5 - Airport

Select the closest Norwegian word to match the English word.

1) passport
a) forbindelse
b) vinge
c) informasjon
d) pass

2) window
a) forbindelse
b) vindu
c) flyvertinne
d) flyplass

3) boarding pass
a) destinasjon
b) ombordstigningskort
c) billett
d) sikkerhet

4) weight
a) destinasjon
b) å deklarere
c) hangar
d) vekt

5) to declare
a) økonomiklasse
b) koffert
c) å skjekke inn bagasje
d) å deklarere

6) to check bags
a) sete
b) bagasje
c) å skjekke inn bagasje
d) ankomst

7) headphones
a) tur-retur billett
b) enkeltbillett
c) øretelefoner
d) å skjekke inn bagasje

8) metal detector
a) kopilot
b) lande
c) metalldetektor
d) enkeltbillett

9) airplane
a) første klasse
b) flyplass
c) å skjekke inn bagasje
d) fly

10) helicopter
a) første klasse
b) landgang
c) å bære
d) helikopter

11) hangar
a) hangar
b) hjul
c) offiser
d) å avbryte

12) direct
a) røykfritt
b) innsjekking
c) direkte
d) rullebane

13) to cancel
a) ankomst
b) billettinspektør
c) sent
d) å avbryte

14) check-in
a) innsjekking
b) landgang
c) enkeltbillett
d) do

15) connection
a) bagasje
b) å bære
c) reisebyrå
d) forbindelse

16) seat
a) sent
b) sete
c) do
d) fly

17) arrival
a) ankomst
b) kopilot
c) røyking
d) nødsituasjon

18) destination
a) ankomst
b) internasjonal
c) vinge
d) destinasjon

19) land
a) lande
b) økonomiklasse
c) å reservere
d) tax-free

20) luggage
a) turbulens
b) bagasje
c) sikkerhet
d) pilot

21) oxygen
a) sent
b) passasjer
c) oksygen
d) ankomst

22) to carry
a) røyking
b) hjul
c) å bære
d) å reservere

23) smoking
a) informasjon
b) direkte
c) å avbryte
d) røyking

24) passenger
a) billettinspektør
b) oksygen
c) nødsituasjon
d) passasjer

172

Norwegian - Word Quiz - #6 - Airport
Select the closest Norwegian word to match the English word.

1) hangar
a) billett
b) flygning
c) innenlands
d) hangar

2) runway
a) å bære
b) rullebane
c) turbulens
d) vindu

3) to carry
a) flyplass
b) pass
c) å bære
d) billettinspektør

4) no smoking
a) mannskap
b) å deklarere
c) røyking forbudt
d) kopilot

5) airport
a) do
b) turbulens
c) flyplass
d) sete

6) security
a) øretelefoner
b) sikkerhet
c) ta av
d) innenlands

7) destination
a) direkte
b) destinasjon
c) lande
d) å fly

8) emergency
a) nødsituasjon
b) billettinspektør
c) ankomst
d) helikopter

9) seat
a) sete
b) redningsvest
c) å fly
d) å skjekke inn bagasje

10) rucksack
a) destinasjon
b) ryggsekk
c) å lande
d) tur-retur billett

11) luggage
a) tur-retur billett
b) reisebyrå
c) bagasje
d) destinasjon

12) oxygen
a) flyvertinne
b) utgang
c) oksygen
d) direkte

13) ticket agent
a) mannskap
b) tax-free
c) billettinspektør
d) sete

14) to check bags
a) sete
b) metalldetektor
c) oksygen
d) å skjekke inn bagasje

15) wheel
a) hjul
b) ombordstigning
c) å reservere
d) høyde

16) connection
a) å bære
b) forbindelse
c) fly
d) røykfritt

17) crew
a) metalldetektor
b) ankomst
c) enkeltbillett
d) mannskap

18) copilot
a) kopilot
b) reisebyrå
c) tax-free
d) sikkerhet

19) gate
a) første klasse
b) røyking forbudt
c) ryggsekk
d) gate

20) life preserver
a) ta av
b) lande
c) hangar
d) redningsvest

21) boarding pass
a) røykfritt
b) tidlig
c) å avbryte
d) ombordstigningskort

22) to sit down
a) mannskap
b) innsjekking
c) innenlands
d) sette seg ned

23) pilot
a) å skjekke inn bagasje
b) høyde
c) flyvertinne
d) pilot

24) headphones
a) turbulens
b) pass
c) destinasjon
d) øretelefoner

Norwegian - Word Quiz - #7 - Animals
Select the closest English word to match the Norwegian word.

1) kamel
 a) rhinoceros
 b) camel
 c) lynx
 d) badger

2) sjiraff
 a) little dog
 b) giraffe
 c) armadillo
 d) squirrel

3) løve
 a) squirrel
 b) lion
 c) fox
 d) hippopotamus

4) alligator
 a) gazelle
 b) alligator
 c) tortoise
 d) mouse

5) slange
 a) snake
 b) cougar
 c) chipmunk
 d) alligator

6) apekatt
 a) monkey
 b) ocelot
 c) aardvark
 d) cat

7) kanin
 a) rabbit
 b) frog
 c) cougar
 d) mule

8) liten hund
 a) koala
 b) fox
 c) little dog
 d) ocelot

9) ulv
 a) dog
 b) elephant
 c) wolf
 d) ocelot

10) dyr
 a) animal
 b) bobcat
 c) tortoise
 d) beaver

11) koala
 a) koala
 b) aardvark
 c) mule
 d) wolf

12) jordekorn
 a) rhinoceros
 b) gazelle
 c) chipmunk
 d) beaver

13) geit
 a) lynx
 b) badger
 c) goat
 d) mule

14) jordsvin
 a) aardvark
 b) cat
 c) rabbit
 d) gorilla

15) gaupe
 a) elephant
 b) mule
 c) lynx
 d) zebra

16) sebra
 a) llama
 b) sheep
 c) animal
 d) zebra

17) panter
 a) frog
 b) sheep
 c) panther
 d) tortoise

18) tiger
 a) rat
 b) tiger
 c) sheep
 d) dog

19) kenguru
 a) rat
 b) armadillo
 c) little dog
 d) kangaroo

20) gepard
 a) leopard
 b) frog
 c) cheetah
 d) koala

21) bøffel
 a) alligator
 b) buffalo
 c) bear
 d) armadillo

22) landskilpadde
 a) snake
 b) aardvark
 c) zebra
 d) tortoise

23) sau
 a) bull
 b) rat
 c) sheep
 d) bear

24) panda
 a) panda
 b) cat
 c) badger
 d) sheep

Norwegian - Word Quiz - #8 - Animals
Select the closest English word to match the Norwegian word.

1) jordsvin
a) chipmunk
b) snake
c) aardvark
d) monkey

2) kamel
a) donkey
b) lynx
c) camel
d) baboon

3) hest
a) horse
b) deer
c) lamb
d) ocelot

4) krokodille
a) zebra
b) goat
c) crocodile
d) deer

5) rødgaupe
a) bobcat
b) sheep
c) snake
d) giraffe

6) hyene
a) hyena
b) badger
c) tiger
d) rabbit

7) sjiraff
a) beaver
b) rabbit
c) giraffe
d) lion

8) løve
a) lion
b) jaguar
c) pup
d) toad

9) valp
a) sheep
b) baboon
c) dog
d) pup

10) kanin
a) chipmunk
b) aardvark
c) rabbit
d) horse

11) hjort
a) panther
b) deer
c) gorilla
d) donkey

12) muldyr
a) mule
b) snake
c) alligator
d) donkey

13) hund
a) lamb
b) koala
c) wolf
d) dog

14) panter
a) toad
b) wallaby
c) cow
d) panther

15) lama
a) aardvark
b) gorilla
c) llama
d) wallaby

16) gepard
a) rat
b) cheetah
c) monkey
d) alligator

17) jordpinnsvin
a) lion
b) horse
c) porcupine
d) cougar

18) ozelot
a) ocelot
b) cow
c) buffalo
d) baboon

19) apekatt
a) wolf
b) monkey
c) cougar
d) giraffe

20) liten hund
a) little dog
b) koala
c) goat
d) fox

21) okse
a) gorilla
b) bull
c) squirrel
d) anteater

22) padde
a) baboon
b) cow
c) toad
d) little dog

23) ekorn
a) hippopotamus
b) armadillo
c) panda
d) squirrel

24) bjørn
a) crocodile
b) snake
c) little dog
d) bear

Norwegian - Word Quiz - #9 - Animals
Select the closest English word to match the Norwegian word.

1) geit
a) monkey
b) goat
c) frog
d) llama

2) rotte
a) chipmunk
b) jaguar
c) baboon
d) rat

3) sau
a) rat
b) dog
c) giraffe
d) sheep

4) jordekorn
a) sheep
b) chipmunk
c) wolf
d) cat

5) padde
a) badger
b) toad
c) tiger
d) bobcat

6) beltedyr
a) chipmunk
b) armadillo
c) deer
d) leopard

7) landskilpadde
a) tiger
b) rabbit
c) mule
d) tortoise

8) hjort
a) panda
b) ocelot
c) deer
d) mule

9) panter
a) kangaroo
b) panther
c) anteater
d) rabbit

10) rev
a) snake
b) leopard
c) hyena
d) fox

11) gepard
a) elephant
b) zebra
c) horse
d) cheetah

12) panda
a) camel
b) panda
c) cat
d) aardvark

13) hyene
a) gazelle
b) hyena
c) rhinoceros
d) giraffe

14) okse
a) bull
b) gorilla
c) tiger
d) giraffe

15) liten hund
a) rat
b) little dog
c) llama
d) rhinoceros

16) dyr
a) animal
b) llama
c) toad
d) hyena

17) ozelot
a) hippopotamus
b) cow
c) monkey
d) ocelot

18) nesehorn
a) buffalo
b) gazelle
c) pig
d) rhinoceros

19) muldyr
a) bear
b) cow
c) mule
d) monkey

20) lam
a) lynx
b) pig
c) lamb
d) fox

21) puma
a) cougar
b) zebra
c) animal
d) baboon

22) esel
a) frog
b) camel
c) toad
d) donkey

23) rødgaupe
a) bobcat
b) gazelle
c) pup
d) deer

24) leopard
a) buffalo
b) leopard
c) anteater
d) elephant

Norwegian - Word Quiz - #10 - Animals
Select the closest Norwegian word to match the English word.

1) buffalo
a) gaselle
b) landskilpadde
c) muldyr
d) bøffel

2) lion
a) løve
b) geit
c) okse
d) hund

3) dog
a) hund
b) elefant
c) gepard
d) bever

4) anteater
a) grevling
b) padde
c) maursluker
d) gris

5) panda
a) maursluker
b) hest
c) nesehorn
d) panda

6) goat
a) muldyr
b) geit
c) jordpinnsvin
d) hest

7) chipmunk
a) jordekorn
b) kamel
c) alligator
d) sau

8) animal
a) bøffel
b) koala
c) dyr
d) esel

9) toad
a) kanin
b) padde
c) leopard
d) panda

10) zebra
a) jordsvin
b) sebra
c) leopard
d) esel

11) bobcat
a) slange
b) alligator
c) rødgaupe
d) hund

12) panther
a) liten hund
b) rotte
c) panter
d) løve

13) squirrel
a) sau
b) rev
c) ekorn
d) hyene

14) mule
a) muldyr
b) kanin
c) bavian
d) kenguru

15) leopard
a) leopard
b) mus
c) sjiraff
d) jaguar

16) sheep
a) maursluker
b) panter
c) sau
d) frosk

17) bull
a) okse
b) panter
c) jaguar
d) elefant

18) jaguar
a) nesehorn
b) hest
c) tiger
d) jaguar

19) lamb
a) kenguru
b) lama
c) lam
d) ku

20) armadillo
a) beltedyr
b) sau
c) hund
d) krokodille

21) llama
a) lama
b) ulv
c) apekatt
d) valp

22) badger
a) koala
b) grevling
c) alligator
d) sjiraff

23) elephant
a) apekatt
b) elefant
c) panda
d) ulv

24) koala
a) koala
b) hest
c) bever
d) gris

Norwegian - Word Quiz - #11 - Animals
Select the closest Norwegian word to match the English word.

1) bear
a) elefant
b) lam
c) bjørn
d) hund

2) snake
a) sau
b) padde
c) puma
d) slange

3) hippopotamus
a) flodhest
b) tiger
c) ku
d) jordsvin

4) gazelle
a) panter
b) gris
c) gaselle
d) dyr

5) wolf
a) hyene
b) ulv
c) esel
d) løve

6) alligator
a) kenguru
b) alligator
c) bavian
d) sebra

7) dog
a) katt
b) hund
c) ekorn
d) grevling

8) buffalo
a) frosk
b) flodhest
c) bøffel
d) ozelot

9) bobcat
a) ulv
b) rødgaupe
c) sau
d) lama

10) lynx
a) bøffel
b) sjiraff
c) gaselle
d) gaupe

11) fox
a) okse
b) bever
c) maursluker
d) rev

12) lamb
a) ekorn
b) kamel
c) sau
d) lam

13) rabbit
a) ozelot
b) ulv
c) kanin
d) mus

14) gorilla
a) gorilla
b) apekatt
c) leopard
d) gepard

15) crocodile
a) krokodille
b) kamel
c) gris
d) liten hund

16) camel
a) hyene
b) dyr
c) kamel
d) ekorn

17) panther
a) gorilla
b) panter
c) lam
d) grevling

18) cougar
a) puma
b) gorilla
c) katt
d) ulv

19) wallaby
a) liten hund
b) sebra
c) rotte
d) wallaby

20) badger
a) gorilla
b) grevling
c) gaupe
d) slange

21) koala
a) grevling
b) beltedyr
c) gaupe
d) koala

22) sheep
a) nesehorn
b) muldyr
c) sau
d) grevling

23) porcupine
a) leopard
b) geit
c) apekatt
d) jordpinnsvin

24) chipmunk
a) jordekorn
b) rødgaupe
c) panda
d) esel

Norwegian - Word Quiz - #12 - Animals
Select the closest Norwegian word to match the English word.

1) panther
a) rev
b) gorilla
c) panter
d) leopard

2) cow
a) ku
b) katt
c) hyene
d) bjørn

3) cheetah
a) bavian
b) mus
c) gepard
d) gaupe

4) lion
a) panter
b) jordpinnsvin
c) elefant
d) løve

5) fox
a) hyene
b) bøffel
c) rev
d) tiger

6) wallaby
a) katt
b) jordsvin
c) rotte
d) wallaby

7) camel
a) kamel
b) apekatt
c) jordpinnsvin
d) ozelot

8) monkey
a) tiger
b) elefant
c) esel
d) apekatt

9) zebra
a) sebra
b) bøffel
c) bavian
d) jordekorn

10) hippopotamus
a) flodhest
b) nesehorn
c) muldyr
d) hjort

11) gazelle
a) gaselle
b) bjørn
c) rødgaupe
d) rotte

12) pig
a) gris
b) kamel
c) valp
d) mus

13) leopard
a) løve
b) bøffel
c) leopard
d) hest

14) little dog
a) jordpinnsvin
b) bavian
c) liten hund
d) sebra

15) deer
a) hjort
b) bøffel
c) valp
d) rev

16) chipmunk
a) muldyr
b) okse
c) jordekorn
d) slange

17) lamb
a) lam
b) gepard
c) rotte
d) nesehorn

18) dog
a) hund
b) tiger
c) ulv
d) muldyr

19) badger
a) nesehorn
b) apekatt
c) grevling
d) katt

20) frog
a) frosk
b) nesehorn
c) jordpinnsvin
d) kanin

21) panda
a) gaselle
b) sebra
c) beltedyr
d) panda

22) jaguar
a) okse
b) jaguar
c) bøffel
d) løve

23) hyena
a) sebra
b) hyene
c) grevling
d) lam

24) bobcat
a) grevling
b) mus
c) hund
d) rødgaupe

Norwegian - Word Quiz - #13 - Around the House
Select the closest English word to match the Norwegian word.

1) kjøkkenvask
a) kitchen sink
b) telephone
c) wardrobe
d) vase

2) vaskemaskin
a) rubbish bag
b) washing machine
c) ceiling
d) wardrobe

3) drikkeglass
a) toaster
b) telephone
c) drinking glass
d) switch

4) flaske
a) handbag
b) knife
c) bottle
d) sheet

5) kran
a) mixer
b) tap
c) lamp
d) plate

6) skuff
a) ceiling
b) bottle
c) pail
d) drawer

7) oppvaskmaskin
a) dishwasher
b) pillow
c) drawer
d) dish

8) søppelsekk
a) handbag
b) hoover
c) fork
d) rubbish bag

9) komfyr
a) stove
b) torch
c) bed
d) floor

10) Vekkerklokke
a) pail
b) alarm clock
c) blender
d) dishwasher

11) stol
a) soap
b) kettle
c) bowl
d) chair

12) vegg
a) pillow
b) box
c) wall
d) hoover

13) pute
a) pillow
b) frying pan
c) spoon
d) chair

14) hus
a) house
b) pillow
c) ceiling
d) bed

15) tak
a) refrigerator
b) ceiling
c) spoon
d) furniture

16) lommebok
a) lamp
b) wallet
c) clock
d) pail

17) trapp
a) key
b) coffee pot
c) kitchen
d) staircase

18) garderobeskap
a) cabinet
b) cup
c) wardrobe
d) dresser

19) mikser
a) ceiling
b) cot
c) blender
d) mixer

20) vase
a) spoon
b) vase
c) knife
d) chair

21) gaffel
a) shower curtain
b) fork
c) mixer
d) stove

22) spann
a) painting
b) table
c) knife
d) pail

23) Skap
a) cabinet
b) door
c) drawer
d) couch

24) seng
a) glass
b) broom
c) bed
d) television

Norwegian - Word Quiz - #14 - Around the House
Select the closest English word to match the Norwegian word.

1) gaffel
a) coffee pot
b) fork
c) refrigerator
d) plate

2) kjøleskap
a) refrigerator
b) shower curtain
c) knife
d) shower

3) radio
a) napkin
b) radio
c) drinking glass
d) fork

4) kommode
a) plate
b) cup
c) curtain
d) dresser

5) skje
a) pail
b) spoon
c) switch
d) kitchen sink

6) vaskemaskin
a) cabinet
b) washing machine
c) telephone
d) wallet

7) glass
a) curtain
b) cot
c) pail
d) glass

8) pute
a) image
b) frying pan
c) pillow
d) glass

9) kniv
a) knife
b) curtain
c) ceiling
d) kitchen

10) stol
a) kettle
b) pail
c) dresser
d) chair

11) laken
a) sheet
b) shower curtain
c) frying pan
d) broom

12) badekar
a) couch
b) vase
c) rubbish can
d) bath (tub)

13) bilde
a) drinking glass
b) image
c) telephone
d) clock

14) seng
a) sheet
b) ceiling
c) curtain
d) bed

15) trapp
a) staircase
b) dishwasher
c) shelf
d) house

16) søppelbøtte
a) rubbish can
b) house
c) kettle
d) cabinet

17) gardin
a) kitchen sink
b) drawer
c) curtain
d) broom

18) boks
a) cup
b) box
c) kettle
d) bag

19) kjøkken
a) kitchen
b) table
c) fork
d) television

20) møbler
a) television
b) mixer
c) furniture
d) floor

21) teppe
a) clock
b) vase
c) carpet
d) bookcase

22) håndveske
a) knife
b) clock
c) pot
d) handbag

23) kran
a) knife
b) sheet
c) tap
d) coffee pot

24) oppvaskmaskin
a) dishwasher
b) fork
c) washing machine
d) bottle

Norwegian - Word Quiz - #15 - Around the House
Select the closest English word to match the Norwegian word.

1) såpe
 a) soap
 b) kitchen
 c) kitchen sink
 d) painting

2) maleri
 a) staircase
 b) painting
 c) washing machine
 d) wallet

3) tak
 a) cup
 b) television
 c) bottle
 d) ceiling

4) vegg
 a) cot
 b) image
 c) wall
 d) drinking glass

5) køye
 a) cot
 b) chair
 c) staircase
 d) napkin

6) vaskemaskin
 a) key
 b) coffee pot
 c) washing machine
 d) drinking glass

7) vase
 a) bag
 b) shelf
 c) torch
 d) vase

8) nøkkel
 a) kettle
 b) kitchen sink
 c) table
 d) key

9) Skap
 a) plate
 b) cabinet
 c) blender
 d) wall

10) støvsuger
 a) clock
 b) hoover
 c) shower curtain
 d) door

11) teppe
 a) torch
 b) cot
 c) switch
 d) carpet

12) bord
 a) house
 b) table
 c) television
 d) radio

13) dusjforheng
 a) shower curtain
 b) stove
 c) toaster
 d) rubbish bag

14) radio
 a) floor
 b) freezer
 c) radio
 d) handbag

15) gardin
 a) table
 b) curtain
 c) chair
 d) cup

16) trapp
 a) drier
 b) staircase
 c) refrigerator
 d) wardrobe

17) drikkeglass
 a) wallet
 b) drinking glass
 c) wardrobe
 d) bookcase

18) brødrister
 a) radio
 b) shower curtain
 c) toaster
 d) drawer

19) lommelykt
 a) shower curtain
 b) torch
 c) wall
 d) frying pan

20) telefon
 a) wallet
 b) shower
 c) kitchen sink
 d) telephone

21) veske
 a) door
 b) stove
 c) bag
 d) shower

22) miksmaster
 a) radio
 b) alarm clock
 c) napkin
 d) blender

23) laken
 a) toaster
 b) sheet
 c) drinking glass
 d) wallet

24) mikser
 a) drinking glass
 b) kettle
 c) bowl
 d) mixer

Norwegian - Word Quiz - #16 - Around the House
Select the closest Norwegian word to match the English word.

1) kitchen
a) bryter
b) støvsuger
c) bokhylle
d) kjøkken

2) refrigerator
a) boks
b) kjøleskap
c) nøkkel
d) veske

3) sleeping bag
a) sovepose
b) Skap
c) vegg
d) kjøleskap

4) shelf
a) søppelbøtte
b) stol
c) hylle
d) Vekkerklokke

5) dishwasher
a) bokhylle
b) vase
c) kran
d) oppvaskmaskin

6) stove
a) komfyr
b) Vekkerklokke
c) miksmaster
d) laken

7) pot
a) kasserolle
b) sovepose
c) tørketrommel
d) maleri

8) mirror
a) speil
b) teppe
c) kran
d) kaffekanne

9) hoover
a) støvsuger
b) serviett
c) dusj
d) brødrister

10) spoon
a) møbler
b) kommode
c) vaskemaskin
d) skje

11) ceiling
a) tørketrommel
b) tak
c) oppvaskmaskin
d) vase

12) freezer
a) glass
b) mikser
c) fryser
d) søppelbøtte

13) clock
a) veske
b) dusj
c) kost
d) klokke

14) bag
a) skuff
b) såpe
c) veske
d) klokke

15) soap
a) søppelbøtte
b) søppelsekk
c) tørketrommel
d) såpe

16) toaster
a) brødrister
b) kjøkkenvask
c) stekepanne
d) pute

17) bath (tub)
a) badekar
b) skuff
c) søppelsekk
d) flaske

18) key
a) møbler
b) nøkkel
c) pute
d) TV

19) dresser
a) skje
b) kommode
c) skuff
d) maleri

20) lamp
a) lampe
b) trapp
c) dusj
d) bord

21) door
a) kopp
b) spann
c) bryter
d) dør

22) vase
a) gardin
b) TV
c) vase
d) boks

23) mixer
a) hylle
b) mikser
c) dør
d) fat

24) bowl
a) teppe
b) lampe
c) bolle
d) kniv

Norwegian - Word Quiz - #17 - Around the House
Select the closest Norwegian word to match the English word.

1) dish
a) fat
b) speil
c) veske
d) stol

2) ceiling
a) dør
b) pute
c) teppe
d) tak

3) napkin
a) tak
b) seng
c) tørketrommel
d) serviett

4) blender
a) miksmaster
b) møbler
c) tørketrommel
d) kran

5) plate
a) boks
b) telefon
c) tallerken
d) flaske

6) drier
a) miksmaster
b) hylle
c) kost
d) tørketrommel

7) floor
a) sofa
b) flaske
c) etasje
d) møbler

8) torch
a) kost
b) søppelsekk
c) dusj
d) lommelykt

9) ashtray
a) drikkeglass
b) kost
c) askebeger
d) bilde

10) rubbish can
a) brødrister
b) vaskemaskin
c) søppelbøtte
d) Vekkerklokke

11) sleeping bag
a) sovepose
b) vann
c) dusjforheng
d) gardin

12) mirror
a) speil
b) etasje
c) lommebok
d) lommelykt

13) carpet
a) teppe
b) Vekkerklokke
c) dør
d) kaffekanne

14) tap
a) kopp
b) tallerken
c) kran
d) speil

15) kettle
a) vannkjele
b) seng
c) mikser
d) tak

16) hoover
a) maleri
b) støvsuger
c) kniv
d) såpe

17) curtain
a) speil
b) kaffekanne
c) vannkjele
d) gardin

18) pot
a) kasserolle
b) kran
c) bryter
d) mikser

19) alarm clock
a) vegg
b) sovepose
c) Vekkerklokke
d) kopp

20) cup
a) askebeger
b) dusj
c) kopp
d) mikser

21) couch
a) såpe
b) lampe
c) sofa
d) hylle

22) key
a) bilde
b) nøkkel
c) lommelykt
d) hylle

23) radio
a) lommelykt
b) fat
c) radio
d) boks

24) television
a) bilde
b) stekepanne
c) hus
d) TV

Norwegian - Word Quiz - #18 - Around the House
Select the closest Norwegian word to match the English word.

1) kitchen sink
a) kjøkkenvask
b) askebeger
c) kran
d) tallerken

2) rubbish can
a) spann
b) telefon
c) kost
d) søppelbøtte

3) freezer
a) skuff
b) garderobeskap
c) kjøleskap
d) fryser

4) fork
a) tørketrommel
b) etasje
c) vegg
d) gaffel

5) curtain
a) gardin
b) kjøkken
c) nøkkel
d) kopp

6) torch
a) kopp
b) gardin
c) lommelykt
d) kjøkkenvask

7) image
a) flaske
b) såpe
c) tallerken
d) bilde

8) radio
a) radio
b) vann
c) fat
d) oppvaskmaskin

9) cup
a) lampe
b) badekar
c) kopp
d) stekepanne

10) stove
a) stekepanne
b) komfyr
c) gaffel
d) etasje

11) television
a) pute
b) miksmaster
c) fryser
d) TV

12) glass
a) dør
b) skuff
c) glass
d) miksmaster

13) broom
a) seng
b) håndveske
c) kost
d) garderobeskap

14) drinking glass
a) speil
b) etasje
c) stekepanne
d) drikkeglass

15) clock
a) brødrister
b) Skap
c) klokke
d) kasserolle

16) chair
a) stol
b) kost
c) håndveske
d) tallerken

17) alarm clock
a) skje
b) Vekkerklokke
c) tørketrommel
d) kjøkkenvask

18) bowl
a) teppe
b) stekepanne
c) bolle
d) miksmaster

19) hoover
a) håndveske
b) spann
c) vann
d) støvsuger

20) bookcase
a) Vekkerklokke
b) bokhylle
c) lampe
d) kommode

21) bag
a) veske
b) glass
c) støvsuger
d) køye

22) dishwasher
a) skje
b) støvsuger
c) speil
d) oppvaskmaskin

23) kitchen
a) teppe
b) veske
c) kjøkken
d) kran

24) vase
a) flaske
b) vase
c) kaffekanne
d) brødrister

Norwegian - Word Quiz - #19 - Birds
Select the closest English word to match the Norwegian word.

1) svane
   a) swan
   b) turkey
   c) pelican
   d) vulture

2) fasan
   a) vulture
   b) pheasant
   c) eagle
   d) sparrow

3) kråke
   a) hen
   b) dove
   c) crow
   d) eagle

4) and
   a) flamingo
   b) swan
   c) duck
   d) hen

5) gås
   a) goose
   b) swan
   c) eagle
   d) sparrow

6) nattergal
   a) swan
   b) parrot
   c) nightingale
   d) pelican

7) due
   a) pheasant
   b) nightingale
   c) sparrow
   d) dove

8) flamingo
   a) owl
   b) flamingo
   c) crow
   d) seagull

9) fugl
   a) pelican
   b) flamingo
   c) owl
   d) bird

10) stork
   a) stork
   b) pelican
   c) ostrich
   d) dove

11) ørn
   a) owl
   b) dove
   c) eagle
   d) nightingale

12) hegre
   a) heron
   b) ostrich
   c) rooster
   d) pheasant

13) kalkun
   a) turkey
   b) flamingo
   c) pheasant
   d) heron

14) papegøye
   a) parrot
   b) heron
   c) rooster
   d) ostrich

15) høne
   a) parrot
   b) sparrow
   c) hen
   d) turkey

16) spurv
   a) rooster
   b) duck
   c) heron
   d) sparrow

17) måke
   a) seagull
   b) duck
   c) pheasant
   d) goose

18) hane
   a) hawk
   b) rooster
   c) owl
   d) turkey

19) gribb
   a) ostrich
   b) vulture
   c) eagle
   d) nightingale

20) hauk
   a) dove
   b) parrot
   c) hawk
   d) heron

21) pelikan
   a) hen
   b) heron
   c) pelican
   d) hawk

22) struts
   a) pheasant
   b) rooster
   c) nightingale
   d) ostrich

23) ugle
   a) owl
   b) ostrich
   c) hawk
   d) duck

24) gås
   a) bird
   b) owl
   c) swan
   d) goose

Norwegian - Word Quiz - #20 - Birds
Select the closest English word to match the Norwegian word.

1) nattergal
a) hen
b) nightingale
c) rooster
d) sparrow

2) måke
a) hen
b) seagull
c) ostrich
d) hawk

3) fugl
a) crow
b) bird
c) owl
d) hen

4) svane
a) hen
b) swan
c) bird
d) owl

5) ugle
a) vulture
b) owl
c) ostrich
d) rooster

6) struts
a) nightingale
b) ostrich
c) rooster
d) eagle

7) høne
a) hen
b) seagull
c) flamingo
d) heron

8) kalkun
a) ostrich
b) eagle
c) turkey
d) pelican

9) gribb
a) hawk
b) crow
c) vulture
d) sparrow

10) stork
a) stork
b) eagle
c) swan
d) pelican

11) pelikan
a) crow
b) heron
c) flamingo
d) pelican

12) due
a) dove
b) rooster
c) eagle
d) stork

13) flamingo
a) hen
b) flamingo
c) pelican
d) goose

14) hane
a) rooster
b) bird
c) crow
d) dove

15) spurv
a) goose
b) duck
c) seagull
d) sparrow

16) ørn
a) eagle
b) stork
c) dove
d) pheasant

17) papegøye
a) heron
b) hen
c) parrot
d) sparrow

18) kråke
a) hawk
b) swan
c) crow
d) heron

19) hauk
a) hawk
b) owl
c) goose
d) stork

20) hegre
a) swan
b) parrot
c) turkey
d) heron

21) gås
a) goose
b) hen
c) nightingale
d) hawk

22) and
a) dove
b) duck
c) swan
d) sparrow

23) fasan
a) hen
b) stork
c) duck
d) pheasant

24) struts
a) hen
b) turkey
c) ostrich
d) pelican

Norwegian - Word Quiz - #21 - Birds
Select the closest English word to match the Norwegian word.

1) fasan
a) eagle
b) pheasant
c) heron
d) crow

2) måke
a) pheasant
b) seagull
c) heron
d) dove

3) due
a) owl
b) goose
c) dove
d) hen

4) høne
a) goose
b) hen
c) vulture
d) eagle

5) kalkun
a) crow
b) flamingo
c) goose
d) turkey

6) pelikan
a) heron
b) pelican
c) owl
d) nightingale

7) papegøye
a) parrot
b) seagull
c) nightingale
d) pelican

8) hauk
a) hawk
b) parrot
c) pelican
d) owl

9) struts
a) ostrich
b) goose
c) stork
d) vulture

10) ørn
a) bird
b) vulture
c) owl
d) eagle

11) hegre
a) bird
b) pelican
c) heron
d) swan

12) and
a) swan
b) pelican
c) nightingale
d) duck

13) hane
a) rooster
b) hawk
c) stork
d) parrot

14) nattergal
a) nightingale
b) turkey
c) swan
d) heron

15) kråke
a) seagull
b) crow
c) owl
d) bird

16) flamingo
a) goose
b) owl
c) rooster
d) flamingo

17) stork
a) hawk
b) stork
c) turkey
d) goose

18) svane
a) owl
b) swan
c) goose
d) seagull

19) ugle
a) owl
b) duck
c) goose
d) turkey

20) gribb
a) goose
b) stork
c) duck
d) vulture

21) gås
a) goose
b) crow
c) nightingale
d) ostrich

22) fugl
a) bird
b) flamingo
c) ostrich
d) stork

23) spurv
a) pheasant
b) parrot
c) sparrow
d) stork

24) høne
a) pheasant
b) hen
c) ostrich
d) seagull

Norwegian - Word Quiz - #22 - Birds
Select the closest Norwegian word to match the English word.

1) goose
a) stork
b) ørn
c) gås
d) svane

2) nightingale
a) fasan
b) nattergal
c) struts
d) kalkun

3) hawk
a) spurv
b) måke
c) hauk
d) nattergal

4) flamingo
a) gås
b) flamingo
c) due
d) gribb

5) turkey
a) måke
b) høne
c) kalkun
d) stork

6) dove
a) due
b) ugle
c) hegre
d) fasan

7) owl
a) fugl
b) ugle
c) pelikan
d) kalkun

8) hen
a) due
b) kråke
c) høne
d) and

9) rooster
a) flamingo
b) hane
c) spurv
d) pelikan

10) crow
a) fugl
b) nattergal
c) kråke
d) flamingo

11) sparrow
a) kråke
b) due
c) stork
d) spurv

12) heron
a) nattergal
b) hegre
c) gås
d) ugle

13) ostrich
a) kalkun
b) kråke
c) hane
d) struts

14) stork
a) spurv
b) måke
c) stork
d) kalkun

15) seagull
a) flamingo
b) gås
c) høne
d) måke

16) pheasant
a) fasan
b) ugle
c) høne
d) måke

17) duck
a) and
b) ørn
c) gås
d) kalkun

18) parrot
a) kråke
b) papegøye
c) svane
d) fasan

19) swan
a) svane
b) hauk
c) fasan
d) spurv

20) bird
a) svane
b) fugl
c) stork
d) gribb

21) eagle
a) stork
b) hauk
c) ørn
d) hane

22) pelican
a) svane
b) due
c) gås
d) pelikan

23) vulture
a) svane
b) gribb
c) fasan
d) gås

24) seagull
a) hegre
b) fasan
c) ørn
d) måke

Norwegian - Word Quiz - #23 - Birds
Select the closest Norwegian word to match the English word.

1) pheasant
a) måke
b) fugl
c) pelikan
d) fasan

2) owl
a) flamingo
b) ugle
c) måke
d) høne

3) duck
a) and
b) ørn
c) fasan
d) hegre

4) flamingo
a) flamingo
b) spurv
c) svane
d) papegøye

5) ostrich
a) pelikan
b) struts
c) hane
d) høne

6) heron
a) hegre
b) gribb
c) flamingo
d) hane

7) eagle
a) kalkun
b) fugl
c) ørn
d) and

8) swan
a) fasan
b) svane
c) stork
d) ugle

9) rooster
a) pelikan
b) gås
c) due
d) hane

10) seagull
a) spurv
b) måke
c) stork
d) gås

11) turkey
a) måke
b) kalkun
c) kråke
d) fasan

12) sparrow
a) due
b) spurv
c) gås
d) ørn

13) pelican
a) pelikan
b) papegøye
c) hane
d) due

14) stork
a) due
b) stork
c) svane
d) flamingo

15) nightingale
a) hegre
b) nattergal
c) spurv
d) and

16) parrot
a) fasan
b) hane
c) kråke
d) papegøye

17) hawk
a) hauk
b) gribb
c) høne
d) and

18) hen
a) fasan
b) høne
c) due
d) fugl

19) crow
a) fasan
b) nattergal
c) kråke
d) flamingo

20) dove
a) due
b) pelikan
c) papegøye
d) and

21) bird
a) måke
b) and
c) fugl
d) ugle

22) goose
a) ørn
b) gribb
c) spurv
d) gås

23) vulture
a) gås
b) måke
c) hane
d) gribb

24) dove
a) papegøye
b) gås
c) due
d) hane

Norwegian - Word Quiz - #24 - Birds
Select the closest Norwegian word to match the English word.

1) parrot
a) papegøye
b) kalkun
c) hegre
d) ørn

2) heron
a) hegre
b) pelikan
c) hane
d) gås

3) owl
a) ugle
b) kråke
c) hane
d) høne

4) crow
a) kråke
b) kalkun
c) fasan
d) hauk

5) dove
a) ørn
b) måke
c) due
d) svane

6) pheasant
a) gås
b) pelikan
c) høne
d) fasan

7) nightingale
a) høne
b) nattergal
c) ugle
d) gås

8) flamingo
a) flamingo
b) papegøye
c) stork
d) struts

9) vulture
a) ugle
b) papegøye
c) gribb
d) nattergal

10) turkey
a) fugl
b) kalkun
c) gås
d) fasan

11) rooster
a) hane
b) hauk
c) kråke
d) fugl

12) sparrow
a) spurv
b) due
c) gås
d) ugle

13) goose
a) gås
b) fasan
c) stork
d) hegre

14) eagle
a) ørn
b) fasan
c) stork
d) ugle

15) hen
a) flamingo
b) høne
c) kråke
d) due

16) hawk
a) hegre
b) hauk
c) kråke
d) nattergal

17) swan
a) ørn
b) svane
c) struts
d) fasan

18) bird
a) fugl
b) pelikan
c) papegøye
d) nattergal

19) stork
a) struts
b) stork
c) gribb
d) hane

20) pelican
a) pelikan
b) ugle
c) papegøye
d) høne

21) seagull
a) struts
b) ugle
c) svane
d) måke

22) ostrich
a) struts
b) hane
c) gribb
d) måke

23) duck
a) måke
b) kråke
c) stork
d) and

24) vulture
a) svane
b) gribb
c) hauk
d) flamingo

Norwegian - Word Quiz - #25 - Clothing
Select the closest English word to match the Norwegian word.

1) bluse
a) overalls
b) dressing gown
c) pyjamas
d) blouse

2) lue
a) cap
b) overcoat
c) skirt
d) cardigan

3) sløyfe
a) bow tie
b) briefs
c) gloves
d) overalls

4) frakk
a) coat
b) shirt
c) tights
d) stockings

5) strømper
a) size
b) stockings
c) handkerchief
d) glove

6) belte
a) blouse
b) belt
c) overcoat
d) pyjamas

7) regnjakke
a) knickers
b) mackintosh
c) braces/suspenders
d) bikini

8) cardigan
a) jeans
b) briefs
c) bow tie
d) cardigan

9) klær
a) clothes
b) cardigan
c) shirt
d) overcoat

10) tøfler
a) dress
b) coat
c) slippers
d) pyjamas

11) skjerf
a) overcoat
b) knickers
c) overalls
d) scarf

12) t-skjorte
a) corset
b) knickers
c) slippers
d) T-shirt

13) frakk
a) overcoat
b) cardigan
c) corset
d) mackintosh

14) dress
a) suit
b) size
c) tights
d) blouse

15) hofteholder
a) scarf
b) waistcoat
c) corset
d) jumper

16) fjellstøvler
a) blouse
b) hiking boots
c) jumpsuit
d) glove

17) badedrakt
a) bow tie
b) bathing suit
c) gloves
d) umbrella

18) bikini
a) trousers
b) bikini
c) skirt
d) cap

19) hanske
a) scarf
b) T-shirt
c) glove
d) dress

20) skjorte
a) mackintosh
b) scarf
c) handkerchief
d) shirt

21) sokker
a) bra
b) trousers
c) handkerchief
d) socks

22) glidelås
a) coat
b) blouse
c) zip
d) size

23) collegegenser
a) bathing suit
b) pyjamas
c) sweatshirt
d) umbrella

24) vest
a) suit
b) waistcoat
c) size
d) dressing gown

Norwegian - Word Quiz - #26 - Clothing
Select the closest English word to match the Norwegian word.

1) strømper
a) overalls
b) running shoes
c) dressing gown
d) stockings

2) bikini
a) briefs
b) scarf
c) belt
d) bikini

3) truse
a) slippers
b) jacket
c) knickers
d) shirt

4) joggesko
a) waistcoat
b) stockings
c) running shoes
d) T-shirt

5) skjørt
a) coat
b) overalls
c) trousers
d) skirt

6) bukseseler
a) braces/suspenders
b) bikini
c) knickers
d) running shoes

7) lue
a) cap
b) jumpsuit
c) jeans
d) cardigan

8) skjorte
a) mackintosh
b) shirt
c) overcoat
d) handkerchief

9) jakke
a) gloves
b) coat
c) jacket
d) jeans

10) t-skjorte
a) anorak
b) T-shirt
c) suit
d) jumper

11) hofteholder
a) corset
b) knickers
c) size
d) zip

12) kjole
a) jumper
b) dress
c) suit
d) clothes

13) hanske
a) glove
b) corset
c) handkerchief
d) jacket

14) lommetørkle
a) necktie
b) handkerchief
c) dress
d) slippers

15) dongeribukse
a) jacket
b) jeans
c) jumpsuit
d) scarf

16) glidelås
a) zip
b) glove
c) gloves
d) anorak

17) snekkerbukse
a) overalls
b) belt
c) jumpsuit
d) hiking boots

18) collegegenser
a) shirt
b) skirt
c) sweatshirt
d) jeans

19) strømpebukse
a) running shoes
b) tights
c) briefs
d) slippers

20) cardigan
a) coat
b) cardigan
c) stockings
d) slippers

21) badedrakt
a) bathing suit
b) running shoes
c) necktie
d) cardigan

22) vest
a) waistcoat
b) gloves
c) zip
d) overalls

23) pyjamas
a) dress
b) suit
c) pyjamas
d) sandals

24) skjerf
a) scarf
b) overalls
c) sandals
d) glove

Norwegian - Word Quiz - #27 - Clothing
Select the closest English word to match the Norwegian word.

1) jakke
a) skirt
b) jacket
c) sandals
d) bikini

2) strømpebukse
a) tights
b) bra
c) bathing suit
d) overalls

3) hansker
a) slippers
b) jumpsuit
c) bathing suit
d) gloves

4) slips
a) corset
b) stockings
c) jumper
d) necktie

5) kjole
a) sweatshirt
b) skirt
c) dress
d) socks

6) skjorte
a) clothes
b) glove
c) shirt
d) pyjamas

7) lommetørkle
a) bra
b) skirt
c) handkerchief
d) stockings

8) bukseseler
a) overalls
b) bra
c) braces/suspenders
d) waistcoat

9) dress
a) corset
b) waistcoat
c) knickers
d) suit

10) belte
a) glove
b) belt
c) socks
d) size

11) skjørt
a) skirt
b) bra
c) anorak
d) shirt

12) hanske
a) glove
b) overalls
c) briefs
d) dress

13) sokker
a) socks
b) dressing gown
c) cardigan
d) stockings

14) dongeribukse
a) overalls
b) zip
c) jeans
d) handkerchief

15) t-skjorte
a) dress
b) cap
c) running shoes
d) T-shirt

16) joggesko
a) coat
b) skirt
c) size
d) running shoes

17) frakk
a) glove
b) necktie
c) overcoat
d) jumper

18) badedrakt
a) gloves
b) jumpsuit
c) bathing suit
d) cap

19) slåbrok
a) necktie
b) trousers
c) dressing gown
d) hiking boots

20) glidelås
a) stockings
b) zip
c) hiking boots
d) jumper

21) genser
a) sweatshirt
b) scarf
c) briefs
d) jumper

22) tøfler
a) bathing suit
b) waistcoat
c) mackintosh
d) slippers

23) bikini
a) sandals
b) skirt
c) bikini
d) blouse

24) underbukse
a) necktie
b) briefs
c) socks
d) skirt

Norwegian - Word Quiz - #28 - Clothing
Select the closest Norwegian word to match the English word.

1) jumpsuit
a) collegegenser
b) tøfler
c) jumpsuit
d) jakke

2) bathing suit
a) bluse
b) tøfler
c) skjørt
d) badedrakt

3) slippers
a) tøfler
b) skjorte
c) skjerf
d) belte

4) scarf
a) strømper
b) joggesko
c) skjerf
d) paraply

5) cardigan
a) anorakk
b) snekkerbukse
c) sløyfe
d) cardigan

6) necktie
a) sokker
b) slips
c) jakke
d) strømper

7) handkerchief
a) lommetørkle
b) belte
c) bukseseler
d) joggesko

8) clothes
a) sandaler
b) skjørt
c) hansker
d) klær

9) knickers
a) anorakk
b) truse
c) kjole
d) badedrakt

10) sweatshirt
a) t-skjorte
b) jumpsuit
c) collegegenser
d) skjørt

11) bra
a) paraply
b) bikini
c) BH
d) lommetørkle

12) socks
a) pyjamas
b) frakk
c) sokker
d) slåbrok

13) glove
a) joggesko
b) pyjamas
c) truse
d) hanske

14) bikini
a) sandaler
b) bukseseler
c) bikini
d) skjerf

15) waistcoat
a) bukseseler
b) vest
c) frakk
d) skjerf

16) running shoes
a) joggesko
b) hansker
c) hofteholder
d) cardigan

17) stockings
a) strømper
b) truse
c) snekkerbukse
d) jakke

18) anorak
a) glidelås
b) størrelse
c) anorakk
d) fjellstøvler

19) gloves
a) skjerf
b) hansker
c) frakk
d) hanske

20) size
a) glidelås
b) belte
c) regnjakke
d) størrelse

21) overcoat
a) frakk
b) belte
c) dongeribukse
d) glidelås

22) blouse
a) bukse
b) underbukse
c) paraply
d) bluse

23) trousers
a) fjellstøvler
b) kjole
c) collegegenser
d) bukse

24) zip
a) joggesko
b) dongeribukse
c) sløyfe
d) glidelås

Norwegian - Word Quiz - #29 - Clothing
Select the closest Norwegian word to match the English word.

1) zip
a) kjole
b) glidelås
c) klær
d) collegegenser

2) clothes
a) tøfler
b) vest
c) klær
d) hofteholder

3) hiking boots
a) vest
b) hansker
c) tøfler
d) fjellstøvler

4) suit
a) glidelås
b) dress
c) frakk
d) skjerf

5) socks
a) anorakk
b) hofteholder
c) glidelås
d) sokker

6) necktie
a) fjellstøvler
b) joggesko
c) hofteholder
d) slips

7) trousers
a) bukse
b) truse
c) glidelås
d) hanske

8) waistcoat
a) vest
b) tøfler
c) skjorte
d) badedrakt

9) tights
a) slips
b) belte
c) strømpebukse
d) størrelse

10) scarf
a) frakk
b) sokker
c) kjole
d) skjerf

11) skirt
a) hansker
b) bluse
c) skjørt
d) genser

12) jumpsuit
a) jumpsuit
b) dongeribukse
c) BH
d) pyjamas

13) gloves
a) tøfler
b) sokker
c) badedrakt
d) hansker

14) coat
a) skjorte
b) frakk
c) sokker
d) hofteholder

15) blouse
a) bukse
b) slåbrok
c) bikini
d) bluse

16) jeans
a) hofteholder
b) dongeribukse
c) truse
d) skjorte

17) T-shirt
a) skjorte
b) badedrakt
c) t-skjorte
d) frakk

18) dressing gown
a) dress
b) slåbrok
c) lommetørkle
d) størrelse

19) stockings
a) strømper
b) bikini
c) bukseseler
d) vest

20) cardigan
a) cardigan
b) lommetørkle
c) slåbrok
d) anorakk

21) bikini
a) bikini
b) størrelse
c) klær
d) BH

22) overalls
a) bikini
b) skjerf
c) snekkerbukse
d) tøfler

23) mackintosh
a) regnjakke
b) slips
c) bluse
d) belte

24) dress
a) kjole
b) cardigan
c) sløyfe
d) sandaler

Norwegian - Word Quiz - #30 - Clothing
Select the closest Norwegian word to match the English word.

1) slippers
a) bluse
b) tøfler
c) paraply
d) strømper

2) trousers
a) sandaler
b) joggesko
c) bukse
d) bukseseler

3) T-shirt
a) frakk
b) skjerf
c) t-skjorte
d) kjole

4) pyjamas
a) strømpebukse
b) pyjamas
c) slips
d) bikini

5) mackintosh
a) regnjakke
b) sandaler
c) tøfler
d) hansker

6) jumper
a) badedrakt
b) bukse
c) pyjamas
d) genser

7) jumpsuit
a) klær
b) bikini
c) jumpsuit
d) skjorte

8) corset
a) anorakk
b) hofteholder
c) jakke
d) kjole

9) overcoat
a) slåbrok
b) hofteholder
c) frakk
d) collegegenser

10) running shoes
a) bukseseler
b) joggesko
c) jakke
d) frakk

11) knickers
a) joggesko
b) skjorte
c) glidelås
d) truse

12) waistcoat
a) bukseseler
b) hansker
c) vest
d) bluse

13) cardigan
a) cardigan
b) hanske
c) belte
d) hansker

14) suit
a) sokker
b) dress
c) genser
d) jumpsuit

15) gloves
a) lommetørkle
b) hansker
c) snekkerbukse
d) regnjakke

16) skirt
a) genser
b) skjørt
c) truse
d) BH

17) dressing gown
a) regnjakke
b) dress
c) slåbrok
d) glidelås

18) scarf
a) anorakk
b) skjerf
c) BH
d) bukse

19) handkerchief
a) jumpsuit
b) tøfler
c) hofteholder
d) lommetørkle

20) bow tie
a) bluse
b) sløyfe
c) badedrakt
d) jakke

21) briefs
a) glidelås
b) underbukse
c) strømper
d) skjerf

22) tights
a) t-skjorte
b) slips
c) strømpebukse
d) vest

23) cap
a) lue
b) joggesko
c) skjerf
d) bikini

24) dress
a) badedrakt
b) glidelås
c) kjole
d) klær

Norwegian - Word Quiz - #31 - Family
Select the closest English word to match the Norwegian word.

1) nevø
a) stepbrother
b) nephew
c) niece
d) mum

2) bestefar
a) family
b) stepsister
c) uncle
d) grandfather

3) datter
a) stepbrother
b) stepsister
c) grandchild
d) daughter

4) onkel
a) stepfather
b) uncle
c) wife
d) parents

5) forelder
a) father
b) aunt
c) brother
d) parent

6) stemor
a) grandchild
b) stepmother
c) father
d) stepfather

7) familie
a) relatives
b) brother
c) family
d) daughter

8) stebror
a) wife
b) stepbrother
c) dad
d) aunt

9) mor
a) stepfather
b) grandchild
c) mother
d) daughter

10) stesønn
a) relative
b) stepson
c) stepbrother
d) stepfather

11) stedatter
a) relative
b) mum
c) husband
d) stepdaughter

12) brud
a) bride
b) stepsister
c) brother
d) father

13) pappa
a) stepson
b) husband
c) grandmother
d) dad

14) slektning
a) relative
b) mum
c) father
d) stepdaughter

15) kone
a) wife
b) stepsister
c) stepdaughter
d) aunt

16) stesøster
a) stepsister
b) parents
c) stepfather
d) family

17) fetter
a) cousin
b) stepsister
c) stepbrother
d) stepdaughter

18) mann
a) bride
b) husband
c) wife
d) uncle

19) slektninger
a) niece
b) relatives
c) stepbrother
d) father

20) tante
a) aunt
b) dad
c) relatives
d) grandmother

21) barnebarn
a) uncle
b) mother
c) father
d) grandchild

22) søster
a) stepbrother
b) wife
c) sister
d) grandfather

23) bror
a) relative
b) uncle
c) brother
d) family

24) mamma
a) husband
b) mum
c) relatives
d) mother

Norwegian - Word Quiz - #32 - Family
Select the closest English word to match the Norwegian word.

1) foreldre
a) stepfather
b) parents
c) bride
d) son

2) stedatter
a) stepdaughter
b) dad
c) stepsister
d) stepson

3) bror
a) brother
b) stepmother
c) grandmother
d) parent

4) pappa
a) dad
b) grandfather
c) parent
d) uncle

5) fetter
a) stepdaughter
b) cousin
c) aunt
d) stepson

6) slektning
a) relative
b) dad
c) brother
d) family

7) nevø
a) grandmother
b) dad
c) stepsister
d) nephew

8) far
a) daughter
b) father
c) aunt
d) dad

9) stemor
a) family
b) stepmother
c) relatives
d) mum

10) mann
a) mum
b) wife
c) husband
d) stepdaughter

11) stebror
a) stepbrother
b) cousin
c) stepson
d) parent

12) slektninger
a) family
b) relatives
c) brother
d) mother

13) stesøster
a) dad
b) son
c) stepsister
d) bride

14) sønn
a) niece
b) dad
c) stepson
d) son

15) onkel
a) relatives
b) uncle
c) husband
d) grandmother

16) familie
a) mother
b) family
c) daughter
d) grandchild

17) bestefar
a) brother
b) mother
c) grandfather
d) mum

18) søster
a) sister
b) relatives
c) husband
d) mother

19) brud
a) grandfather
b) mum
c) bride
d) aunt

20) mor
a) mother
b) bride
c) stepdaughter
d) grandmother

21) forelder
a) parent
b) dad
c) stepbrother
d) son

22) tante
a) aunt
b) son
c) husband
d) mother

23) kone
a) son
b) wife
c) sister
d) parent

24) bestemor
a) stepbrother
b) nephew
c) aunt
d) grandmother

Norwegian - Word Quiz - #33 - Family
Select the closest English word to match the Norwegian word.

1) familie
a) father
b) family
c) parents
d) stepsister

2) stedatter
a) aunt
b) family
c) father
d) stepdaughter

3) bror
a) brother
b) aunt
c) son
d) grandmother

4) niese
a) stepfather
b) grandmother
c) mother
d) niece

5) brud
a) bride
b) husband
c) stepmother
d) relatives

6) mor
a) son
b) parents
c) niece
d) mother

7) slektninger
a) stepbrother
b) father
c) relatives
d) aunt

8) søster
a) sister
b) wife
c) niece
d) relative

9) stemor
a) stepmother
b) bride
c) parent
d) mother

10) kone
a) wife
b) family
c) stepsister
d) son

11) foreldre
a) stepson
b) stepmother
c) parents
d) brother

12) stesønn
a) parent
b) stepfather
c) stepmother
d) stepson

13) mann
a) husband
b) relative
c) son
d) grandchild

14) barnebarn
a) parent
b) grandchild
c) stepson
d) relative

15) far
a) uncle
b) nephew
c) father
d) mum

16) bestefar
a) grandfather
b) uncle
c) wife
d) stepbrother

17) stebror
a) niece
b) stepbrother
c) stepdaughter
d) stepfather

18) pappa
a) husband
b) sister
c) dad
d) nephew

19) tante
a) parents
b) aunt
c) mum
d) son

20) forelder
a) cousin
b) parent
c) relatives
d) mum

21) stefar
a) stepfather
b) son
c) family
d) stepdaughter

22) nevø
a) daughter
b) son
c) brother
d) nephew

23) stesøster
a) stepsister
b) niece
c) family
d) aunt

24) datter
a) daughter
b) stepfather
c) husband
d) niece

Norwegian - Word Quiz - #34 - Family
Select the closest Norwegian word to match the English word.

1) stepbrother
a) mamma
b) onkel
c) bestemor
d) stebror

2) stepson
a) familie
b) slektning
c) stesønn
d) onkel

3) aunt
a) bestemor
b) tante
c) niese
d) stesøster

4) relative
a) mamma
b) onkel
c) mann
d) slektning

5) stepdaughter
a) stebror
b) stedatter
c) bror
d) familie

6) stepsister
a) tante
b) stesøster
c) stemor
d) foreldre

7) wife
a) foreldre
b) kone
c) mor
d) stedatter

8) cousin
a) slektning
b) fetter
c) stesønn
d) bestemor

9) brother
a) bror
b) familie
c) bestefar
d) bestemor

10) father
a) familie
b) stesøster
c) mamma
d) far

11) stepmother
a) foreldre
b) stemor
c) bestemor
d) tante

12) relatives
a) datter
b) slektninger
c) stemor
d) søster

13) grandmother
a) bestemor
b) niese
c) brud
d) slektninger

14) bride
a) stefar
b) brud
c) slektninger
d) kone

15) daughter
a) datter
b) nevø
c) barnebarn
d) stebror

16) grandchild
a) barnebarn
b) nevø
c) datter
d) mamma

17) sister
a) onkel
b) pappa
c) søster
d) brud

18) uncle
a) datter
b) onkel
c) mor
d) slektninger

19) parent
a) bestemor
b) forelder
c) mor
d) foreldre

20) niece
a) bror
b) niese
c) mann
d) bestefar

21) grandfather
a) bestefar
b) forelder
c) mann
d) søster

22) family
a) slektninger
b) slektning
c) familie
d) datter

23) stepfather
a) stesønn
b) stefar
c) søster
d) sønn

24) mother
a) mor
b) stemor
c) mann
d) pappa

201

Norwegian - Word Quiz - #35 - Family
Select the closest Norwegian word to match the English word.

1) mum
a) nevø
b) stedatter
c) tante
d) mamma

2) brother
a) stedatter
b) bror
c) fetter
d) brud

3) nephew
a) nevø
b) forelder
c) foreldre
d) mamma

4) relative
a) stebror
b) familie
c) forelder
d) slektning

5) relatives
a) stefar
b) stebror
c) stesønn
d) slektninger

6) stepfather
a) mann
b) stedatter
c) stemor
d) stefar

7) stepsister
a) familie
b) stesøster
c) bestemor
d) foreldre

8) cousin
a) pappa
b) onkel
c) fetter
d) tante

9) bride
a) brud
b) stedatter
c) stemor
d) niese

10) son
a) mor
b) barnebarn
c) stebror
d) sønn

11) wife
a) familie
b) mamma
c) kone
d) barnebarn

12) family
a) stemor
b) bestemor
c) fetter
d) familie

13) aunt
a) fetter
b) bestefar
c) tante
d) barnebarn

14) stepbrother
a) far
b) stebror
c) kone
d) stefar

15) mother
a) fetter
b) bror
c) slektning
d) mor

16) husband
a) stesønn
b) kone
c) mann
d) stedatter

17) parents
a) stemor
b) datter
c) onkel
d) foreldre

18) sister
a) søster
b) mann
c) stesøster
d) foreldre

19) stepdaughter
a) stesønn
b) kone
c) mor
d) stedatter

20) dad
a) kone
b) pappa
c) mamma
d) fetter

21) stepson
a) slektninger
b) bestefar
c) barnebarn
d) stesønn

22) niece
a) niese
b) foreldre
c) bror
d) familie

23) stepmother
a) bestemor
b) niese
c) stemor
d) brud

24) parent
a) mor
b) forelder
c) bestefar
d) stefar

Norwegian - Word Quiz - #36 - Family
Select the closest Norwegian word to match the English word.

1) stepfather
a) sønn
b) pappa
c) stebror
d) stefar

2) husband
a) stebror
b) mamma
c) fetter
d) mann

3) relative
a) slektning
b) stemor
c) pappa
d) mamma

4) aunt
a) brud
b) tante
c) foreldre
d) stemor

5) stepbrother
a) brud
b) mor
c) stebror
d) barnebarn

6) stepsister
a) stedatter
b) stebror
c) stesøster
d) onkel

7) relatives
a) stesøster
b) slektninger
c) pappa
d) stebror

8) parents
a) foreldre
b) mamma
c) slektning
d) stebror

9) brother
a) niese
b) bror
c) brud
d) datter

10) mum
a) mamma
b) nevø
c) forelder
d) bestemor

11) parent
a) slektning
b) forelder
c) stedatter
d) niese

12) niece
a) niese
b) kone
c) stefar
d) onkel

13) nephew
a) tante
b) mor
c) nevø
d) kone

14) stepmother
a) slektning
b) onkel
c) stemor
d) søster

15) family
a) familie
b) foreldre
c) stebror
d) bror

16) uncle
a) forelder
b) slektning
c) niese
d) onkel

17) wife
a) tante
b) stemor
c) mamma
d) kone

18) daughter
a) stefar
b) datter
c) kone
d) mamma

19) stepdaughter
a) kone
b) bestemor
c) bror
d) stedatter

20) bride
a) barnebarn
b) brud
c) stefar
d) bestefar

21) grandfather
a) onkel
b) mor
c) mann
d) bestefar

22) stepson
a) fetter
b) stesønn
c) pappa
d) bestefar

23) grandmother
a) bestemor
b) foreldre
c) stesønn
d) bror

24) dad
a) pappa
b) stesøster
c) slektning
d) stemor

Norwegian - Word Quiz - #37 - Food
Select the closest English word to match the Norwegian word.

1) olivenolje
   a) roll
   b) olive oil
   c) salt
   d) food

2) grønnsakssuppe
   a) cake
   b) salt
   c) vegetable soup
   d) salad

3) smør
   a) chocolate bar
   b) food
   c) salt
   d) butter

4) egg
   a) olive oil
   b) cake
   c) mustard
   d) egg

5) yoghurt
   a) yoghurt
   b) mustard
   c) cheese
   d) biscuit

6) iskrem
   a) ice-cream
   b) roll
   c) sugar
   d) egg

7) salat
   a) butter
   b) ice-cream
   c) salad
   d) mustard

8) melk
   a) pastry
   b) milk
   c) olive oil
   d) salt

9) eddik
   a) olive oil
   b) vinegar
   c) butter
   d) egg

10) kjeks
   a) sugar
   b) mustard
   c) cheese
   d) biscuit

11) salt
   a) food
   b) chocolate bar
   c) salt
   d) salad

12) sjokoladeplate
   a) vegetable soup
   b) roll
   c) bread
   d) chocolate bar

13) rundstykke
   a) chocolate bar
   b) roll
   c) biscuit
   d) vegetable soup

14) kake
   a) food
   b) ice-cream
   c) olive oil
   d) cake

15) sennep
   a) mustard
   b) ice-cream
   c) cake
   d) butter

16) mat
   a) salt
   b) pastry
   c) mustard
   d) food

17) bakverk
   a) pastry
   b) vinegar
   c) roll
   d) olive oil

18) brød
   a) salt
   b) vinegar
   c) ice-cream
   d) bread

19) sukker
   a) sugar
   b) salad
   c) bread
   d) vegetable soup

20) ost
   a) olive oil
   b) salt
   c) cheese
   d) vegetable soup

21) yoghurt
   a) ice-cream
   b) yoghurt
   c) salad
   d) sugar

22) sennep
   a) bread
   b) food
   c) mustard
   d) roll

23) bakverk
   a) mustard
   b) egg
   c) pastry
   d) ice-cream

24) mat
   a) milk
   b) ice-cream
   c) food
   d) yoghurt

Norwegian - Word Quiz - #38 - Food
Select the closest English word to match the Norwegian word.

1) sjokoladeplate
a) cheese
b) chocolate bar
c) mustard
d) vinegar

2) salat
a) salad
b) yoghurt
c) cheese
d) milk

3) sennep
a) yoghurt
b) vegetable soup
c) chocolate bar
d) mustard

4) salt
a) salt
b) egg
c) cake
d) chocolate bar

5) bakverk
a) sugar
b) yoghurt
c) butter
d) pastry

6) sukker
a) vegetable soup
b) salad
c) sugar
d) pastry

7) olivenolje
a) mustard
b) yoghurt
c) salt
d) olive oil

8) melk
a) milk
b) biscuit
c) salt
d) pastry

9) ost
a) butter
b) cheese
c) bread
d) mustard

10) iskrem
a) ice-cream
b) butter
c) olive oil
d) chocolate bar

11) rundstykke
a) bread
b) yoghurt
c) roll
d) mustard

12) brød
a) bread
b) pastry
c) sugar
d) butter

13) eddik
a) roll
b) chocolate bar
c) cake
d) vinegar

14) kake
a) milk
b) olive oil
c) cake
d) salt

15) yoghurt
a) vegetable soup
b) olive oil
c) roll
d) yoghurt

16) mat
a) biscuit
b) food
c) vegetable soup
d) vinegar

17) kjeks
a) pastry
b) vegetable soup
c) biscuit
d) chocolate bar

18) grønnsakssuppe
a) vegetable soup
b) mustard
c) food
d) biscuit

19) smør
a) chocolate bar
b) ice-cream
c) yoghurt
d) butter

20) egg
a) egg
b) vegetable soup
c) ice-cream
d) vinegar

21) kjeks
a) olive oil
b) butter
c) biscuit
d) roll

22) smør
a) salad
b) milk
c) butter
d) olive oil

23) eddik
a) vinegar
b) salt
c) yoghurt
d) olive oil

24) sukker
a) biscuit
b) salt
c) vinegar
d) sugar

Norwegian - Word Quiz - #39 - Food
Select the closest English word to match the Norwegian word.

1) eddik
- a) mustard
- b) bread
- c) vinegar
- d) milk

2) iskrem
- a) mustard
- b) ice-cream
- c) milk
- d) chocolate bar

3) yoghurt
- a) yoghurt
- b) food
- c) biscuit
- d) egg

4) rundstykke
- a) roll
- b) chocolate bar
- c) bread
- d) cake

5) mat
- a) olive oil
- b) vinegar
- c) sugar
- d) food

6) kjeks
- a) bread
- b) butter
- c) milk
- d) biscuit

7) ost
- a) cheese
- b) vinegar
- c) salt
- d) chocolate bar

8) sennep
- a) mustard
- b) butter
- c) food
- d) olive oil

9) egg
- a) sugar
- b) chocolate bar
- c) vinegar
- d) egg

10) brød
- a) salad
- b) pastry
- c) bread
- d) ice-cream

11) sjokoladeplate
- a) biscuit
- b) mustard
- c) bread
- d) chocolate bar

12) smør
- a) mustard
- b) olive oil
- c) salad
- d) butter

13) sukker
- a) chocolate bar
- b) butter
- c) sugar
- d) food

14) melk
- a) olive oil
- b) pastry
- c) milk
- d) food

15) olivenolje
- a) olive oil
- b) salt
- c) mustard
- d) cake

16) salat
- a) salad
- b) milk
- c) biscuit
- d) olive oil

17) grønnsakssuppe
- a) pastry
- b) vinegar
- c) mustard
- d) vegetable soup

18) salt
- a) food
- b) salt
- c) mustard
- d) chocolate bar

19) kake
- a) cake
- b) ice-cream
- c) mustard
- d) egg

20) bakverk
- a) sugar
- b) roll
- c) pastry
- d) ice-cream

21) olivenolje
- a) salt
- b) olive oil
- c) egg
- d) ice-cream

22) smør
- a) bread
- b) ice-cream
- c) cake
- d) butter

23) salt
- a) roll
- b) yoghurt
- c) cheese
- d) salt

24) salat
- a) vinegar
- b) mustard
- c) salt
- d) salad

Norwegian - Word Quiz - #40 - Food
Select the closest Norwegian word to match the English word.

1) cake
a) brød
b) kake
c) ost
d) melk

2) roll
a) yoghurt
b) kake
c) rundstykke
d) smør

3) vinegar
a) olivenolje
b) sjokoladeplate
c) kake
d) eddik

4) biscuit
a) sennep
b) smør
c) sjokoladeplate
d) kjeks

5) mustard
a) smør
b) mat
c) ost
d) sennep

6) chocolate bar
a) kake
b) sjokoladeplate
c) grønnsakssuppe
d) mat

7) cheese
a) ost
b) iskrem
c) smør
d) kjeks

8) yoghurt
a) rundstykke
b) yoghurt
c) salat
d) kake

9) milk
a) kake
b) eddik
c) iskrem
d) melk

10) olive oil
a) olivenolje
b) egg
c) salat
d) sennep

11) sugar
a) iskrem
b) sukker
c) melk
d) ost

12) salad
a) salat
b) sjokoladeplate
c) ost
d) kake

13) salt
a) salat
b) salt
c) eddik
d) brød

14) egg
a) kake
b) rundstykke
c) egg
d) yoghurt

15) bread
a) salt
b) sennep
c) brød
d) yoghurt

16) pastry
a) bakverk
b) rundstykke
c) ost
d) smør

17) butter
a) smør
b) kjeks
c) eddik
d) salt

18) food
a) kake
b) iskrem
c) mat
d) yoghurt

19) vegetable soup
a) sukker
b) grønnsakssuppe
c) olivenolje
d) rundstykke

20) ice-cream
a) mat
b) iskrem
c) grønnsakssuppe
d) salat

21) yoghurt
a) iskrem
b) yoghurt
c) eddik
d) mat

22) salad
a) salat
b) kake
c) grønnsakssuppe
d) yoghurt

23) sugar
a) egg
b) kjeks
c) sukker
d) salat

24) milk
a) kjeks
b) melk
c) rundstykke
d) sukker

Norwegian - Word Quiz - #41 - Food
Select the closest Norwegian word to match the English word.

1) pastry
a) iskrem
b) bakverk
c) yoghurt
d) rundstykke

2) salad
a) ost
b) grønnsakssuppe
c) salat
d) olivenolje

3) vinegar
a) sjokoladeplate
b) eddik
c) melk
d) salt

4) vegetable soup
a) brød
b) kjeks
c) egg
d) grønnsakssuppe

5) biscuit
a) kjeks
b) kake
c) ost
d) bakverk

6) olive oil
a) ost
b) eddik
c) yoghurt
d) olivenolje

7) roll
a) olivenolje
b) kjeks
c) salat
d) rundstykke

8) bread
a) ost
b) brød
c) rundstykke
d) sennep

9) sugar
a) egg
b) ost
c) sukker
d) olivenolje

10) cheese
a) salt
b) ost
c) mat
d) olivenolje

11) salt
a) kake
b) mat
c) salt
d) eddik

12) chocolate bar
a) melk
b) brød
c) sjokoladeplate
d) salat

13) butter
a) grønnsakssuppe
b) sjokoladeplate
c) sennep
d) smør

14) milk
a) melk
b) iskrem
c) salat
d) bakverk

15) food
a) mat
b) grønnsakssuppe
c) kake
d) sennep

16) mustard
a) brød
b) egg
c) olivenolje
d) sennep

17) cake
a) kake
b) mat
c) rundstykke
d) ost

18) yoghurt
a) olivenolje
b) yoghurt
c) mat
d) egg

19) ice-cream
a) iskrem
b) grønnsakssuppe
c) sennep
d) smør

20) egg
a) rundstykke
b) kjeks
c) egg
d) iskrem

21) egg
a) melk
b) egg
c) salt
d) ost

22) butter
a) smør
b) egg
c) sjokoladeplate
d) kake

23) yoghurt
a) yoghurt
b) ost
c) egg
d) grønnsakssuppe

24) salad
a) brød
b) salat
c) bakverk
d) kake

Norwegian - Word Quiz - #42 - Food
Select the closest Norwegian word to match the English word.

1) food
a) kake
b) mat
c) salat
d) smør

2) milk
a) iskrem
b) melk
c) ost
d) brød

3) bread
a) mat
b) eddik
c) brød
d) bakverk

4) sugar
a) salat
b) sukker
c) rundstykke
d) bakverk

5) salad
a) salat
b) kjeks
c) salt
d) ost

6) biscuit
a) kjeks
b) egg
c) sukker
d) bakverk

7) roll
a) smør
b) rundstykke
c) iskrem
d) salat

8) yoghurt
a) grønnsakssuppe
b) yoghurt
c) rundstykke
d) smør

9) vegetable soup
a) salat
b) yoghurt
c) kjeks
d) grønnsakssuppe

10) chocolate bar
a) melk
b) salt
c) sjokoladeplate
d) bakverk

11) cake
a) kake
b) kjeks
c) bakverk
d) sennep

12) butter
a) smør
b) salt
c) sukker
d) sennep

13) vinegar
a) olivenolje
b) sennep
c) bakverk
d) eddik

14) pastry
a) melk
b) rundstykke
c) grønnsakssuppe
d) bakverk

15) cheese
a) yoghurt
b) egg
c) ost
d) salat

16) olive oil
a) iskrem
b) kake
c) olivenolje
d) sennep

17) ice-cream
a) salat
b) iskrem
c) rundstykke
d) sjokoladeplate

18) salt
a) smør
b) kake
c) olivenolje
d) salt

19) egg
a) grønnsakssuppe
b) mat
c) egg
d) kake

20) mustard
a) bakverk
b) grønnsakssuppe
c) sennep
d) kake

21) yoghurt
a) kjeks
b) yoghurt
c) olivenolje
d) sjokoladeplate

22) mustard
a) melk
b) sennep
c) grønnsakssuppe
d) mat

23) cake
a) kake
b) olivenolje
c) smør
d) sennep

24) food
a) kake
b) mat
c) egg
d) ost

Select the closest English word to match the Norwegian word.

1) bringebær
a) raspberry
b) apricot
c) lemon
d) banana

2) daddel
a) watermelon
b) walnut
c) orange
d) date

3) rosiner
a) lime
b) raisin
c) grapefruit
d) tangerine

4) ananas
a) orange
b) pineapple
c) pear
d) coconut

5) frukt
a) orange
b) lemon
c) fruit
d) grape

6) eple
a) peanut
b) fruit
c) apple
d) raisin

7) drue
a) rhubarb
b) grape
c) lime
d) peach

8) kokosnøtt
a) walnut
b) pear
c) coconut
d) chestnut

9) grapefrukt
a) blueberry
b) orange
c) grapefruit
d) raspberry

10) vannmelon
a) grape
b) coconut
c) blackberry
d) watermelon

11) appelsin
a) date
b) grape
c) apple
d) orange

12) banan
a) banana
b) strawberry
c) grape
d) raspberry

13) mandarin
a) blueberry
b) rhubarb
c) almond
d) tangerine

14) bjørnebær
a) prune
b) blackberry
c) orange
d) tangerine

15) pære
a) pear
b) grapefruit
c) rhubarb
d) blackberry

16) valnøtt
a) walnut
b) strawberry
c) blueberry
d) tangerine

17) kastanje
a) pear
b) raisin
c) chestnut
d) watermelon

18) mandel
a) blueberry
b) fig
c) grapefruit
d) almond

19) sviske
a) melon
b) raspberry
c) coconut
d) prune

20) sitron
a) orange
b) apricot
c) grape
d) lemon

21) plomme
a) plum
b) walnut
c) banana
d) apple

22) kirsebær
a) cherry
b) raspberry
c) coconut
d) prune

23) jordbær
a) apple
b) coconut
c) apricot
d) strawberry

24) lime
a) lime
b) orange
c) cherry
d) prune

Norwegian - Word Quiz - #44 - Fruit
Select the closest English word to match the Norwegian word.

1) rabarbra
a) strawberry
b) rhubarb
c) peach
d) almond

2) rosiner
a) grapefruit
b) raisin
c) grape
d) prune

3) ananas
a) pineapple
b) melon
c) coconut
d) blackberry

4) daddel
a) date
b) rhubarb
c) peanut
d) melon

5) aprikos
a) fruit
b) banana
c) apricot
d) raisin

6) eple
a) apple
b) rhubarb
c) walnut
d) orange

7) valnøtt
a) cherry
b) walnut
c) tangerine
d) prune

8) blåbær
a) blueberry
b) apple
c) grapefruit
d) almond

9) fersken
a) peach
b) lime
c) lemon
d) hazelnut

10) grapefrukt
a) banana
b) grapefruit
c) lemon
d) fruit

11) pære
a) pear
b) peach
c) orange
d) chestnut

12) fiken
a) blueberry
b) raisin
c) fig
d) peach

13) bjørnebær
a) blackberry
b) chestnut
c) raisin
d) coconut

14) peanøtt
a) peanut
b) plum
c) pear
d) almond

15) mandel
a) prune
b) peanut
c) apple
d) almond

16) plomme
a) orange
b) pineapple
c) lemon
d) plum

17) drue
a) cherry
b) grape
c) peach
d) blueberry

18) appelsin
a) melon
b) chestnut
c) rhubarb
d) orange

19) kokosnøtt
a) orange
b) raspberry
c) coconut
d) peanut

20) bringebær
a) strawberry
b) blackberry
c) lemon
d) raspberry

21) banan
a) banana
b) raisin
c) blackberry
d) melon

22) sviske
a) lemon
b) rhubarb
c) prune
d) lime

23) kirsebær
a) cherry
b) tangerine
c) melon
d) grapefruit

24) melon
a) melon
b) tangerine
c) orange
d) apricot

Norwegian - Word Quiz - #45 - Fruit
Select the closest English word to match the Norwegian word.

1) jordbær
a) strawberry
b) grape
c) fig
d) blackberry

2) lime
a) lime
b) grape
c) melon
d) rhubarb

3) kastanje
a) blueberry
b) chestnut
c) pear
d) plum

4) rabarbra
a) rhubarb
b) fruit
c) pear
d) chestnut

5) drue
a) lime
b) pear
c) grape
d) peanut

6) fersken
a) banana
b) blueberry
c) fruit
d) peach

7) peanøtt
a) apricot
b) hazelnut
c) orange
d) peanut

8) aprikos
a) apricot
b) strawberry
c) apple
d) orange

9) vannmelon
a) hazelnut
b) fruit
c) watermelon
d) cherry

10) sviske
a) almond
b) rhubarb
c) prune
d) fruit

11) mandel
a) pineapple
b) pear
c) plum
d) almond

12) daddel
a) fruit
b) lemon
c) date
d) tangerine

13) fiken
a) fig
b) orange
c) watermelon
d) melon

14) eple
a) blueberry
b) apple
c) lemon
d) melon

15) hasselnøtt
a) fruit
b) blueberry
c) fig
d) hazelnut

16) banan
a) apple
b) orange
c) banana
d) fig

17) bjørnebær
a) blackberry
b) tangerine
c) fig
d) strawberry

18) bringebær
a) chestnut
b) apple
c) peanut
d) raspberry

19) rosiner
a) plum
b) raisin
c) tangerine
d) blackberry

20) frukt
a) blackberry
b) fruit
c) fig
d) prune

21) plomme
a) chestnut
b) plum
c) cherry
d) watermelon

22) sitron
a) tangerine
b) raisin
c) lemon
d) hazelnut

23) kirsebær
a) prune
b) tangerine
c) almond
d) cherry

24) kokosnøtt
a) almond
b) coconut
c) blackberry
d) pear

Norwegian - Word Quiz - #46 - Fruit
Select the closest Norwegian word to match the English word.

1) pear
a) vannmelon
b) pære
c) bjørnebær
d) peanøtt

2) apple
a) melon
b) banan
c) eple
d) rosiner

3) lemon
a) mandarin
b) kirsebær
c) sitron
d) vannmelon

4) blackberry
a) bjørnebær
b) valnøtt
c) jordbær
d) bringebær

5) grapefruit
a) frukt
b) jordbær
c) grapefrukt
d) hasselnøtt

6) fruit
a) banan
b) appelsin
c) frukt
d) pære

7) orange
a) mandarin
b) appelsin
c) eple
d) kastanje

8) fig
a) fiken
b) bringebær
c) rosiner
d) grapefrukt

9) prune
a) kokosnøtt
b) frukt
c) sviske
d) valnøtt

10) melon
a) fiken
b) kastanje
c) ananas
d) melon

11) watermelon
a) frukt
b) vannmelon
c) mandarin
d) kastanje

12) cherry
a) hasselnøtt
b) kirsebær
c) kokosnøtt
d) vannmelon

13) grape
a) bringebær
b) drue
c) rosiner
d) pære

14) hazelnut
a) sitron
b) frukt
c) hasselnøtt
d) grapefrukt

15) raisin
a) grapefrukt
b) rosiner
c) valnøtt
d) appelsin

16) pineapple
a) mandel
b) ananas
c) rosiner
d) sitron

17) peach
a) grapefrukt
b) fersken
c) eple
d) peanøtt

18) almond
a) mandel
b) jordbær
c) eple
d) vannmelon

19) strawberry
a) jordbær
b) rabarbra
c) lime
d) banan

20) walnut
a) kokosnøtt
b) fiken
c) valnøtt
d) sviske

21) tangerine
a) mandarin
b) kastanje
c) blåbær
d) rabarbra

22) coconut
a) kokosnøtt
b) jordbær
c) plomme
d) rosiner

23) plum
a) grapefrukt
b) kokosnøtt
c) plomme
d) frukt

24) apricot
a) peanøtt
b) aprikos
c) fersken
d) rosiner

Norwegian - Word Quiz - #47 - Fruit
Select the closest Norwegian word to match the English word.

1) melon
a) lime
b) melon
c) jordbær
d) peanøtt

2) chestnut
a) aprikos
b) kastanje
c) ananas
d) rabarbra

3) pineapple
a) vannmelon
b) ananas
c) drue
d) fersken

4) orange
a) appelsin
b) eple
c) kokosnøtt
d) rabarbra

5) walnut
a) valnøtt
b) peanøtt
c) banan
d) mandarin

6) hazelnut
a) hasselnøtt
b) blåbær
c) eple
d) rosiner

7) lime
a) daddel
b) vannmelon
c) kokosnøtt
d) lime

8) watermelon
a) vannmelon
b) pære
c) banan
d) ananas

9) plum
a) grapefrukt
b) daddel
c) plomme
d) ananas

10) date
a) daddel
b) drue
c) hasselnøtt
d) bringebær

11) lemon
a) sitron
b) drue
c) bringebær
d) mandel

12) fig
a) melon
b) frukt
c) appelsin
d) fiken

13) blackberry
a) bringebær
b) frukt
c) mandel
d) bjørnebær

14) tangerine
a) mandarin
b) rabarbra
c) ananas
d) valnøtt

15) pear
a) pære
b) valnøtt
c) fersken
d) bjørnebær

16) strawberry
a) blåbær
b) kirsebær
c) jordbær
d) fiken

17) peanut
a) hasselnøtt
b) sviske
c) peanøtt
d) kastanje

18) blueberry
a) fiken
b) hasselnøtt
c) blåbær
d) ananas

19) apricot
a) aprikos
b) drue
c) fiken
d) rosiner

20) grape
a) sviske
b) sitron
c) drue
d) ananas

21) raisin
a) rosiner
b) appelsin
c) kokosnøtt
d) aprikos

22) almond
a) ananas
b) plomme
c) kirsebær
d) mandel

23) apple
a) melon
b) lime
c) sviske
d) eple

24) coconut
a) melon
b) kastanje
c) lime
d) kokosnøtt

Norwegian - Word Quiz - #48 - Fruit
Select the closest Norwegian word to match the English word.

1) apple
a) eple
b) kastanje
c) lime
d) bringebær

2) prune
a) kastanje
b) sviske
c) mandel
d) rabarbra

3) peach
a) fersken
b) hasselnøtt
c) plomme
d) eple

4) coconut
a) kokosnøtt
b) drue
c) sitron
d) mandarin

5) blueberry
a) drue
b) rabarbra
c) plomme
d) blåbær

6) lime
a) hasselnøtt
b) mandarin
c) lime
d) rosiner

7) cherry
a) rabarbra
b) kirsebær
c) kastanje
d) sviske

8) chestnut
a) fiken
b) kastanje
c) plomme
d) drue

9) almond
a) kokosnøtt
b) banan
c) daddel
d) mandel

10) fig
a) frukt
b) ananas
c) plomme
d) fiken

11) grapefruit
a) grapefrukt
b) frukt
c) hasselnøtt
d) fersken

12) date
a) appelsin
b) daddel
c) kastanje
d) kokosnøtt

13) melon
a) ananas
b) frukt
c) vannmelon
d) melon

14) fruit
a) bjørnebær
b) frukt
c) sviske
d) fiken

15) rhubarb
a) plomme
b) melon
c) aprikos
d) rabarbra

16) orange
a) fersken
b) appelsin
c) eple
d) jordbær

17) tangerine
a) vannmelon
b) ananas
c) frukt
d) mandarin

18) walnut
a) fersken
b) rosiner
c) valnøtt
d) bjørnebær

19) banana
a) aprikos
b) fersken
c) ananas
d) banan

20) watermelon
a) jordbær
b) melon
c) peanøtt
d) vannmelon

21) peanut
a) blåbær
b) valnøtt
c) jordbær
d) peanøtt

22) hazelnut
a) hasselnøtt
b) mandel
c) daddel
d) plomme

23) raisin
a) banan
b) rosiner
c) frukt
d) daddel

24) blackberry
a) bjørnebær
b) appelsin
c) banan
d) kastanje

Norwegian - Word Quiz - #49 - Hotel
Select the closest English word to match the Norwegian word.

1) frokost
a) complaint
b) internet
c) taxi
d) breakfast

2) bestilling
a) booking
b) living room
c) balcony
d) ground floor

3) dørvakt
a) booking
b) doorman
c) dining room
d) swimming pool

4) pris
a) price
b) receptionist
c) swimming pool
d) dining room

5) direktør
a) manager
b) doorman
c) suite
d) dining room

6) svømmebasseng
a) swimming pool
b) dining room
c) ground floor
d) view

7) suite
a) entrance
b) suite
c) lift
d) ice

8) stuepike
a) recreation
b) living room
c) manager
d) maid

9) resepsjonen
a) bill
b) booking
c) reception desk
d) dining room

10) balkong
a) internet
b) balcony
c) air conditioning
d) entrance

11) internett
a) lobby
b) check-out
c) internet
d) room

12) kvittering
a) receipt
b) recreation
c) bellboy
d) check-out

13) regning
a) bill
b) entrance
c) ground floor
d) living room

14) hotell
a) hotel
b) reception desk
c) breakfast
d) ice

15) beskjed
a) balcony
b) message
c) lift
d) air conditioning

16) lobby
a) maid
b) price
c) lobby
d) receptionist

17) å betale
a) to pay
b) ice
c) breakfast
d) check-out

18) utsikt
a) taxi
b) price
c) view
d) recreation

19) første etasje
a) lift
b) reception desk
c) view
d) ground floor

20) gang
a) bellboy
b) entrance
c) receipt
d) recreation

21) luftkondisjonering
a) ground floor
b) air conditioning
c) balcony
d) price

22) is
a) to pay
b) price
c) ice
d) view

23) utsjekking
a) air conditioning
b) swimming pool
c) complaint
d) check-out

24) rom
a) lobby
b) booking
c) suite
d) room

Norwegian - Word Quiz - #50 - Hotel
Select the closest English word to match the Norwegian word.

1) å betale
a) ice
b) price
c) air conditioning
d) to pay

2) regning
a) bill
b) price
c) living room
d) swimming pool

3) is
a) balcony
b) ice
c) suite
d) message

4) internett
a) internet
b) ground floor
c) view
d) price

5) direktør
a) internet
b) manager
c) recreation
d) lift

6) rom
a) view
b) room
c) ground floor
d) internet

7) garasje
a) garage
b) receipt
c) to pay
d) recreation

8) utsikt
a) air conditioning
b) internet
c) lobby
d) view

9) drosje
a) taxi
b) suite
c) reception desk
d) receptionist

10) beskjed
a) hotel
b) dining room
c) to pay
d) message

11) rekreasjon
a) ice
b) recreation
c) receptionist
d) message

12) pikkoloen
a) internet
b) bellboy
c) lobby
d) bill

13) spisestue
a) dining room
b) breakfast
c) manager
d) recreation

14) resepsjonen
a) recreation
b) check-out
c) ice
d) reception desk

15) utsjekking
a) recreation
b) check-out
c) lobby
d) message

16) svømmebasseng
a) price
b) view
c) lift
d) swimming pool

17) dørvakt
a) complaint
b) lift
c) doorman
d) bill

18) hotell
a) lobby
b) ground floor
c) hotel
d) recreation

19) stue
a) message
b) living room
c) suite
d) complaint

20) resepsjonist
a) receptionist
b) breakfast
c) view
d) living room

21) frokost
a) swimming pool
b) hotel
c) booking
d) breakfast

22) balkong
a) check-out
b) manager
c) air conditioning
d) balcony

23) luftkondisjonering
a) balcony
b) air conditioning
c) internet
d) receipt

24) første etasje
a) entrance
b) hotel
c) ground floor
d) receptionist

Select the closest English word to match the Norwegian word.

1) spisestue
a) dining room
b) price
c) air conditioning
d) ice

2) rom
a) air conditioning
b) garage
c) room
d) receptionist

3) balkong
a) balcony
b) bellboy
c) suite
d) recreation

4) lobby
a) bill
b) lobby
c) ice
d) maid

5) dørvakt
a) maid
b) receipt
c) doorman
d) garage

6) is
a) ice
b) to pay
c) taxi
d) lobby

7) beskjed
a) price
b) internet
c) ice
d) message

8) utsikt
a) internet
b) maid
c) view
d) living room

9) svømmebasseng
a) taxi
b) swimming pool
c) lobby
d) internet

10) gang
a) suite
b) entrance
c) bill
d) complaint

11) første etasje
a) ice
b) ground floor
c) entrance
d) swimming pool

12) resepsjonen
a) lobby
b) receptionist
c) reception desk
d) lift

13) garasje
a) room
b) lift
c) internet
d) garage

14) utsjekking
a) check-out
b) doorman
c) receptionist
d) to pay

15) frokost
a) air conditioning
b) breakfast
c) bellboy
d) doorman

16) regning
a) bill
b) suite
c) check-out
d) breakfast

17) å betale
a) swimming pool
b) hotel
c) to pay
d) ice

18) stuepike
a) maid
b) booking
c) breakfast
d) balcony

19) rekreasjon
a) manager
b) dining room
c) swimming pool
d) recreation

20) klage
a) price
b) complaint
c) garage
d) receipt

21) stue
a) manager
b) living room
c) receipt
d) message

22) heis
a) lift
b) lobby
c) breakfast
d) living room

23) luftkondisjonering
a) room
b) dining room
c) air conditioning
d) maid

24) direktør
a) complaint
b) manager
c) maid
d) swimming pool

Norwegian - Word Quiz - #52 - Hotel
Select the closest Norwegian word to match the English word.

1) complaint
a) resepsjonen
b) klage
c) svømmebasseng
d) pikkoloen

2) dining room
a) å betale
b) luftkondisjonering
c) pris
d) spisestue

3) price
a) internett
b) kvittering
c) pris
d) bestilling

4) ground floor
a) å betale
b) regning
c) første etasje
d) frokost

5) ice
a) pris
b) regning
c) utsjekking
d) is

6) manager
a) direktør
b) luftkondisjonering
c) frokost
d) beskjed

7) garage
a) stuepike
b) balkong
c) frokost
d) garasje

8) receipt
a) stue
b) utsjekking
c) kvittering
d) is

9) air conditioning
a) stue
b) frokost
c) luftkondisjonering
d) dørvakt

10) maid
a) utsjekking
b) stuepike
c) hotell
d) dørvakt

11) bellboy
a) pikkoloen
b) rekreasjon
c) første etasje
d) spisestue

12) to pay
a) heis
b) resepsjonen
c) utsikt
d) å betale

13) entrance
a) gang
b) pris
c) rekreasjon
d) drosje

14) lift
a) stue
b) heis
c) kvittering
d) luftkondisjonering

15) message
a) drosje
b) lobby
c) beskjed
d) regning

16) doorman
a) gang
b) dørvakt
c) heis
d) utsikt

17) reception desk
a) første etasje
b) gang
c) hotell
d) resepsjonen

18) breakfast
a) klage
b) frokost
c) å betale
d) stuepike

19) check-out
a) utsjekking
b) første etasje
c) stue
d) dørvakt

20) taxi
a) heis
b) drosje
c) stuepike
d) utsikt

21) hotel
a) hotell
b) utsikt
c) resepsjonen
d) bestilling

22) receptionist
a) heis
b) resepsjonist
c) garasje
d) rekreasjon

23) view
a) luftkondisjonering
b) beskjed
c) balkong
d) utsikt

24) swimming pool
a) stuepike
b) lobby
c) svømmebasseng
d) regning

219

Norwegian - Word Quiz - #53 - Hotel
Select the closest Norwegian word to match the English word.

1) lift
a) pris
b) rekreasjon
c) heis
d) dørvakt

2) hotel
a) svømmebasseng
b) spisestue
c) første etasje
d) hotell

3) complaint
a) drosje
b) klage
c) rekreasjon
d) frokost

4) check-out
a) rekreasjon
b) stue
c) utsikt
d) utsjekking

5) reception desk
a) rekreasjon
b) resepsjonen
c) spisestue
d) suite

6) breakfast
a) luftkondisjonering
b) lobby
c) regning
d) frokost

7) recreation
a) resepsjonist
b) pikkoloen
c) garasje
d) rekreasjon

8) bellboy
a) regning
b) rekreasjon
c) pikkoloen
d) is

9) lobby
a) is
b) rekreasjon
c) balkong
d) lobby

10) entrance
a) utsjekking
b) internett
c) gang
d) pikkoloen

11) suite
a) suite
b) pikkoloen
c) spisestue
d) is

12) taxi
a) dørvakt
b) spisestue
c) drosje
d) stue

13) receptionist
a) resepsjonist
b) balkong
c) lobby
d) svømmebasseng

14) price
a) utsikt
b) rekreasjon
c) pris
d) spisestue

15) to pay
a) å betale
b) utsjekking
c) drosje
d) svømmebasseng

16) swimming pool
a) spisestue
b) svømmebasseng
c) utsjekking
d) frokost

17) booking
a) garasje
b) drosje
c) bestilling
d) gang

18) balcony
a) balkong
b) dørvakt
c) resepsjonen
d) garasje

19) ground floor
a) is
b) utsjekking
c) første etasje
d) beskjed

20) garage
a) svømmebasseng
b) første etasje
c) garasje
d) stue

21) receipt
a) kvittering
b) utsikt
c) stue
d) hotell

22) ice
a) is
b) hotell
c) å betale
d) frokost

23) room
a) rom
b) is
c) frokost
d) å betale

24) air conditioning
a) resepsjonist
b) suite
c) svømmebasseng
d) luftkondisjonering

Norwegian - Word Quiz - #54 - Hotel
Select the closest Norwegian word to match the English word.

1) lobby
a) spisestue
b) hotell
c) lobby
d) pris

2) manager
a) is
b) beskjed
c) direktør
d) frokost

3) receipt
a) kvittering
b) klage
c) pris
d) hotell

4) room
a) rom
b) frokost
c) balkong
d) spisestue

5) maid
a) stuepike
b) drosje
c) heis
d) utsikt

6) lift
a) heis
b) svømmebasseng
c) resepsjonen
d) resepsjonist

7) living room
a) stue
b) pris
c) klage
d) heis

8) suite
a) suite
b) regning
c) resepsjonist
d) klage

9) ice
a) kvittering
b) is
c) luftkondisjonering
d) å betale

10) bellboy
a) drosje
b) pikkoloen
c) frokost
d) garasje

11) hotel
a) frokost
b) hotell
c) dørvakt
d) stuepike

12) recreation
a) rekreasjon
b) pris
c) lobby
d) is

13) reception desk
a) drosje
b) frokost
c) resepsjonen
d) pris

14) receptionist
a) beskjed
b) kvittering
c) resepsjonist
d) resepsjonen

15) bill
a) utsjekking
b) regning
c) resepsjonist
d) is

16) garage
a) pris
b) direktør
c) garasje
d) svømmebasseng

17) doorman
a) lobby
b) dørvakt
c) balkong
d) frokost

18) complaint
a) frokost
b) lobby
c) svømmebasseng
d) klage

19) check-out
a) pris
b) rekreasjon
c) heis
d) utsjekking

20) booking
a) beskjed
b) bestilling
c) hotell
d) lobby

21) air conditioning
a) stue
b) dørvakt
c) suite
d) luftkondisjonering

22) swimming pool
a) is
b) stuepike
c) spisestue
d) svømmebasseng

23) internet
a) beskjed
b) internett
c) garasje
d) balkong

24) view
a) resepsjonen
b) å betale
c) bestilling
d) utsikt

Norwegian - Word Quiz - #55 - Parts of the Body
Select the closest English word to match the Norwegian word.

1) vene
a) vein
b) forehead
c) freckles
d) eye

2) øye
a) teeth
b) eye
c) ear
d) body

3) hode
a) cheek
b) head
c) calf
d) knee

4) tommel
a) thumb
b) face
c) teeth
d) chin

5) lunge
a) skin
b) lung
c) iris
d) mouth

6) hjerne
a) body
b) kidney
c) brain
d) fingernail

7) munn
a) lung
b) mouth
c) elbow
d) wrist

8) nerve
a) nose
b) calf
c) nerve
d) back

9) kroppen
a) body
b) hip
c) backbone
d) eyelid

10) bart
a) tonsils
b) feet
c) moustache
d) ear

11) tann
a) tooth
b) throat
c) knee
d) thorax

12) øyevipp
a) thorax
b) breast
c) eyelash
d) liver

13) muskel
a) hair
b) liver
c) hand
d) muscle

14) ribbein
a) knee
b) belly
c) artery
d) rib

15) hår
a) eyelash
b) wrist
c) iris
d) hair

16) blod
a) tendon
b) thumb
c) breast
d) blood

17) lår
a) hip
b) foot
c) moustache
d) thigh

18) sene
a) tendon
b) bone
c) fist
d) feet

19) pulsåre
a) hip
b) hand
c) vein
d) artery

20) kinn
a) cheek
b) backbone
c) feet
d) artery

21) lever
a) liver
b) ear
c) throat
d) tendon

22) ankel
a) ankle
b) breast
c) brain
d) knee

23) rygg
a) skin
b) back
c) waist
d) calf

24) skjegg
a) nerve
b) bladder
c) beard
d) breast

Norwegian - Word Quiz - #56 - Parts of the Body
Select the closest English word to match the Norwegian word.

1) øyenbryn
a) tongue
b) feet
c) hand
d) eyebrow

2) håndledd
a) knee
b) toe
c) wrist
d) back

3) rygg
a) mouth
b) back
c) neck
d) liver

4) øyelokk
a) breast
b) gland
c) tonsils
d) eyelid

5) ledd
a) joint
b) artery
c) tendon
d) head

6) hud
a) appendix
b) skin
c) throat
d) jaw

7) leppe
a) feet
b) hair
c) gland
d) lip

8) bart
a) moustache
b) rib
c) back
d) skin

9) kjertel
a) knuckle
b) shoulder
c) gland
d) rib

10) blod
a) teeth
b) blood
c) gland
d) breast

11) blindtarm
a) appendix
b) eyebrow
c) neck
d) muscle

12) tenner
a) heart
b) teeth
c) cheek
d) gland

13) hals
a) finger
b) throat
c) brain
d) body

14) iris
a) toe
b) hair
c) iris
d) back

15) hjerte
a) ear
b) tongue
c) fingernail
d) heart

16) ansikt
a) liver
b) face
c) lung
d) fist

17) nakke
a) forehead
b) neck
c) tendon
d) breast

18) lår
a) hip
b) moustache
c) thigh
d) rib

19) lever
a) ear
b) forehead
c) hair
d) liver

20) fregner
a) muscle
b) freckles
c) lung
d) feet

21) kjeve
a) artery
b) jaw
c) face
d) feet

22) ryggrad
a) ear
b) feet
c) backbone
d) bone

23) hofte
a) iris
b) brain
c) bone
d) hip

24) panne
a) beard
b) back
c) waist
d) forehead

Norwegian - Word Quiz - #57 - Parts of the Body
Select the closest English word to match the Norwegian word.

1) bryst
a) iris
b) eyelash
c) foot
d) breast

2) finger
a) eyebrow
b) kidney
c) finger
d) ankle

3) kne
a) kidney
b) knuckle
c) toe
d) knee

4) panne
a) heart
b) thigh
c) forehead
d) eyelash

5) nerve
a) teeth
b) calf
c) hand
d) nerve

6) sene
a) tendon
b) kidney
c) tooth
d) cheek

7) knyttneve
a) fist
b) artery
c) teeth
d) eye

8) munn
a) fist
b) parts of the body
c) mouth
d) iris

9) leppe
a) lip
b) breast
c) appendix
d) gland

10) hånd
a) elbow
b) hand
c) fist
d) tooth

11) hår
a) arm
b) thorax
c) knuckle
d) hair

12) fot
a) foot
b) finger
c) kidney
d) knuckle

13) kjeve
a) ear
b) tendon
c) liver
d) jaw

14) nese
a) eyelid
b) nose
c) foot
d) appendix

15) albue
a) appendix
b) rib
c) eye
d) elbow

16) føtter
a) nerve
b) feet
c) waist
d) joint

17) øye
a) fingernail
b) toe
c) eye
d) ear

18) bart
a) artery
b) moustache
c) parts of the body
d) bone

19) lår
a) joint
b) tonsils
c) thigh
d) vein

20) brystkasse
a) fingernail
b) belly
c) bladder
d) thorax

21) tå
a) ear
b) elbow
c) toe
d) knuckle

22) tenner
a) blood
b) knuckle
c) arm
d) teeth

23) rygg
a) belly
b) thumb
c) brain
d) back

24) muskel
a) thigh
b) muscle
c) back
d) feet

Norwegian - Word Quiz - #58 - Parts of the Body
Select the closest Norwegian word to match the English word.

1) nose
a) ledd
b) øre
c) nese
d) blindtarm

2) back
a) hjerne
b) øye
c) mandler
d) rygg

3) foot
a) vene
b) knyttneve
c) mandler
d) fot

4) tooth
a) tann
b) bart
c) kroppen
d) kroppsdeler

5) gland
a) rygg
b) kjertel
c) lår
d) kroppen

6) toe
a) tå
b) hofte
c) kjertel
d) knoke

7) arm
a) muskel
b) arm
c) nakke
d) håndledd

8) tongue
a) hjerne
b) tunge
c) albue
d) kjeve

9) bone
a) kroppsdeler
b) hals
c) tann
d) ben

10) brain
a) hjerne
b) blindtarm
c) panne
d) hånd

11) teeth
a) tenner
b) bryst
c) kne
d) blindtarm

12) skin
a) kne
b) skulder
c) hud
d) hals

13) nerve
a) hjerne
b) nerve
c) øre
d) ankel

14) forehead
a) panne
b) fot
c) hjerte
d) lunge

15) freckles
a) kjeve
b) tå
c) øre
d) fregner

16) breast
a) kroppen
b) bryst
c) kinn
d) lår

17) eyelid
a) øyevipp
b) pulsåre
c) tommel
d) øyelokk

18) eyelash
a) øyevipp
b) ledd
c) nerve
d) hjerte

19) belly
a) leppe
b) albue
c) mage
d) ben

20) chin
a) ledd
b) panne
c) hake
d) håndledd

21) throat
a) ben
b) hals
c) hofte
d) albue

22) muscle
a) pulsåre
b) fot
c) leppe
d) muskel

23) ankle
a) hake
b) øyelokk
c) hjerne
d) ankel

24) tonsils
a) bart
b) mandler
c) tann
d) tommel

Norwegian - Word Quiz - #59 - Parts of the Body
Select the closest Norwegian word to match the English word.

1) fist
a) øyelokk
b) leppe
c) nese
d) knyttneve

2) elbow
a) fregner
b) nese
c) albue
d) øre

3) body
a) kroppen
b) tenner
c) fot
d) tå

4) blood
a) tunge
b) blod
c) hode
d) leppe

5) eyebrow
a) blod
b) øyenbryn
c) bryst
d) øye

6) tooth
a) tå
b) nerve
c) arm
d) tann

7) chin
a) hake
b) føtter
c) kroppen
d) pulsåre

8) fingernail
a) ribbein
b) bart
c) negl
d) tunge

9) freckles
a) føtter
b) pulsåre
c) blindtarm
d) fregner

10) thorax
a) håndledd
b) kroppsdeler
c) blod
d) brystkasse

11) hand
a) panne
b) ankel
c) hånd
d) mandler

12) head
a) ben
b) mage
c) hode
d) hår

13) face
a) nerve
b) bryst
c) ansikt
d) tå

14) hair
a) hår
b) ben
c) tommel
d) hake

15) finger
a) nese
b) brystkasse
c) finger
d) blod

16) calf
a) blære
b) legg
c) hals
d) øyelokk

17) nose
a) lunge
b) nese
c) mandler
d) vene

18) tonsils
a) øye
b) mandler
c) kne
d) lever

19) lung
a) hake
b) lunge
c) kjertel
d) blod

20) backbone
a) hånd
b) leppe
c) ryggrad
d) hals

21) appendix
a) tenner
b) ribbein
c) blindtarm
d) blod

22) shoulder
a) kne
b) skulder
c) bryst
d) ansikt

23) bone
a) hånd
b) ben
c) kroppen
d) pulsåre

24) kidney
a) bart
b) øre
c) øyevipp
d) nyre

Norwegian - Word Quiz - #60 - Parts of the Body
Select the closest Norwegian word to match the English word.

1) thorax
a) ryggrad
b) brystkasse
c) ansikt
d) hake

2) bone
a) ben
b) hode
c) pulsåre
d) knoke

3) brain
a) hjerne
b) knyttneve
c) leppe
d) lår

4) foot
a) blære
b) mage
c) nakke
d) fot

5) joint
a) knoke
b) kroppen
c) hud
d) ledd

6) finger
a) finger
b) muskel
c) iris
d) ansikt

7) thumb
a) hår
b) legg
c) tommel
d) blindtarm

8) throat
a) håndledd
b) hals
c) føtter
d) tenner

9) feet
a) øyelokk
b) føtter
c) bart
d) midje

10) rib
a) kjeve
b) skjegg
c) ribbein
d) panne

11) tooth
a) tann
b) øyenbryn
c) håndledd
d) bart

12) chin
a) hode
b) iris
c) hake
d) rygg

13) knuckle
a) knoke
b) skjegg
c) muskel
d) panne

14) moustache
a) bart
b) muskel
c) tann
d) hode

15) freckles
a) fregner
b) negl
c) ansikt
d) legg

16) waist
a) midje
b) blindtarm
c) øyevipp
d) lunge

17) teeth
a) ryggrad
b) knoke
c) iris
d) tenner

18) back
a) fregner
b) rygg
c) nakke
d) tann

19) lip
a) leppe
b) nese
c) øyenbryn
d) tommel

20) heart
a) hjerte
b) vene
c) bryst
d) finger

21) eyelid
a) øyelokk
b) kne
c) brystkasse
d) øye

22) skin
a) panne
b) hud
c) leppe
d) hals

23) liver
a) knoke
b) lever
c) ankel
d) hofte

24) nerve
a) håndledd
b) nerve
c) hake
d) finger

Norwegian - Word Quiz - #61 - Restaurant
Select the closest English word to match the Norwegian word.

1) ete
a) to reserve
b) lunch
c) to eat
d) cheap

2) duk
a) hungry
b) main course
c) waiter
d) tablecloth

3) salat gaffel
a) salad bowl
b) beverage
c) salad fork
d) tablecloth

4) bordsetting
a) to drink
b) setting
c) dinner
d) salad bowl

5) drikke
a) waitress
b) to drink
c) wine list
d) waiter

6) sulten
a) tablecloth
b) hungry
c) salad bowl
d) salad fork

7) billig
a) beverage
b) main course
c) cheap
d) menu

8) måltid
a) main course
b) meal
c) restaurant
d) to reserve

9) hovedrett
a) tablecloth
b) main course
c) restaurant
d) menu

10) bestille
a) to order
b) cheap
c) dessert
d) lunch

11) middag
a) dinner
b) to eat
c) to drink
d) beverage

12) reservere
a) salad bowl
b) to reserve
c) setting
d) lunch

13) vinkart
a) setting
b) meal
c) wine list
d) dinner

14) salatbolle
a) dinner
b) salad bowl
c) to drink
d) dessert

15) dessert
a) to drink
b) menu
c) salad bowl
d) dessert

16) drikkevare
a) beverage
b) salad fork
c) to order
d) to reserve

17) tørst
a) to eat
b) wine list
c) dessert
d) thirsty

18) restaurant
a) restaurant
b) waitress
c) lunch
d) to eat

19) servitøren
a) waitress
b) lunch
c) to order
d) salad bowl

20) lunsj
a) menu
b) lunch
c) meal
d) to eat

21) meny
a) to eat
b) meal
c) menu
d) main course

22) servitør
a) waiter
b) salad bowl
c) to reserve
d) to drink

23) drikkevare
a) cheap
b) menu
c) beverage
d) main course

24) sulten
a) hungry
b) to reserve
c) waiter
d) beverage

Norwegian - Word Quiz - #62 - Restaurant
Select the closest English word to match the Norwegian word.

1) bordsetting
a) to eat
b) cheap
c) to drink
d) setting

2) lunsj
a) menu
b) lunch
c) waitress
d) dessert

3) dessert
a) salad fork
b) dessert
c) tablecloth
d) to eat

4) vinkart
a) setting
b) waiter
c) to eat
d) wine list

5) tørst
a) to reserve
b) thirsty
c) tablecloth
d) restaurant

6) salat gaffel
a) hungry
b) salad fork
c) waiter
d) dinner

7) billig
a) cheap
b) to order
c) lunch
d) menu

8) meny
a) menu
b) salad fork
c) to drink
d) cheap

9) duk
a) dinner
b) tablecloth
c) waitress
d) cheap

10) bestille
a) wine list
b) to order
c) setting
d) dinner

11) hovedrett
a) dinner
b) meal
c) salad bowl
d) main course

12) reservere
a) setting
b) to drink
c) to reserve
d) lunch

13) servitør
a) hungry
b) waiter
c) restaurant
d) salad bowl

14) ete
a) dessert
b) to eat
c) tablecloth
d) setting

15) servitøren
a) waitress
b) salad bowl
c) salad fork
d) thirsty

16) sulten
a) hungry
b) salad fork
c) cheap
d) meal

17) salatbolle
a) lunch
b) to drink
c) dessert
d) salad bowl

18) drikkevare
a) restaurant
b) beverage
c) cheap
d) waitress

19) restaurant
a) thirsty
b) restaurant
c) to reserve
d) beverage

20) middag
a) wine list
b) dessert
c) dinner
d) cheap

21) måltid
a) wine list
b) dessert
c) dinner
d) meal

22) drikke
a) to drink
b) cheap
c) thirsty
d) waiter

23) servitøren
a) hungry
b) meal
c) to order
d) waitress

24) salatbolle
a) salad bowl
b) cheap
c) to drink
d) salad fork

Select the closest English word to match the Norwegian word.

1) dessert
   a) to eat
   b) tablecloth
   c) lunch
   d) dessert

2) ete
   a) salad bowl
   b) to eat
   c) restaurant
   d) salad fork

3) salat gaffel
   a) salad fork
   b) tablecloth
   c) hungry
   d) main course

4) bordsetting
   a) dessert
   b) to order
   c) setting
   d) to drink

5) servitøren
   a) waitress
   b) meal
   c) salad fork
   d) hungry

6) tørst
   a) wine list
   b) tablecloth
   c) hungry
   d) thirsty

7) drikkevare
   a) beverage
   b) salad bowl
   c) to eat
   d) waiter

8) måltid
   a) setting
   b) to eat
   c) meal
   d) to drink

9) meny
   a) menu
   b) cheap
   c) waitress
   d) dinner

10) servitør
   a) setting
   b) main course
   c) thirsty
   d) waiter

11) middag
   a) salad fork
   b) dinner
   c) salad bowl
   d) dessert

12) reservere
   a) thirsty
   b) salad fork
   c) to reserve
   d) to order

13) bestille
   a) menu
   b) to order
   c) to drink
   d) dessert

14) billig
   a) to order
   b) cheap
   c) thirsty
   d) beverage

15) hovedrett
   a) dessert
   b) waitress
   c) main course
   d) waiter

16) vinkart
   a) dessert
   b) wine list
   c) to reserve
   d) to drink

17) drikke
   a) meal
   b) to drink
   c) setting
   d) main course

18) lunsj
   a) restaurant
   b) beverage
   c) setting
   d) lunch

19) sulten
   a) to reserve
   b) waiter
   c) to order
   d) hungry

20) restaurant
   a) waiter
   b) cheap
   c) main course
   d) restaurant

21) duk
   a) beverage
   b) waitress
   c) cheap
   d) tablecloth

22) salatbolle
   a) to reserve
   b) salad bowl
   c) dinner
   d) cheap

23) salatbolle
   a) salad bowl
   b) meal
   c) to order
   d) dinner

24) middag
   a) dinner
   b) tablecloth
   c) to drink
   d) beverage

Norwegian - Word Quiz - #64 - Restaurant
Select the closest Norwegian word to match the English word.

1) wine list
a) vinkart
b) måltid
c) billig
d) bordsetting

2) cheap
a) vinkart
b) tørst
c) billig
d) sulten

3) restaurant
a) sulten
b) bordsetting
c) restaurant
d) dessert

4) beverage
a) tørst
b) salat gaffel
c) lunsj
d) drikkevare

5) salad fork
a) bordsetting
b) vinkart
c) salatbolle
d) salat gaffel

6) salad bowl
a) salat gaffel
b) salatbolle
c) reservere
d) servitøren

7) dessert
a) meny
b) drikkevare
c) bordsetting
d) dessert

8) hungry
a) sulten
b) middag
c) restaurant
d) drikke

9) dinner
a) reservere
b) tørst
c) middag
d) salat gaffel

10) lunch
a) salat gaffel
b) hovedrett
c) lunsj
d) bestille

11) to drink
a) reservere
b) vinkart
c) bordsetting
d) drikke

12) to reserve
a) meny
b) reservere
c) restaurant
d) servitøren

13) to order
a) bestille
b) sulten
c) meny
d) vinkart

14) thirsty
a) restaurant
b) vinkart
c) billig
d) tørst

15) waiter
a) servitør
b) salat gaffel
c) drikke
d) servitøren

16) meal
a) duk
b) middag
c) måltid
d) vinkart

17) tablecloth
a) bordsetting
b) reservere
c) duk
d) måltid

18) main course
a) drikkevare
b) salat gaffel
c) ete
d) hovedrett

19) waitress
a) vinkart
b) servitøren
c) restaurant
d) dessert

20) setting
a) ete
b) hovedrett
c) bordsetting
d) dessert

21) menu
a) restaurant
b) hovedrett
c) ete
d) meny

22) to eat
a) måltid
b) middag
c) ete
d) duk

23) to order
a) bestille
b) bordsetting
c) sulten
d) hovedrett

24) to reserve
a) middag
b) drikke
c) restaurant
d) reservere

Norwegian - Word Quiz - #65 - Restaurant
Select the closest Norwegian word to match the English word.

1) dessert
- a) hovedrett
- b) sulten
- c) bestille
- d) dessert

2) waiter
- a) tørst
- b) servitør
- c) måltid
- d) drikke

3) lunch
- a) bestille
- b) drikke
- c) hovedrett
- d) lunsj

4) cheap
- a) bestille
- b) dessert
- c) tørst
- d) billig

5) waitress
- a) salat gaffel
- b) servitøren
- c) restaurant
- d) bordsetting

6) to drink
- a) billig
- b) vinkart
- c) drikke
- d) duk

7) hungry
- a) servitør
- b) ete
- c) sulten
- d) hovedrett

8) salad fork
- a) billig
- b) drikkevare
- c) salat gaffel
- d) vinkart

9) tablecloth
- a) bordsetting
- b) drikke
- c) drikkevare
- d) duk

10) meal
- a) måltid
- b) salat gaffel
- c) drikke
- d) restaurant

11) menu
- a) reservere
- b) bordsetting
- c) meny
- d) hovedrett

12) wine list
- a) ete
- b) vinkart
- c) hovedrett
- d) bordsetting

13) salad bowl
- a) ete
- b) restaurant
- c) salatbolle
- d) reservere

14) beverage
- a) servitøren
- b) lunsj
- c) drikkevare
- d) hovedrett

15) to reserve
- a) lunsj
- b) restaurant
- c) drikkevare
- d) reservere

16) dinner
- a) bestille
- b) lunsj
- c) drikkevare
- d) middag

17) thirsty
- a) bestille
- b) lunsj
- c) ete
- d) tørst

18) to order
- a) meny
- b) ete
- c) drikkevare
- d) bestille

19) to eat
- a) tørst
- b) ete
- c) drikkevare
- d) servitøren

20) setting
- a) salatbolle
- b) ete
- c) bordsetting
- d) salat gaffel

21) main course
- a) salatbolle
- b) salat gaffel
- c) hovedrett
- d) servitøren

22) restaurant
- a) restaurant
- b) tørst
- c) billig
- d) sulten

23) dessert
- a) lunsj
- b) dessert
- c) bordsetting
- d) salatbolle

24) restaurant
- a) restaurant
- b) drikke
- c) bestille
- d) meny

Norwegian - Word Quiz - #66 - Restaurant
Select the closest Norwegian word to match the English word.

1) meal
a) bestille
b) duk
c) måltid
d) ete

2) main course
a) bordsetting
b) hovedrett
c) drikke
d) restaurant

3) salad bowl
a) ete
b) bestille
c) drikkevare
d) salatbolle

4) wine list
a) servitøren
b) tørst
c) salatbolle
d) vinkart

5) dessert
a) tørst
b) dessert
c) sulten
d) meny

6) to drink
a) drikke
b) ete
c) restaurant
d) duk

7) lunch
a) restaurant
b) lunsj
c) bestille
d) sulten

8) salad fork
a) dessert
b) salat gaffel
c) billig
d) bordsetting

9) hungry
a) bordsetting
b) sulten
c) drikke
d) hovedrett

10) cheap
a) middag
b) billig
c) servitør
d) bordsetting

11) menu
a) ete
b) salat gaffel
c) meny
d) drikkevare

12) waiter
a) salatbolle
b) duk
c) servitør
d) vinkart

13) to reserve
a) billig
b) måltid
c) lunsj
d) reservere

14) waitress
a) måltid
b) sulten
c) duk
d) servitøren

15) beverage
a) dessert
b) drikkevare
c) vinkart
d) sulten

16) setting
a) drikke
b) dessert
c) meny
d) bordsetting

17) thirsty
a) måltid
b) vinkart
c) tørst
d) lunsj

18) restaurant
a) bestille
b) servitøren
c) restaurant
d) salat gaffel

19) to order
a) reservere
b) billig
c) bestille
d) servitøren

20) dinner
a) sulten
b) middag
c) ete
d) hovedrett

21) to eat
a) ete
b) drikke
c) drikkevare
d) dessert

22) tablecloth
a) sulten
b) meny
c) duk
d) drikkevare

23) waiter
a) bordsetting
b) hovedrett
c) sulten
d) servitør

24) setting
a) servitøren
b) bordsetting
c) salatbolle
d) salat gaffel

233

Norwegian - Word Quiz - #67 - Vegetables
Select the closest English word to match the Norwegian word.

1) gresskar
a) asparagus
b) peas
c) pumpkin
d) carrot

2) agurk
a) potato
b) onion
c) spinach
d) cucumber

3) fenikkel
a) onion
b) cucumber
c) fennel
d) mushroom

4) grønnsak
a) pumpkin
b) vegetable
c) gherkins
d) spinach

5) asparges
a) tomato
b) asparagus
c) garlic
d) peas

6) kål
a) garlic
b) artichoke
c) cucumber
d) cabbage

7) tomat
a) tomato
b) celery
c) zucchini
d) asparagus

8) løk
a) pepper
b) onion
c) cabbage
d) celery

9) potet
a) aubergine
b) potato
c) beet
d) broccoli

10) gulrot
a) carrot
b) artichoke
c) mushroom
d) radish

11) spinat
a) vegetable
b) corn
c) radish
d) spinach

12) rødbete
a) mushroom
b) beet
c) garlic
d) broccoli

13) brokkoli
a) corn
b) broccoli
c) vegetable
d) peas

14) bønner
a) radish
b) asparagus
c) beans
d) carrot

15) hvitløk
a) cauliflower
b) garlic
c) beet
d) peas

16) selleri
a) cucumber
b) celery
c) mushroom
d) fennel

17) pepper
a) cabbage
b) pepper
c) gherkins
d) cauliflower

18) aubergin
a) corn
b) parsley
c) aubergine
d) onion

19) korn
a) potato
b) corn
c) radish
d) mushroom

20) erter
a) peas
b) aubergine
c) vegetable
d) corn

21) reddik
a) celery
b) beans
c) radish
d) beet

22) sopp
a) cauliflower
b) chick-peas
c) pumpkin
d) mushroom

23) sylteagurk
a) gherkins
b) potato
c) parsley
d) onion

24) persille
a) radish
b) parsley
c) tomato
d) mushroom

Norwegian - Word Quiz - #68 - Vegetables
Select the closest English word to match the Norwegian word.

1) squash
a) zucchini
b) cucumber
c) vegetable
d) beet

2) artisjokk
a) chick-peas
b) aubergine
c) artichoke
d) gherkins

3) asparges
a) peas
b) onion
c) asparagus
d) broccoli

4) pepper
a) garlic
b) beans
c) peas
d) pepper

5) kikerter
a) chick-peas
b) broccoli
c) artichoke
d) onion

6) korn
a) gherkins
b) garlic
c) mushroom
d) corn

7) potet
a) potato
b) tomato
c) chick-peas
d) carrot

8) reddik
a) parsley
b) radish
c) beet
d) tomato

9) løk
a) garlic
b) parsley
c) onion
d) chick-peas

10) gresskar
a) cabbage
b) chick-peas
c) pumpkin
d) onion

11) tomat
a) carrot
b) corn
c) fennel
d) tomato

12) fenikkel
a) peas
b) potato
c) fennel
d) zucchini

13) spinat
a) parsley
b) corn
c) spinach
d) gherkins

14) bønner
a) spinach
b) aubergine
c) celery
d) beans

15) rødbete
a) beet
b) radish
c) pepper
d) celery

16) gulrot
a) aubergine
b) carrot
c) pepper
d) zucchini

17) sylteagurk
a) spinach
b) gherkins
c) mushroom
d) onion

18) aubergin
a) aubergine
b) tomato
c) fennel
d) pumpkin

19) sopp
a) chick-peas
b) mushroom
c) cucumber
d) beans

20) kål
a) cabbage
b) aubergine
c) artichoke
d) mushroom

21) brokkoli
a) gherkins
b) artichoke
c) beans
d) broccoli

22) persille
a) beet
b) parsley
c) garlic
d) asparagus

23) hvitløk
a) garlic
b) onion
c) zucchini
d) pumpkin

24) grønnsak
a) vegetable
b) zucchini
c) broccoli
d) gherkins

Norwegian - Word Quiz - #69 - Vegetables
Select the closest English word to match the Norwegian word.

1) fenikkel
 a) cabbage
 b) asparagus
 c) fennel
 d) tomato

2) sopp
 a) mushroom
 b) gherkins
 c) cabbage
 d) onion

3) artisjokk
 a) potato
 b) artichoke
 c) cauliflower
 d) cabbage

4) aubergin
 a) radish
 b) fennel
 c) aubergine
 d) artichoke

5) gresskar
 a) pumpkin
 b) asparagus
 c) cauliflower
 d) garlic

6) kål
 a) corn
 b) beet
 c) radish
 d) cabbage

7) selleri
 a) celery
 b) tomato
 c) carrot
 d) onion

8) brokkoli
 a) zucchini
 b) beet
 c) broccoli
 d) beans

9) potet
 a) potato
 b) onion
 c) broccoli
 d) spinach

10) hvitløk
 a) beet
 b) celery
 c) garlic
 d) zucchini

11) sylteagurk
 a) pepper
 b) garlic
 c) gherkins
 d) pumpkin

12) gulrot
 a) carrot
 b) gherkins
 c) mushroom
 d) broccoli

13) squash
 a) zucchini
 b) tomato
 c) beans
 d) broccoli

14) agurk
 a) spinach
 b) celery
 c) cauliflower
 d) cucumber

15) pepper
 a) cabbage
 b) gherkins
 c) pepper
 d) carrot

16) løk
 a) onion
 b) celery
 c) zucchini
 d) beet

17) spinat
 a) gherkins
 b) vegetable
 c) cauliflower
 d) spinach

18) erter
 a) beet
 b) onion
 c) tomato
 d) peas

19) bønner
 a) beans
 b) mushroom
 c) chick-peas
 d) pepper

20) korn
 a) onion
 b) vegetable
 c) peas
 d) corn

21) reddik
 a) parsley
 b) garlic
 c) radish
 d) beans

22) kikerter
 a) zucchini
 b) chick-peas
 c) parsley
 d) pepper

23) rødbete
 a) beet
 b) artichoke
 c) tomato
 d) vegetable

24) asparges
 a) asparagus
 b) beans
 c) peas
 d) tomato

Norwegian - Word Quiz - #70 - Vegetables
Select the closest Norwegian word to match the English word.

1) carrot
a) gulrot
b) tomat
c) løk
d) spinat

2) spinach
a) sopp
b) løk
c) spinat
d) korn

3) celery
a) artisjokk
b) persille
c) selleri
d) asparges

4) mushroom
a) tomat
b) sopp
c) squash
d) asparges

5) cucumber
a) selleri
b) løk
c) agurk
d) blomkål

6) potato
a) blomkål
b) asparges
c) potet
d) agurk

7) cauliflower
a) spinat
b) sylteagurk
c) blomkål
d) grønnsak

8) vegetable
a) grønnsak
b) reddik
c) selleri
d) korn

9) aubergine
a) rødbete
b) sylteagurk
c) aubergin
d) grønnsak

10) tomato
a) fenikkel
b) tomat
c) kikerter
d) squash

11) artichoke
a) artisjokk
b) sylteagurk
c) squash
d) spinat

12) peas
a) gulrot
b) potet
c) erter
d) bønner

13) asparagus
a) erter
b) gresskar
c) hvitløk
d) asparges

14) garlic
a) kål
b) hvitløk
c) selleri
d) spinat

15) corn
a) selleri
b) persille
c) korn
d) brokkoli

16) zucchini
a) potet
b) squash
c) rødbete
d) hvitløk

17) beans
a) persille
b) potet
c) bønner
d) brokkoli

18) fennel
a) bønner
b) kikerter
c) fenikkel
d) gresskar

19) onion
a) agurk
b) kål
c) løk
d) persille

20) gherkins
a) fenikkel
b) brokkoli
c) rødbete
d) sylteagurk

21) cabbage
a) løk
b) bønner
c) kål
d) agurk

22) beet
a) agurk
b) asparges
c) potet
d) rødbete

23) radish
a) sopp
b) brokkoli
c) kikerter
d) reddik

24) chick-peas
a) spinat
b) gulrot
c) blomkål
d) kikerter

Norwegian - Word Quiz - #71 - Vegetables
Select the closest Norwegian word to match the English word.

1) onion
a) løk
b) selleri
c) sopp
d) korn

2) garlic
a) hvitløk
b) spinat
c) kikerter
d) rødbete

3) zucchini
a) selleri
b) squash
c) kikerter
d) artisjokk

4) carrot
a) hvitløk
b) grønnsak
c) potet
d) gulrot

5) vegetable
a) sopp
b) grønnsak
c) kål
d) agurk

6) beans
a) pepper
b) korn
c) bønner
d) sopp

7) pumpkin
a) reddik
b) brokkoli
c) gresskar
d) korn

8) tomato
a) fenikkel
b) erter
c) tomat
d) gresskar

9) mushroom
a) sopp
b) reddik
c) gresskar
d) potet

10) pepper
a) spinat
b) pepper
c) blomkål
d) asparges

11) fennel
a) agurk
b) pepper
c) asparges
d) fenikkel

12) radish
a) spinat
b) reddik
c) blomkål
d) sopp

13) aubergine
a) bønner
b) brokkoli
c) aubergin
d) kål

14) gherkins
a) potet
b) sylteagurk
c) grønnsak
d) spinat

15) celery
a) selleri
b) rødbete
c) kikerter
d) erter

16) potato
a) potet
b) brokkoli
c) erter
d) kål

17) parsley
a) reddik
b) persille
c) sopp
d) erter

18) cauliflower
a) blomkål
b) agurk
c) gulrot
d) persille

19) beet
a) brokkoli
b) asparges
c) rødbete
d) løk

20) peas
a) grønnsak
b) erter
c) squash
d) blomkål

21) asparagus
a) asparges
b) korn
c) sopp
d) reddik

22) spinach
a) grønnsak
b) gresskar
c) spinat
d) erter

23) corn
a) agurk
b) gresskar
c) selleri
d) korn

24) broccoli
a) selleri
b) brokkoli
c) grønnsak
d) tomat

Norwegian - Word Quiz - #72 - Vegetables
Select the closest Norwegian word to match the English word.

1) spinach
a) tomat
b) artisjokk
c) reddik
d) spinat

2) radish
a) artisjokk
b) kikerter
c) reddik
d) persille

3) parsley
a) pepper
b) persille
c) reddik
d) korn

4) pumpkin
a) aubergin
b) gresskar
c) pepper
d) reddik

5) chick-peas
a) brokkoli
b) gulrot
c) kikerter
d) aubergin

6) broccoli
a) brokkoli
b) gulrot
c) potet
d) selleri

7) potato
a) kikerter
b) squash
c) tomat
d) potet

8) carrot
a) sopp
b) gulrot
c) squash
d) blomkål

9) aubergine
a) selleri
b) squash
c) aubergin
d) brokkoli

10) garlic
a) løk
b) persille
c) hvitløk
d) tomat

11) tomato
a) tomat
b) sopp
c) blomkål
d) gulrot

12) artichoke
a) kål
b) aubergin
c) artisjokk
d) korn

13) beet
a) hvitløk
b) asparges
c) løk
d) rødbete

14) pepper
a) pepper
b) artisjokk
c) potet
d) erter

15) peas
a) agurk
b) selleri
c) potet
d) erter

16) vegetable
a) persille
b) grønnsak
c) løk
d) selleri

17) mushroom
a) hvitløk
b) sopp
c) selleri
d) sylteagurk

18) cabbage
a) gulrot
b) rødbete
c) kål
d) reddik

19) beans
a) kikerter
b) bønner
c) hvitløk
d) rødbete

20) asparagus
a) selleri
b) asparges
c) potet
d) spinat

21) onion
a) grønnsak
b) korn
c) blomkål
d) løk

22) cucumber
a) agurk
b) brokkoli
c) selleri
d) pepper

23) fennel
a) agurk
b) løk
c) artisjokk
d) fenikkel

24) zucchini
a) erter
b) persille
c) squash
d) agurk

Quiz Solutions

#1 - 1) d - hangar   2) a - wheel   3) a - to sit down   4) b - seat   5) d - duty-free   6) c - departure
7) a - destination   8) b - ticket   9) b - flight   10) d - ticket agent   11) c - international   12) a - connection
13) d - toilet   14) b - turbulence   15) c - cabin   16) c - oxygen   17) c - airport   18) a - single ticket
19) a - arrival   20) a - headphones   21) a - boarding pass   22) d - suitcase   23) b - airplane
24) b - economy class

#2 - 1) b - round trip ticket   2) b - to declare   3) d - passenger   4) c - runway   5) d - ticket   6) a - non-
smoking   7) b - to board   8) d - life preserver   9) b - suitcase   10) b - gangway   11) b - air hostess
12) d - duty-free   13) c - window   14) a - first class   15) b - take off   16) c - metal detector   17) d - no
smoking   18) b - to carry   19) b - officer   20) c - pilot   21) b - to book   22) d - toilet   23) c - tray
24) b - turbulence

#3 - 1) d - airport   2) d - luggage   3) a - boarding pass   4) a - copilot   5) c - to declare   6) b - gate
7) d - ticket agent   8) a - take off   9) d - emergency   10) a - cabin   11) b - life preserver   12) a - toilet
13) d - seat   14) d - helicopter   15) c - information   16) c - first class   17) c - passenger   18) b - round trip
ticket   19) a - oxygen   20) d - late   21) d - arrival   22) d - airplane   23) b - no smoking   24) c - wheel

#4 - 1) d - øretelefoner   2) b - flygning   3) b - lande   4) c - informasjon   5) c - pilot   6) a - hjul   7) a - tur-
retur billett   8) d - flyvertinne   9) a - ankomst   10) d - vekt   11) c - sent   12) c - sette seg ned
13) d - ombordstigning   14) c - røyking   15) a - tidlig   16) d - å avbryte   17) d - koffert   18) c - passasjer
19) a - å fly   20) d - flyplass   21) a - røykfritt   22) c - destinasjon   23) b - brett   24) b - tax-free

#5 - 1) d - pass   2) b - vindu   3) b - ombordstigningskort   4) d - vekt   5) d - å deklarere   6) c - å skjekke
inn bagasje   7) c - øretelefoner   8) c - metalldetektor   9) d - fly   10) d - helikopter   11) a - hangar
12) c - direkte   13) d - å avbryte   14) a - innsjekking   15) d - forbindelse   16) b - sete   17) a - ankomst
18) d - destinasjon   19) a - lande   20) b - bagasje   21) c - oksygen   22) c - å bære   23) d - røyking
24) d - passasjer

#6 - 1) d - hangar   2) b - rullebane   3) c - å bære   4) c - røyking forbudt   5) c - flyplass   6) b - sikkerhet
7) b - destinasjon   8) a - nødsituasjon   9) a - sete   10) b - ryggsekk   11) c - bagasje   12) c - oksygen
13) c - billettinspektør   14) d - å skjekke inn bagasje   15) a - hjul   16) b - forbindelse   17) d - mannskap
18) a - kopilot   19) d - gate   20) d - redningsvest   21) d - ombordstigningskort   22) d - sette seg ned
23) d - pilot   24) d - øretelefoner

#7 - 1) b - camel   2) b - giraffe   3) b - lion   4) b - alligator   5) a - snake   6) a - monkey   7) a - rabbit
8) c - little dog   9) c - wolf   10) a - animal   11) a - koala   12) c - chipmunk   13) c - goat
14) a - aardvark   15) c - lynx   16) d - zebra   17) c - panther   18) b - tiger   19) d - kangaroo
20) c - cheetah   21) b - buffalo   22) d - tortoise   23) c - sheep   24) a - panda

#8 - 1) c - aardvark   2) c - camel   3) a - horse   4) c - crocodile   5) a - bobcat   6) a - hyena   7) c - giraffe
8) a - lion   9) d - pup   10) c - rabbit   11) b - deer   12) a - mule   13) d - dog   14) d - panther
15) c - llama   16) b - cheetah   17) c - porcupine   18) a - ocelot   19) b - monkey   20) a - little dog
21) b - bull   22) c - toad   23) d - squirrel   24) d - bear

Quiz Solutions

#9 - 1) b - goat 2) d - rat 3) d - sheep 4) b - chipmunk 5) b - toad 6) b - armadillo 7) d - tortoise
8) c - deer 9) b - panther 10) d - fox 11) d - cheetah 12) b - panda 13) b - hyena 14) a - bull
15) b - little dog 16) a - animal 17) d - ocelot 18) d - rhinoceros 19) c - mule 20) c - lamb
21) a - cougar 22) d - donkey 23) a - bobcat 24) b - leopard

#10 - 1) d - bøffel 2) a - løve 3) a - hund 4) c - maursluker 5) d - panda 6) b - geit 7) a - jordekorn
8) c - dyr 9) b - padde 10) b - sebra 11) c - rødgaupe 12) c - panter 13) c - ekorn 14) a - muldyr
15) a - leopard 16) c - sau 17) a - okse 18) d - jaguar 19) c - lam 20) a - beltedyr 21) a - lama
22) b - grevling 23) b - elefant 24) a - koala

#11 - 1) c - bjørn 2) d - slange 3) a - flodhest 4) c - gaselle 5) b - ulv 6) b - alligator 7) b - hund
8) c - bøffel 9) b - rødgaupe 10) d - gaupe 11) d - rev 12) d - lam 13) c - kanin 14) a - gorilla
15) a - krokodille 16) c - kamel 17) b - panter 18) a - puma 19) d - wallaby 20) b - grevling
21) d - koala 22) c - sau 23) d - jordpinnsvin 24) a - jordekorn

#12 - 1) c - panter 2) a - ku 3) c - gepard 4) d - løve 5) c - rev 6) d - wallaby 7) a - kamel
8) d - apekatt 9) a - sebra 10) a - flodhest 11) a - gaselle 12) a - gris 13) c - leopard 14) c - liten
hund 15) a - hjort 16) c - jordekorn 17) a - lam 18) a - hund 19) c - grevling 20) a - frosk
21) d - panda 22) b - jaguar 23) b - hyene 24) d - rødgaupe

#13 - 1) a - kitchen sink 2) b - washing machine 3) c - drinking glass 4) c - bottle 5) b - tap
6) d - drawer 7) a - dishwasher 8) d - rubbish bag 9) a - stove 10) b - alarm clock 11) d - chair
12) c - wall 13) a - pillow 14) a - house 15) b - ceiling 16) b - wallet 17) d - staircase
18) c - wardrobe 19) d - mixer 20) b - vase 21) b - fork 22) d - pail 23) a - cabinet 24) c - bed

#14 - 1) b - fork 2) a - refrigerator 3) b - radio 4) d - dresser 5) b - spoon 6) b - washing machine
7) d - glass 8) c - pillow 9) a - knife 10) d - chair 11) a - sheet 12) d - bath (tub) 13) b - image
14) d - bed 15) a - staircase 16) a - rubbish can 17) c - curtain 18) b - box 19) a - kitchen
20) c - furniture 21) c - carpet 22) d - handbag 23) c - tap 24) a - dishwasher

#15 - 1) a - soap 2) b - painting 3) d - ceiling 4) c - wall 5) a - cot 6) c - washing machine 7) d - vase
8) d - key 9) b - cabinet 10) b - hoover 11) d - carpet 12) b - table 13) a - shower curtain
14) c - radio 15) b - curtain 16) b - staircase 17) b - drinking glass 18) c - toaster 19) b - torch
20) d - telephone 21) c - bag 22) d - blender 23) b - sheet 24) d - mixer

#16 - 1) d - kjøkken 2) b - kjøleskap 3) a - sovepose 4) c - hylle 5) d - oppvaskmaskin 6) a - komfyr
7) a - kasserolle 8) a - speil 9) a - støvsuger 10) d - skje 11) b - tak 12) c - fryser 13) d - klokke
14) c - veske 15) d - såpe 16) a - brødrister 17) a - badekar 18) b - nøkkel 19) b - kommode
20) a - lampe 21) d - dør 22) c - vase 23) b - mikser 24) c - bolle

Quiz Solutions

#17 - 1) a - fat 2) d - tak 3) d - serviett 4) a - miksmaster 5) c - tallerken 6) d - tørketrommel
7) c - etasje 8) d - lommelykt 9) c - askebeger 10) c - søppelbøtte 11) a - sovepose 12) a - speil
13) a - teppe 14) c - kran 15) a - vannkjele 16) b - støvsuger 17) d - gardin 18) a - kasserolle
19) c - Vekkerklokke 20) c - kopp 21) c - sofa 22) b - nøkkel 23) c - radio 24) d - TV

#18 - 1) a - kjøkkenvask 2) d - søppelbøtte 3) d - fryser 4) d - gaffel 5) a - gardin 6) c - lommelykt
7) d - bilde 8) a - radio 9) c - kopp 10) b - komfyr 11) d - TV 12) c - glass 13) c - kost
14) d - drikkeglass 15) c - klokke 16) a - stol 17) b - Vekkerklokke 18) c - bolle 19) d - støvsuger
20) b - bokhylle 21) a - veske 22) d - oppvaskmaskin 23) c - kjøkken 24) b - vase

#19 - 1) a - swan 2) b - pheasant 3) c - crow 4) c - duck 5) a - goose 6) c - nightingale 7) d - dove
8) b - flamingo 9) d - bird 10) a - stork 11) c - eagle 12) a - heron 13) a - turkey 14) a - parrot
15) c - hen 16) d - sparrow 17) a - seagull 18) b - rooster 19) b - vulture 20) c - hawk 21) c - pelican
22) d - ostrich 23) a - owl 24) d - goose

#20 - 1) b - nightingale 2) b - seagull 3) b - bird 4) b - swan 5) b - owl 6) b - ostrich 7) a - hen
8) c - turkey 9) c - vulture 10) a - stork 11) d - pelican 12) a - dove 13) b - flamingo 14) a - rooster
15) d - sparrow 16) a - eagle 17) c - parrot 18) c - crow 19) a - hawk 20) d - heron 21) a - goose
22) b - duck 23) d - pheasant 24) c - ostrich

#21 - 1) b - pheasant 2) b - seagull 3) c - dove 4) b - hen 5) d - turkey 6) b - pelican 7) a - parrot
8) a - hawk 9) a - ostrich 10) d - eagle 11) c - heron 12) d - duck 13) a - rooster 14) a - nightingale
15) b - crow 16) d - flamingo 17) b - stork 18) b - swan 19) a - owl 20) d - vulture 21) a - goose
22) a - bird 23) c - sparrow 24) b - hen

#22 - 1) c - gås 2) b - nattergal 3) c - hauk 4) b - flamingo 5) c - kalkun 6) a - due 7) b - ugle
8) c - høne 9) b - hane 10) c - kråke 11) d - spurv 12) b - hegre 13) d - struts 14) c - stork
15) d - måke 16) a - fasan 17) a - and 18) b - papegøye 19) a - svane 20) b - fugl 21) c - ørn
22) d - pelikan 23) b - gribb 24) d - måke

#23 - 1) d - fasan 2) b - ugle 3) a - and 4) a - flamingo 5) b - struts 6) a - hegre 7) c - ørn
8) b - svane 9) d - hane 10) b - måke 11) b - kalkun 12) b - spurv 13) a - pelikan 14) b - stork
15) b - nattergal 16) d - papegøye 17) a - hauk 18) b - høne 19) c - kråke 20) a - due 21) c - fugl
22) d - gås 23) d - gribb 24) c - due

#24 - 1) a - papegøye 2) a - hegre 3) a - ugle 4) a - kråke 5) c - due 6) d - fasan 7) b - nattergal
8) a - flamingo 9) c - gribb 10) b - kalkun 11) a - hane 12) a - spurv 13) a - gås 14) a - ørn
15) b - høne 16) b - hauk 17) b - svane 18) a - fugl 19) b - stork 20) a - pelikan 21) d - måke
22) a - struts 23) d - and 24) b - gribb

Quiz Solutions

#25 - 1) d - blouse   2) a - cap   3) a - bow tie   4) a - coat   5) b - stockings   6) b - belt   7) b - mackintosh
8) d - cardigan   9) a - clothes   10) c - slippers   11) d - scarf   12) d - T-shirt   13) a - overcoat   14) a - suit
15) c - corset   16) b - hiking boots   17) b - bathing suit   18) b - bikini   19) c - glove   20) d - shirt
21) d - socks   22) c - zip   23) c - sweatshirt   24) b - waistcoat

#26 - 1) d - stockings   2) d - bikini   3) c - knickers   4) c - running shoes   5) d - skirt
6) a - braces/suspenders   7) a - cap   8) b - shirt   9) c - jacket   10) b - T-shirt   11) a - corset   12) b - dress
13) a - glove   14) b - handkerchief   15) b - jeans   16) a - zip   17) a - overalls   18) c - sweatshirt
19) b - tights   20) b - cardigan   21) a - bathing suit   22) a - waistcoat   23) c - pyjamas   24) a - scarf

#27 - 1) b - jacket   2) a - tights   3) d - gloves   4) d - necktie   5) c - dress   6) c - shirt   7) c - handkerchief
8) c - braces/suspenders   9) d - suit   10) b - belt   11) a - skirt   12) a - glove   13) a - socks   14) c - jeans
15) d - T-shirt   16) d - running shoes   17) c - overcoat   18) c - bathing suit   19) c - dressing gown
20) b - zip   21) d - jumper   22) d - slippers   23) c - bikini   24) b - briefs

#28 - 1) c - jumpsuit   2) d - badedrakt   3) a - tøfler   4) c - skjerf   5) d - cardigan   6) b - slips
7) a - lommetørkle   8) d - klær   9) b - truse   10) c - collegegenser   11) c - BH   12) c - sokker
13) d - hanske   14) c - bikini   15) b - vest   16) a - joggesko   17) a - strømper   18) c - anorakk
19) b - hansker   20) d - størrelse   21) a - frakk   22) d - bluse   23) d - bukse   24) d - glidelås

#29 - 1) b - glidelås   2) c - klær   3) d - fjellstøvler   4) b - dress   5) d - sokker   6) d - slips   7) a - bukse
8) a - vest   9) c - strømpebukse   10) d - skjerf   11) c - skjørt   12) a - jumpsuit   13) d - hansker
14) b - frakk   15) d - bluse   16) b - dongeribukse   17) c - t-skjorte   18) b - slåbrok   19) a - strømper
20) a - cardigan   21) a - bikini   22) c - snekkerbukse   23) a - regnjakke   24) a - kjole

#30 - 1) b - tøfler   2) c - bukse   3) c - t-skjorte   4) b - pyjamas   5) a - regnjakke   6) d - genser
7) c - jumpsuit   8) b - hofteholder   9) c - frakk   10) b - joggesko   11) d - truse   12) c - vest
13) a - cardigan   14) b - dress   15) b - hansker   16) b - skjørt   17) c - slåbrok   18) b - skjerf
19) d - lommetørkle   20) b - sløyfe   21) b - underbukse   22) c - strømpebukse   23) a - lue   24) c - kjole

#31 - 1) b - nephew   2) d - grandfather   3) d - daughter   4) b - uncle   5) d - parent   6) b - stepmother
7) c - family   8) b - stepbrother   9) c - mother   10) b - stepson   11) d - stepdaughter   12) a - bride
13) d - dad   14) a - relative   15) a - wife   16) a - stepsister   17) a - cousin   18) b - husband
19) b - relatives   20) a - aunt   21) d - grandchild   22) c - sister   23) c - brother   24) b - mum

#32 - 1) b - parents   2) a - stepdaughter   3) a - brother   4) a - dad   5) b - cousin   6) a - relative
7) d - nephew   8) b - father   9) b - stepmother   10) c - husband   11) a - stepbrother   12) b - relatives
13) c - stepsister   14) d - son   15) b - uncle   16) b - family   17) c - grandfather   18) a - sister
19) c - bride   20) a - mother   21) a - parent   22) a - aunt   23) b - wife   24) d - grandmother

Quiz Solutions

#33 - 1) b - family   2) d - stepdaughter   3) a - brother   4) d - niece   5) a - bride   6) d - mother   7) c - relatives   8) a - sister   9) a - stepmother   10) a - wife   11) c - parents   12) d - stepson   13) a - husband   14) b - grandchild   15) c - father   16) a - grandfather   17) b - stepbrother   18) c - dad   19) b - aunt   20) b - parent   21) a - stepfather   22) d - nephew   23) a - stepsister   24) a - daughter

#34 - 1) d - stebror   2) c - stesønn   3) b - tante   4) d - slektning   5) b - stedatter   6) b - stesøster   7) b - kone   8) b - fetter   9) a - bror   10) d - far   11) b - stemor   12) b - slektninger   13) a - bestemor   14) b - brud   15) a - datter   16) a - barnebarn   17) c - søster   18) b - onkel   19) b - forelder   20) b - niese   21) a - bestefar   22) c - familie   23) b - stefar   24) a - mor

#35 - 1) d - mamma   2) b - bror   3) a - nevø   4) d - slektning   5) d - slektninger   6) d - stefar   7) b - stesøster   8) c - fetter   9) a - brud   10) d - sønn   11) c - kone   12) d - familie   13) c - tante   14) b - stebror   15) d - mor   16) c - mann   17) d - foreldre   18) a - søster   19) d - stedatter   20) b - pappa   21) d - stesønn   22) a - niese   23) c - stemor   24) b - forelder

#36 - 1) d - stefar   2) d - mann   3) a - slektning   4) b - tante   5) c - stebror   6) c - stesøster   7) b - slektninger   8) a - foreldre   9) b - bror   10) a - mamma   11) b - forelder   12) a - niese   13) c - nevø   14) c - stemor   15) a - familie   16) d - onkel   17) d - kone   18) b - datter   19) d - stedatter   20) b - brud   21) d - bestefar   22) b - stesønn   23) a - bestemor   24) a - pappa

#37 - 1) b - olive oil   2) c - vegetable soup   3) d - butter   4) d - egg   5) a - yoghurt   6) a - ice-cream   7) c - salad   8) b - milk   9) b - vinegar   10) d - biscuit   11) c - salt   12) d - chocolate bar   13) b - roll   14) d - cake   15) a - mustard   16) d - food   17) a - pastry   18) d - bread   19) a - sugar   20) c - cheese   21) b - yoghurt   22) c - mustard   23) c - pastry   24) c - food

#38 - 1) b - chocolate bar   2) a - salad   3) d - mustard   4) a - salt   5) d - pastry   6) c - sugar   7) d - olive oil   8) a - milk   9) b - cheese   10) a - ice-cream   11) c - roll   12) a - bread   13) d - vinegar   14) c - cake   15) d - yoghurt   16) b - food   17) c - biscuit   18) a - vegetable soup   19) d - butter   20) a - egg   21) c - biscuit   22) c - butter   23) a - vinegar   24) d - sugar

#39 - 1) c - vinegar   2) b - ice-cream   3) a - yoghurt   4) a - roll   5) d - food   6) d - biscuit   7) a - cheese   8) a - mustard   9) d - egg   10) c - bread   11) d - chocolate bar   12) d - butter   13) c - sugar   14) c - milk   15) a - olive oil   16) a - salad   17) d - vegetable soup   18) b - salt   19) a - cake   20) c - pastry   21) b - olive oil   22) d - butter   23) d - salt   24) d - salad

#40 - 1) b - kake   2) c - rundstykke   3) d - eddik   4) d - kjeks   5) d - sennep   6) b - sjokoladeplate   7) a - ost   8) b - yoghurt   9) d - melk   10) a - olivenolje   11) b - sukker   12) a - salat   13) b - salt   14) c - egg   15) c - brød   16) a - bakverk   17) a - smør   18) c - mat   19) b - grønnsakssuppe   20) b - iskrem   21) b - yoghurt   22) a - salat   23) c - sukker   24) b - melk

Quiz Solutions

#41 - 1) b - bakverk   2) c - salat   3) b - eddik   4) d - grønnsakssuppe   5) a - kjeks   6) d - olivenolje
7) d - rundstykke   8) b - brød   9) c - sukker   10) b - ost   11) c - salt   12) c - sjokoladeplate   13) d - smør
14) a - melk   15) a - mat   16) d - sennep   17) a - kake   18) b - yoghurt   19) a - iskrem   20) c - egg
21) b - egg   22) a - smør   23) a - yoghurt   24) b - salat

#42 - 1) b - mat   2) b - melk   3) c - brød   4) b - sukker   5) a - salat   6) a - kjeks   7) b - rundstykke
8) b - yoghurt   9) d - grønnsakssuppe   10) c - sjokoladeplate   11) a - kake   12) a - smør   13) d - eddik
14) d - bakverk   15) c - ost   16) c - olivenolje   17) b - iskrem   18) d - salt   19) c - egg   20) c - sennep
21) b - yoghurt   22) b - sennep   23) a - kake   24) b - mat

#43 - 1) a - raspberry   2) d - date   3) b - raisin   4) b - pineapple   5) c - fruit   6) c - apple   7) b - grape
8) c - coconut   9) c - grapefruit   10) d - watermelon   11) d - orange   12) a - banana   13) d - tangerine
14) b - blackberry   15) a - pear   16) a - walnut   17) c - chestnut   18) d - almond   19) d - prune
20) d - lemon   21) a - plum   22) a - cherry   23) d - strawberry   24) a - lime

#44 - 1) b - rhubarb   2) b - raisin   3) a - pineapple   4) a - date   5) c - apricot   6) a - apple   7) b - walnut
8) a - blueberry   9) a - peach   10) b - grapefruit   11) a - pear   12) c - fig   13) a - blackberry
14) a - peanut   15) d - almond   16) d - plum   17) b - grape   18) d - orange   19) c - coconut
20) d - raspberry   21) a - banana   22) c - prune   23) a - cherry   24) a - melon

#45 - 1) a - strawberry   2) a - lime   3) b - chestnut   4) a - rhubarb   5) c - grape   6) d - peach
7) d - peanut   8) a - apricot   9) c - watermelon   10) c - prune   11) d - almond   12) c - date   13) a - fig
14) b - apple   15) d - hazelnut   16) c - banana   17) a - blackberry   18) d - raspberry   19) b - raisin
20) b - fruit   21) b - plum   22) c - lemon   23) d - cherry   24) b - coconut

#46 - 1) b - pære   2) c - eple   3) c - sitron   4) a - bjørnebær   5) c - grapefrukt   6) c - frukt   7) b - appelsin
8) a - fiken   9) c - sviske   10) d - melon   11) b - vannmelon   12) b - kirsebær   13) b - drue
14) c - hasselnøtt   15) b - rosiner   16) b - ananas   17) b - fersken   18) a - mandel   19) a - jordbær
20) c - valnøtt   21) a - mandarin   22) a - kokosnøtt   23) c - plomme   24) b - aprikos

#47 - 1) b - melon   2) b - kastanje   3) b - ananas   4) a - appelsin   5) a - valnøtt   6) a - hasselnøtt
7) d - lime   8) a - vannmelon   9) c - plomme   10) a - daddel   11) a - sitron   12) d - fiken
13) d - bjørnebær   14) a - mandarin   15) a - pære   16) c - jordbær   17) c - peanøtt   18) c - blåbær
19) a - aprikos   20) c - drue   21) a - rosiner   22) d - mandel   23) d - eple   24) d - kokosnøtt

#48 - 1) a - eple   2) b - sviske   3) a - fersken   4) a - kokosnøtt   5) d - blåbær   6) c - lime   7) b - kirsebær
8) b - kastanje   9) d - mandel   10) d - fiken   11) a - grapefrukt   12) b - daddel   13) d - melon
14) b - frukt   15) d - rabarbra   16) b - appelsin   17) d - mandarin   18) c - valnøtt   19) d - banan
20) d - vannmelon   21) d - peanøtt   22) a - hasselnøtt   23) b - rosiner   24) a - bjørnebær

Quiz Solutions

#49 - 1) d - breakfast 2) a - booking 3) b - doorman 4) a - price 5) a - manager 6) a - swimming pool 7) b - suite 8) d - maid 9) c - reception desk 10) b - balcony 11) c - internet 12) a - receipt 13) a - bill 14) a - hotel 15) b - message 16) c - lobby 17) a - to pay 18) c - view 19) d - ground floor 20) b - entrance 21) b - air conditioning 22) c - ice 23) d - check-out 24) d - room

#50 - 1) d - to pay 2) a - bill 3) b - ice 4) a - internet 5) b - manager 6) b - room 7) a - garage 8) d - view 9) a - taxi 10) d - message 11) b - recreation 12) b - bellboy 13) a - dining room 14) d - reception desk 15) b - check-out 16) d - swimming pool 17) c - doorman 18) c - hotel 19) b - living room 20) a - receptionist 21) d - breakfast 22) d - balcony 23) b - air conditioning 24) c - ground floor

#51 - 1) a - dining room 2) c - room 3) a - balcony 4) b - lobby 5) c - doorman 6) a - ice 7) d - message 8) c - view 9) b - swimming pool 10) b - entrance 11) b - ground floor 12) c - reception desk 13) d - garage 14) a - check-out 15) b - breakfast 16) a - bill 17) c - to pay 18) a - maid 19) d - recreation 20) b - complaint 21) b - living room 22) a - lift 23) c - air conditioning 24) b - manager

#52 - 1) b - klage 2) d - spisestue 3) c - pris 4) c - første etasje 5) d - is 6) a - direktør 7) d - garasje 8) c - kvittering 9) c - luftkondisjonering 10) b - stuepike 11) a - pikkoloen 12) d - å betale 13) a - gang 14) b - heis 15) c - beskjed 16) b - dørvakt 17) d - resepsjonen 18) b - frokost 19) a - utsjekking 20) b - drosje 21) a - hotell 22) b - resepsjonist 23) d - utsikt 24) c - svømmebasseng

#53 - 1) c - heis 2) d - hotell 3) b - klage 4) d - utsjekking 5) b - resepsjonen 6) d - frokost 7) d - rekreasjon 8) c - pikkoloen 9) d - lobby 10) c - gang 11) a - suite 12) c - drosje 13) a - resepsjonist 14) c - pris 15) a - å betale 16) b - svømmebasseng 17) c - bestilling 18) a - balkong 19) c - første etasje 20) c - garasje 21) a - kvittering 22) a - is 23) a - rom 24) d - luftkondisjonering

#54 - 1) c - lobby 2) c - direktør 3) a - kvittering 4) a - rom 5) a - stuepike 6) a - heis 7) a - stue 8) a - suite 9) b - is 10) b - pikkoloen 11) b - hotell 12) a - rekreasjon 13) c - resepsjonen 14) c - resepsjonist 15) b - regning 16) c - garasje 17) b - dørvakt 18) d - klage 19) d - utsjekking 20) b - bestilling 21) d - luftkondisjonering 22) d - svømmebasseng 23) b - internett 24) d - utsikt

#55 - 1) a - vein 2) b - eye 3) b - head 4) a - thumb 5) b - lung 6) c - brain 7) b - mouth 8) c - nerve 9) a - body 10) c - moustache 11) a - tooth 12) c - eyelash 13) d - muscle 14) d - rib 15) d - hair 16) d - blood 17) d - thigh 18) a - tendon 19) d - artery 20) a - cheek 21) a - liver 22) a - ankle 23) b - back 24) c - beard

#56 - 1) d - eyebrow 2) c - wrist 3) b - back 4) d - eyelid 5) a - joint 6) b - skin 7) d - lip 8) a - moustache 9) c - gland 10) b - blood 11) a - appendix 12) b - teeth 13) b - throat 14) c - iris 15) d - heart 16) b - face 17) b - neck 18) c - thigh 19) d - liver 20) b - freckles 21) b - jaw 22) c - backbone 23) d - hip 24) d - forehead

Quiz Solutions

#57 - 1) d - breast 2) c - finger 3) d - knee 4) c - forehead 5) d - nerve 6) a - tendon 7) a - fist
8) c - mouth 9) a - lip 10) b - hand 11) d - hair 12) a - foot 13) d - jaw 14) b - nose 15) d - elbow
16) b - feet 17) c - eye 18) b - moustache 19) c - thigh 20) d - thorax 21) c - toe 22) d - teeth
23) d - back 24) b - muscle

#58 - 1) c - nese 2) d - rygg 3) d - fot 4) a - tann 5) b - kjertel 6) a - tå 7) b - arm 8) b - tunge
9) d - ben 10) a - hjerne 11) a - tenner 12) c - hud 13) b - nerve 14) a - panne 15) d - fregner
16) b - bryst 17) d - øyelokk 18) a - øyevipp 19) c - mage 20) c - hake 21) b - hals 22) d - muskel
23) d - ankel 24) b - mandler

#59 - 1) d - knyttneve 2) c - albue 3) a - kroppen 4) b - blod 5) b - øyenbryn 6) d - tann 7) a - hake
8) c - negl 9) d - fregner 10) d - brystkasse 11) c - hånd 12) c - hode 13) c - ansikt 14) a - hår
15) c - finger 16) b - legg 17) b - nese 18) b - mandler 19) b - lunge 20) c - ryggrad
21) c - blindtarm 22) b - skulder 23) b - ben 24) d - nyre

#60 - 1) b - brystkasse 2) a - ben 3) a - hjerne 4) d - fot 5) d - ledd 6) a - finger 7) c - tommel
8) b - hals 9) b - føtter 10) c - ribbein 11) a - tann 12) c - hake 13) a - knoke 14) a - bart
15) a - fregner 16) a - midje 17) d - tenner 18) b - rygg 19) a - leppe 20) a - hjerte 21) a - øyelokk
22) b - hud 23) b - lever 24) b - nerve

#61 - 1) c - to eat 2) d - tablecloth 3) c - salad fork 4) b - setting 5) b - to drink 6) b - hungry
7) c - cheap 8) b - meal 9) b - main course 10) a - to order 11) a - dinner 12) b - to reserve
13) c - wine list 14) b - salad bowl 15) d - dessert 16) a - beverage 17) d - thirsty 18) a - restaurant
19) a - waitress 20) b - lunch 21) c - menu 22) a - waiter 23) c - beverage 24) a - hungry

#62 - 1) d - setting 2) b - lunch 3) b - dessert 4) d - wine list 5) b - thirsty 6) b - salad fork
7) a - cheap 8) a - menu 9) b - tablecloth 10) b - to order 11) d - main course 12) c - to reserve
13) b - waiter 14) b - to eat 15) a - waitress 16) a - hungry 17) d - salad bowl 18) b - beverage
19) b - restaurant 20) c - dinner 21) d - meal 22) a - to drink 23) d - waitress 24) a - salad bowl

#63 - 1) d - dessert 2) b - to eat 3) a - salad fork 4) c - setting 5) a - waitress 6) d - thirsty
7) a - beverage 8) c - meal 9) a - menu 10) d - waiter 11) b - dinner 12) c - to reserve 13) b - to
order 14) b - cheap 15) c - main course 16) b - wine list 17) b - to drink 18) d - lunch 19) d - hungry
20) d - restaurant 21) d - tablecloth 22) b - salad bowl 23) a - salad bowl 24) a - dinner

#64 - 1) a - vinkart 2) c - billig 3) c - restaurant 4) d - drikkevare 5) d - salat gaffel 6) b - salatbolle
7) d - dessert 8) a - sulten 9) c - middag 10) c - lunsj 11) d - drikke 12) b - reservere 13) a - bestille
14) d - tørst 15) a - servitør 16) c - måltid 17) c - duk 18) d - hovedrett 19) b - servitøren
20) c - bordsetting 21) d - meny 22) c - ete 23) a - bestille 24) d - reservere

Quiz Solutions

#65 - 1) d - dessert   2) b - servitør   3) d - lunsj   4) d - billig   5) b - servitøren   6) c - drikke   7) c - sulten
8) c - salat gaffel   9) d - duk   10) a - måltid   11) c - meny   12) b - vinkart   13) c - salatbolle
14) c - drikkevare   15) d - reservere   16) d - middag   17) d - tørst   18) d - bestille   19) b - ete
20) c - bordsetting   21) c - hovedrett   22) a - restaurant   23) b - dessert   24) a - restaurant

#66 - 1) c - måltid   2) b - hovedrett   3) d - salatbolle   4) d - vinkart   5) b - dessert   6) a - drikke
7) b - lunsj   8) b - salat gaffel   9) b - sulten   10) b - billig   11) c - meny   12) c - servitør
13) d - reservere   14) d - servitøren   15) b - drikkevare   16) d - bordsetting   17) c - tørst
18) c - restaurant   19) c - bestille   20) b - middag   21) a - ete   22) c - duk   23) d - servitør
24) b - bordsetting

#67 - 1) c - pumpkin   2) d - cucumber   3) c - fennel   4) b - vegetable   5) b - asparagus   6) d - cabbage
7) a - tomato   8) b - onion   9) b - potato   10) a - carrot   11) d - spinach   12) b - beet   13) b - broccoli
14) c - beans   15) b - garlic   16) b - celery   17) b - pepper   18) c - aubergine   19) b - corn   20) a - peas
21) c - radish   22) d - mushroom   23) a - gherkins   24) b - parsley

#68 - 1) a - zucchini   2) c - artichoke   3) c - asparagus   4) d - pepper   5) a - chick-peas   6) d - corn
7) a - potato   8) b - radish   9) c - onion   10) c - pumpkin   11) d - tomato   12) c - fennel   13) c - spinach
14) d - beans   15) a - beet   16) b - carrot   17) b - gherkins   18) a - aubergine   19) b - mushroom
20) a - cabbage   21) d - broccoli   22) b - parsley   23) a - garlic   24) a - vegetable

#69 - 1) c - fennel   2) a - mushroom   3) b - artichoke   4) c - aubergine   5) a - pumpkin   6) d - cabbage
7) a - celery   8) c - broccoli   9) a - potato   10) c - garlic   11) c - gherkins   12) a - carrot   13) a - zucchini
14) d - cucumber   15) c - pepper   16) a - onion   17) d - spinach   18) d - peas   19) a - beans   20) d - corn
21) c - radish   22) b - chick-peas   23) a - beet   24) a - asparagus

#70 - 1) a - gulrot   2) c - spinat   3) c - selleri   4) b - sopp   5) c - agurk   6) c - potet   7) c - blomkål
8) a - grønnsak   9) c - aubergin   10) b - tomat   11) a - artisjokk   12) c - erter   13) d - asparges
14) b - hvitløk   15) c - korn   16) b - squash   17) c - bønner   18) c - fenikkel   19) c - løk
20) d - sylteagurk   21) c - kål   22) d - rødbete   23) d - reddik   24) d - kikerter

#71 - 1) a - løk   2) a - hvitløk   3) b - squash   4) d - gulrot   5) b - grønnsak   6) c - bønner   7) c - gresskar
8) c - tomat   9) a - sopp   10) b - pepper   11) d - fenikkel   12) b - reddik   13) c - aubergin
14) b - sylteagurk   15) a - selleri   16) a - potet   17) b - persille   18) a - blomkål   19) c - rødbete
20) b - erter   21) a - asparges   22) c - spinat   23) d - korn   24) b - brokkoli

#72 - 1) d - spinat   2) c - reddik   3) b - persille   4) b - gresskar   5) c - kikerter   6) a - brokkoli
7) d - potet   8) b - gulrot   9) c - aubergin   10) c - hvitløk   11) a - tomat   12) c - artisjokk   13) d - rødbete
14) a - pepper   15) d - erter   16) b - grønnsak   17) b - sopp   18) c - kål   19) b - bønner   20) b - asparges
21) d - løk   22) a - agurk   23) d - fenikkel   24) c - squash

About the Author

Erik Zidowecki is a computer programmer and language lover. He is a co-founder of UniLang and founder of Parleremo, both web communities dedicated to helping people learn languages. He is also the Editor in Chief of Parrot Time magazine, a magazine devoted to language, linguistics, culture and the Parleremo community.

About Scriveremo

Scriveremo Publishing was founded in 2012, as a division of Parleremo Languages, for the purpose of publishing books and resources on languages, language learning, and language learning aids.

About Parleremo Languages

Parleremo is a language learning web site and online community. Free to any who wish to learn about languages and cultures, Parleremo uses a mixture of static and interactive resources as well as peer to peer sharing of knowledge and experience.

We are devoted to providing language materials and resources to people that want to learn and work with a like minded community.

Connect with Us:

Follow us on Twitter: https://twitter.com/Scriveremo

Follow us on Facebook: https://www.facebook.com/scriveremopublishing

Visit our site: https://www.scriveremo.com

Made in the USA
Las Vegas, NV
21 September 2022